Step by Step

핵심 쏙 실력 쑥

기초영어

English Grammar

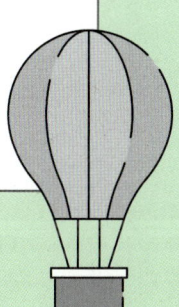

저자 **권순복**

답답함을 풀어주는 시원한 정리
쉽게 이해되는 명료한 설명
활용으로 이어지는 실용적인 예문
확인학습과 내신을 대비하는 실전문제

책읽는 사람들

머리말

문법공부 왜 하나요? - 언어의 핵심 골격이니까요.

영어능력 향상에 문법공부는 별 도움이 안 되는 골칫거리에 불과하다고 생각하는 사람들이 있습니다. 하지만, 문법은 건물에 비유하자면 골격에 해당됩니다. 문법을 탄탄히 하지 않고 영어를 공부한다는 것은, 골격도 세우지 않고 아무렇게나 벽돌을 쌓으면서 건물을 짓는 것과 같습니다.

우리말은 문법을 몰라도 잘 하잖아요? - 의식하지 못했을 뿐 문법을 익혔기 때문입니다.

어렸을 때 처음 익히는 언어(모국어)는 문법을 공부하지 않아도 쉽게 습득합니다. 하지만, 의식을 못해서 그렇지 심층적으로는 문법을 익힌 것입니다. 어법상 잘못된 글을 바로잡을 수 있고, 이전에 접해보지 못한 표현들을 말하거나 쓸 수 있다는 것이 그 증거입니다. 단지, 학술적인 문법 용어로 설명을 못할 따름이지, 문법을 통달했기에 그에 맞는 말을 이해하고 표현할 수 있게 된 것입니다.

왜 영문법 공부는 그리 힘든가요? - 외국어(Foreign language)니까요.

인간은 모국어는 아주 쉽게 습득할 수 있지만, 다른 언어까지 그렇게 할 수 있는 능력을 부여받지 못했습니다. 약 10세 전후까지는, 한국어를 쓰다가 외국으로 가서 살면 그곳의 언어가 모국어가 되어 쉽게 배웁니다. 물론 한국어는 금방 잊어먹지만. 하지만, 하나의 모국어가 정착되고 나면 다른 언어의 문법은 쉽게 익혀지지 않기에, 의식적인 노력으로 그 구조를 익혀야만 합니다.

그럼 좋은 문법 공부 방법은? - 체계적인 구조의 이해에서 세부적인 규칙으로.

문법을 무조건 암기하려고만 하면 지루하고 짜증스러워집니다. 문법은 잡다한 규칙의 나열이라기보다는 하나의 구조이기에, 핵심적인 골격을 파악하여 그에 맞춰 활용하도록 시도해야 합니다. 그런 다음 세부적인 사항을 가다듬는 방향으로 해 나가면 됩니다.

그래서 이 책은 영어 문장의 핵심구조를 익힌 다음, 세부적인 부분을 가다듬는 순서로 구성되어 있습니다. 규칙의 나열보다는 논리적인 이해를 도우려고 했으며, 오랜 경험을 바탕으로 학생들이 가장 쉽게 이해하는 형태와 방식을 취했습니다. 독자 여러분의 영어실력 향상에 도움이 되기를 바랍니다.

아울러, 이 책이 나오기까지 사실상 공동저자로서, 자료, 조언, 교정 등으로 도움을 주신 동료 선생님들께 감사드립니다. 그리고, 처음부터 끝까지 꼼꼼하게 편집과 디자인에 힘써주신 <책읽는사람들>의 디자인팀 원들과 팀장님, 자료정리에서 교정까지 세심하게 살피며 도움을 준 Sophie와 Jenny의 노고에도 진심으로 감사드립니다.

2017년 가을에
저자 **권 순 복**

효율적인 공부 방법과 책에 쓰인 약어와 기호

효율적으로 공부하려면? - 처음 한번은 소설책을 읽듯이 끝까지, 두 번째 부터는 철저히

책은 각 Chapter별로 설명부분과 Review Test로 이루어져 있습니다. 맨 처음 공부할 때는 Review Test는 풀지 말고 처음부터 끝까지 읽기를 권유합니다. 언어는 전체가 유기적으로 결합된 하나의 체계이기 때문에, 한 부분을 철저히 이해하기 위해 아무리 노력해도 다른 부분에 대한 이해가 동반되지 않으면 불가능합니다. 그러니 처음에는 이해가 잘 되지 않더라도, 마치 소설책을 읽듯이 편하게 그냥 읽고 다음으로 넘어가면 됩니다. 그러다 보면 앞에서 이해되지 않던 부분들이 뒷부분에 가서 연결되어 이해되는 경우가 많습니다. 그렇게 처음부터 끝까지 쭉 읽어본 다음, 두 번째 공부할 때는 Review Test도 풀면서 꼼꼼히 익히고 탄탄히 다지는 순서로 공부하는 것이 효율적입니다.

책에 쓰인 약어와 기호

이 책에 쓰인 약어들

- **S** 주어   **V** 동사
- **O** 목적어   **I·O** 간접목적어   **D·O** 직접목적어
- **C** 보어   **S·C** 주격보어   **O·C** 목적보어
- **vi** 자동사   **vt** 타동사   **a** 형용사   **ad** 부사
- **P·P** 과거분사

이 책에 쓰인 기호들

- [ ] 바로 앞의 말과 바꾸어 쓸 수 있는 표현, 또는 발음기호
- ( ) 생략 가능한 말
- < >* 바로 앞에 있는 문장에 대한 보조 설명

Check Point 별도로 주의를 기울여야 할 표현이나 내용을 정리한 것

Contents

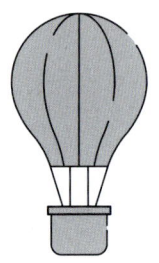

Chapter 01 품사, 문장의 요소, 구, 절
1. 8 품사 — 010
2. 문장의 4요소 — 012
3. 구(Phrase)의 종류와 용법 — 014
4. 절(Clause)의 종류와 용법 — 015
5. 대등절, 주절, 종속절 — 016

Chapter 02 문장의 기본 형식
1. 동사의 종류 — 022
2. 문장의 기본 5형식 — 024
3. 4형식 문형의 3형식으로의 전환 — 028
4. 문장의 확장 — 029

Chapter 03 문장의 종류
1. 평서문 — 034
2. 의문문 — 036
3. 명령문 — 039
4. 감탄문 — 040

Chapter 04 시제 I (현재, 과거, 미래, 진행)
1. 동사의 변화 — 046
2. 현재시제 — 050
3. 과거시제 — 050
4. 미래시제 — 051
5. 진행시제 — 054

Chapter 05 시제 II (완료, 완료진행)
1. 현재완료 — 060
2. 과거완료 — 063
3. 미래완료 — 065
4. 완료진행시제 — 066

Chapter 06 조동사
1. Have, Do의 용법 — 072
2. Can, May, Must의 용법 — 073
3. Will, Would, Should, Ought to의 용법 — 078
4. Need, Dare의 용법 — 082
5. Used to의 용법 — 083

Chapter 07 능동태와 수동태

1. 수동태의 형식과 수동태 만드는 방법 ········ 088
2. 수동태의 시제 ········ 089
3. 조동사가 쓰인 문장과 부정문의 수동태 ········ 090
4. 4형식, 5형식 및 타동사구가 쓰인 문장의 수동태 ········ 091
5. 주의해야 할 수동태의 용법 ········ 094

Chapter 08 부정사

1. 명사적 용법 ········ 100
2. 형용사적 용법 ········ 101
3. 부사적 용법 ········ 102
4. 원형부정사 ········ 104
5. 부정사의 의미상 주어 ········ 105
6. 부정사의 시제 ········ 107
7. 주의해야 할 부정사의 용법 ········ 108

Chapter 09 동명사

1. 동명사의 형태와 기능 ········ 114
2. 동명사의 의미상 주어 ········ 115
3. 동명사의 시제 ········ 116
4. 동명사와 부정사가 목적어로 쓰일 때 ········ 117
5. 동명사의 부정과 관용적 표현 ········ 119

Chapter 10 분사

1. 분사가 본동사로 쓰일 때 ········ 124
2. 분사의 형용사적 기능 ········ 125
3. 분사구문 만드는 법과 시제 ········ 127
4. 주의해야 할 분사구문 ········ 130

Chapter 11 명사

1. 명사의 수 ········ 138
2. 셀 수 있는 명사와 셀 수 없는 명사 ········ 140
3. 보통명사 ········ 140
4. 집합명사 ········ 141
5. 물질명사 ········ 142
6. 추상명사 ········ 144
7. 고유명사 ········ 145
8. 명사의 성(Gender) ········ 146
9. 명사의 소유격 ········ 148

Contents

Chapter 12 관사
1. 부정관사(a, an) 154
2. 정관사(the) 156
3. 관사의 위치 159
4. 관사의 생략 160

Chapter 13 대명사
1. 인칭 대명사 166
2. It의 특별용법 168
3. 지시 대명사 170
4. 부정대명사 172
5. 부분부정과 전체부정 178
6. 의문대명사 179

Chapter 14 형용사
1. 형용사의 종류 186
2. 형용사의 용법 187
3. 고유형용사 189
4. 수사(기수, 서수, 배수) 190
5. 숫자 읽기와 표현법 192
6. 부정수량 형용사 195
7. 형용사의 위치 196

Chapter 15 부사
1. 부사의 형태 202
2. 부사의 기능 205
3. 부사의 위치 206
4. 부사의 어순 208
5. 중요한 부사의 용법 209

Chapter 16 비교급, 최상급
1. 「원급-비교급-최상급」의 규칙변화 ... 214
2. 「원급-비교급-최상급」의 불규칙 변화 ... 216
3. 원급의 용법 217
4. 비교급의 용법 219
5. 최상급의 용법 222

Chapter 17 전치사
1. 전치사의 기능과 성격 228
2. 장소, 위치, 운동, 방향을 나타내는 전치사 ... 230
3. 시간을 나타내는 전치사 234
4. 기타 중요한 전치사들 237

Chapter 18 접속사

1. 등위 접속사의 용법 ····· 242
2. 명사절을 이끄는 종속 접속사 244
3. 부사절을 이끄는 종속 접속사 ····· 245

Chapter 19 관계대명사, 관계부사

1. 관계대명사의 기능과 종류 ····· 252
2. Who, Whose, Whom의 용법 253
3. Which, Of which의 용법 254
4. That의 용법 ····· 255
5. What의 용법 256
6. 관계대명사의 생략 ····· 257
7. 한정적 용법과 계속적 용법 ····· 258
8. 관계부사의 용법 ····· 259

Chapter 20 가정법

1. 가정법 과거 ····· 266
2. 가정법 과거완료 ····· 267
3. If의 생략 268
4. If절이 없는 가정법 268

Chapter 21 일치와 화법

1. 주어와 동사의 일치 ····· 274
2. 시제의 일치 277
3. 화법의 종류와 전환 ····· 278
4. 평서문의 화법전환 ····· 280
5. 의문문의 화법전환 281
6. 명령문의 화법전환 ····· 282
7. 감탄문의 화법전환 ····· 283

 정답 및 해설

Chapter 01 품사, 문장의 요소, 구, 절

많은 학생들이 영문법을 어려워한다. 그것은 문법 내용보다는, 영문법을 설명할 때 쓰이는 용어들이 생소해서 그렇게 느끼는 경우가 많다. 책이나 강의에 쓰이는 용어들이 익숙하지 않으면 별것 아닌 내용이라도 어렵게 여겨진다.

수학에는 다양한 기호가 쓰이는데, 기호는 많은 정보를 간략하게 표시할 수 있는 장점이 있기 때문이다. 영문법 용어도 장황한 내용을 간략히 표현하는 기호라 생각하면 된다. +, -, ×, ÷ 와 같은 기본적인 기호를 모르면 수학을 할 수 없듯이, 문법용어를 모르면 문법 공부가 어렵다. 그러므로 이번 장에서는 문법 용어들을 이해하는 데 초점을 두고 학습하도록 하자.

1. 8 품사
2. 문장의 4요소
3. 구(Phrase)의 종류와 용법
4. 절(Clause)의 종류와 용법
5. 대등절, 주절, 종속절

1 8 품사

품사란 낱말을 문법적인 기능과 뜻에 따라 분류한 것을 말한다. 영어에는 <u>명사, 대명사, 동사, 형용사, 부사, 전치사, 접속사, 감탄사</u> 등 총 **8**개의 품사가 있다.

A. 명사(Noun)

- ◆ 정의 : 사람, 동물, 식물, 유·무형의 것들의 이름을 나타내는 말
- ◆ 예 : Tom(남자이름), Jane(여자이름), dog(개), elephant(코끼리), fish(물고기), desk(책상), book(책), water(물), science(과학), happiness(행복) 등

Jane has a **dog**. 제인은 개를 한 마리 가지고 있다.
Fish live in the **water**. 물고기는 물속에서 산다.

B. 대명사(Pronoun)

- ◆ 정의 : 명사를 대신하여 쓰이는 말
- ◆ 예 : I, you, he, she, it, we, they, this, these, that, those, what 등

Tom likes **his** teacher. <his = Tom> 톰은 그의 선생님을 좋아한다.
This is *my* uncle. **He** is a doctor. <He = my uncle> 이 분이 나의 삼촌이다. 그는 의사이다.

C. 동사(Verb)

- ◆ 정의 : 어떤것의 상태나 동작을 나타내는 말
- ◆ 상태 동사 : be(~이다), become(~이 되다), have(~을 가지고 있다), like(좋아하다) 등
- ◆ 동작 동사 : go(가다), come(오다), swim(수영하다), say(말하다), give(주다) 등

He **became** a teacher. 그는 선생님이 되었다.
We **swim** at the pool everyday. 우리는 수영장에서 매일 수영을 해요.

D. 형용사(Adjective)

- ◆ 정의 : 모양, 수량, 성질, 크기, 색깔, 상태 등을 나타내는 말
- ◆ 예 : big(큰), many(많은), kind(친절한), small(작은), red(빨간), tired(지친) 등

She is a **kind** nurse. <명사 nurse를 수식> 그녀는 친절한 간호사이다.
I am **hungry**. <I의 상태 설명> 나는 배고프다.

E. 부사(Adverb)

- ◆ 정의 : 동사, 형용사, 다른 부사를 꾸며주는 말로, 방법, 정도, 장소, 시간 등을 나타냄
- ◆ 예 : well(잘), very(매우), slowly(천천히), here(여기에), early(일찍) 등

He *speaks* English **well**. 그는 영어를 잘 한다.
    동사수식

She is a **very** *kind* nurse. 그녀는 매우 친절한 간호사이다.
    형용사수식

He speaks English **very** *well*. 그는 영어를 매우 잘 한다.
    다른 부사 수식

F. 전치사(Preposition)

- ◆ 정의 : 명사·대명사 앞에 놓여, 그 명사·대명사와 다른 단어와의 관계를 나타내는 말
- ◆ 예 : in(~안에), of(~의), on(~위에), to(~에게), with(~와 함께) 등.

There is *a book* **on** *the desk*. 책상 위에 책이 한권 있다.
A leg **of** *the desk* is broken. 책상다리 하나가 부러졌다.

G. 접속사(Conjunction)

- ◆ 정의 : 단어와 단어, 구와 구, 절과 절을 연결하여주는 말
- ◆ 예 : and(그리고), but(그러나), or(혹은), because(~때문에), when(~할 때) 등

Ann is *pretty* **and** *kind*. <단어와 단어를 연결> 앤은 예쁘고 친절하다.
They tell people *to go* **or** *to stop*. <구와 구를 연결> 그들은 사람들에게 갈지 혹은 멈출지를 알려줍니다.
I didn't go, **but** *he did*. <절과 절을 연결> 나는 가지 않았지만 그는 갔다.

H. 감탄사(Interjection)

- ◆ 정의 : 기쁨, 슬픔, 놀람 등의 감정을 나타내는 말
- ◆ 예 : oh(오오), wow(우와), alas(슬프도다), bravo(브라보), hurrah(만세) 등

Oh, what a surprise! 오, 깜짝 놀랐어요!
Wow, this machine is really fast! 와, 이 기계 정말 빠른데요!

2 문장의 4요소

영어문장의 형태를 결정하는 <u>주어, 동사, 목적어, 보어</u> 4가지를 문장의 4요소라고 한다.

A. 주어(Subject)

- ◆ 정의 : 우리말의 「~은, ~는, ~이, ~가」에 해당되며, 동사가 나타내는 행위나 상태의 주체가 되는 말이다.
- ◆ 주어로 쓰이는 말 : 명사, 대명사, 명사대용어(부정사나 동명사처럼 명사 기능을 하는 말)

My father and **I** play tennis. <명사, 대명사> 아버지와 나는 테니스를 친다.
To learn English is not easy. <명사대용어 - 부정사> 영어를 배우는 것은 쉽지 않다.

B. 동사(Verb) : 주어의 동작이나 상태를 나타내는 말이다.

I **am** a doctor. <be동사> 나는 의사다.
He **likes** football. <일반동사> 그는 축구를 좋아한다.
She **can speak** English. <조동사+본동사> 그녀는 영어를 할 줄 안다.

C. 목적어(Object)

- ◆ 정의 : 동사가 나타내는 동작의 대상(동작을 당하는 것)이 되는 말
- ◆ 목적어로 쓰이는 말 : 명사, 대명사, 명사대용어
- ◆ 직접목적어(Direct Object)와 간접목적어(Indirect Object) : 직접목적어는 '~을(를)'로 번역되고 간접 목적어는 '~에게'로 번역된다.

She loves **Tom**. <명사> 그녀는 톰을 사랑한다.
She loves **him**. <대명사> 그녀는 그를 사랑한다.
I like **to swim**. <명사대용어 - to부정사> 나는 수영하기를 좋아한다.
My father gave **me this camera**. <간접목적어(me)+직접목적어(this camera)>
아버지는 나에게 이 카메라를 주셨다.

D. 보어(Complement)

- ◆ 정의 : 동사만으로는 뜻이 불완전하여 그 뜻을 보완하여 문장을 완성하는 말
- ◆ 보어로 쓰이는 말 : 명사, 대명사, 형용사 및 그 대용어인 부정사, 동명사 등
- ◆ 주격보어, 목적보어 : 주격보어는 주어의 상태를, 목적보어는 목적어의 상태를 설명해준다.

1. 주격보어(S·C) : 주어의 상태를 설명하여 주는 말로 '~이다, ~이 아니다, ~하다'의 「~」에 해당하는 말.

I am a **doctor**. <명사 : I=doctor> 나는 의사이다.

She is **beautiful**. <형용사 : she가 아름다운 상태> 그녀는 아름답다.

My hobby is **drawing pictures**. <동명사 : My hobby = drawing pictures>
나의 취미는 그림 그리기이다.

2. 목적보어(O·C) : 목적어의 상태나 동작을 나타내는 말.

They think *me* **a fool**. <명사 : me = a fool> 그들은 나를 바보라고 생각한다.

I made *him* **happy**. <형용사 : him이 happy한 상태> 나는 그를 행복하게 해주었다.

I got *him* **to quit** drinking. <to부정사 : him이 quit함> 나는 그에게 술을 끊게 했다.

Check Point

※ **수식어** : 문장의 4요소(주어, 동사, 목적어, 보어)에는 포함되지 않지만, 주요소를 수식하는 기능을 하는 말로, 형용사와 부사가 있다. 형용사는 명사를 수식하고, 부사는 동사, 형용사, 다른 부사를 수식한다. (단, 형용사는 보어로도 쓰이는데, 이 때는 주요소로서 기능을 한다)

Tom is a **clever boy**. <clever는 boy를 수식하는 형용사> 톰은 영리한 소년이다.

He is **very** tall. <very는 tall을 수식하는 부사> 그는 키가 매우 크다.

The boy is **clever**. <clever는 보어로 쓰인 형용사> 그 소년은 영리하다.

3. 구(Phrase)의 종류와 용법

구(Phrase)란 두 개 이상의 단어가 모여서 하나의 품사와 같은 기능을 하는 것을 말하며, 명사구, 형용사구, 부사구 등이 있다.

A. 명사구 : 「to+동사원형(to부정사)」의 형태를 취하며, 명사처럼 주어, 목적어, 보어 역할을 한다.

To learn English is very interesting. <주어> 영어를 배우는 것은 매우 재미있다.

→ *It* is very interesting **to learn English**. <It=가주어, to learn English = 진주어>

* 영어문장은 긴 주어가 문장 앞쪽에 놓이는 것을 피하려 한다. 그래서 문장 앞쪽의 긴 주어 To learn English는 문장 뒤로 보내고, 그 자리에는 가주어 It을 써준다.

I want **to play tennis**. <목적어> 나는 테니스를 하고 싶다.

* to play tennis가 하나의 명사처럼 동사 want의 목적어로 쓰임.

My wish is **to be a doctor**. <보어 : My wish = to be a doctor> 나의 소망은 의사가 되는 것이다.

B. 형용사구 : 주로 「전치사+명사」의 형태를 취하며 형용사처럼 명사를 수식하거나 보어 역할을 한다.

The pen **on the desk** is mine. <The pen을 수식> 책상 위에 있는 펜은 내 것이다.

The car is **of use**. <is의 보어 : of use = useful> 그 차는 유용하다.

C. 부사구 : 부사처럼 동사, 형용사, 다른 부사를 수식한다.

She *lives* **in Seoul**. <동사 수식> 그녀는 서울에 산다.

English is *difficult* **to master**. <형용사 수식> 영어는 정복하기가 어렵다.

You are old *enough* **to go to school**. <다른 부사 수식> 너는 학교에 갈 만큼 충분한 나이를 먹었다.

 절(Clause)의 종류와 용법

절(Clause)이란 「주어+동사」의 형태를 가지고 하나의 품사 역할을 하는 것을 말하며, <u>명사절, 형용사절, 부사절</u> 등이 있다.

A. 명사절

- ◆ 명사처럼 주어, 목적어, 보어 역할을 한다.
- ◆ 접속사(that, if, whether), 관계대명사(what), 의문사 등으로 시작된다.

That he is rich is true. <주어> 그가 부자라는 것은 사실이다.
I don't know **whether he will come or not**. <목적어> 나는 그가 올지, 안 올지 모른다.
This is **what I wanted**. <보어> 이것이 내가 원했던 것이다.

B. 형용사절 : 관계대명사나 관계부사로 시작되며 그 앞에 있는 명사를 수식한다.

He is *the boy* **who broke the window**. 그가 유리창을 깬 소년이다.

This is the *village* **where I was born**. 여기가 내가 태어난 마을이다.

C. 부사절

- ◆ when, as, where, if, though, because 등의 접속사로 시작된다.
- ◆ '시간, 장소, 조건, 양보, 이유, 원인' 등을 나타내면서, 부사처럼 주절(의미상 중심이 되는 절)을 수식하거나 보조한다.

When it rains, he stays at home. <시간 : ~할 때면> 비가 오면 그는 집에 있다.
Where there's a will, there's a way. <장소 : ~하는 곳에> 뜻이 있는 곳에 길이 있다.
I will tell him **if he comes**. <조건 : ~한다면> 그가 오면 그에게 말하겠다.
Though he was tired, he worked hard. <양보 : ~에도 불구하고>
  그는 피곤했음에도 불구하고 열심히 일했다.
I cannot run any more **because I'm tired**. <이유 : ~때문에>
  피곤해서 더 이상 달릴 수가 없어.

5. 대등절, 주절, 종속절

▶ 절은 문장 안에서 차지하는 비중에 따라 대등절, 주절, 종속절로 나눌 수 있다.
▶ 대등절 : 문장 안에서 서로 동일한 비중을 가지고 있는 절
▶ 주절과 종속절 : 문장에서 중심이 되는 절을 주절, 주절의 일부로서 기능하고 있거나 주절을 수식하는 보조적 기능을 하는 절을 종속절이라 한다.

A. 대등절 : 등위접속사(and, but, for, or, so)로 연결되어 서로 동일한 비중을 가진 절

He is an engineer and **his wife is a designer**.
그는 엔지니어이고 그의 아내는 디자이너이다.

He is rich, but **he is not happy**. 그는 부자지만 행복하지는 않다

B. 종속절 : 주절 안에서 하나의 품사 역할을 하거나(명사절, 형용사절), 주절을 수식하는 보조적 역할(부사절)을 한다.

1. 명사절 : 주절 안에서 주어, 목적어, 보어 역할을 한다.

That he is rich is true. <주어> 그가 부자라는 것은 사실이다.

I wonder **if [whether] he is at home**. <목적어> 그가 집에 있을지 모르겠다.

This is **what I wanted**. <보어> 이것이 내가 원했던 것이다.

2. 형용사절 : 주절 안에서 명사를 수식하는 형용사 역할을 한다.

That is the boy **who broke the window**. <관계대명사절>
저 아이가 유리창을 깬 소년이다.

This is the village **where I was born**. <관계부사절> 여기가 내가 태어난 마을이다.

3. 부사절 : when, as, where, if, though, although, because 등의 접속사로 시작되며, 주절 앞이나 뒤에 와서 주절을 수식(보조)하는 역할을 한다.

I was late **because my car broke down**. 차가 고장 났기 때문에 늦었다.
　　주절　　　　종속절(부사절)

Although it was true, they did not believe it. 그것이 사실이었지만, 그들은 그것을 믿지 않았다.
　　종속절(부사절)　　　　　　주절

Chapter 1

> **Check Point**

※ **단문, 중문, 복문** : 문장은 구조에 따라 단문, 중문, 복문으로 나뉜다.

1. **단문** : 「주부(주어부분)+술부(동사이하부분)」의 관계가 한 번 이루어진 문장이다. 주어나 동사가 각기 둘 이상일지라도 「주부+술부」의 관계가 한 번만 이루어지면 단문이다.

    <u>John and Mary</u>　<u>are good friends</u>. 존과 메리는 친한 친구사이다.
    　　주부　　　　　　　술 부

    <u>He</u>　<u>speaks, reads, and writes English well</u>. 그는 영어의 말하기, 쓰기, 읽기 다 잘한다.
    주부　　　　　　　술 부

2. **중문** : 둘 이상의 단문이 등위접속사로 대등하게 연결된 문장이다. 즉, 「단문 + 등위접속사 + 단문」 형태의 문장을 말한다.

    <u>He is a doctor</u>　**and**　<u>his brother is a singer</u>. 그는 의사이고 그의 형은 가수다.
    　　단 문　　　등위접속사　　　단 문

    <u>His wife likes opera</u>,　**but**　<u>he doesn't</u>. 그의 아내는 오페라를 좋아하지만 그는 좋아하지 않는다.
    　　단 문　　　등위접속사　　단 문

3. **복문** : 부사절, 명사절, 형용사절 등의 종속절을 가지고 있는 문장을 복문이라 한다. 부사절은 「주절+종속절」 또는 「종속절+주절」 형태를 취하고, 명사절과 형용사절은 그 절을 포함하고 있는 문장전체가 주절이 된다.

    <u>He was absent</u>　**because** <u>he was ill</u>. 그는 아파서 결석했다.
    　　주절　　　　　　종속절(부사절)

    I know **that** <u>you are right</u>. <주절=문장전체> 네가 옳다는 걸 알아.
    　　　　　종속절(명사절)

    I have a friend **who** <u>is a pianist</u>. <주절=문장전체> 나는 피아니스트인 친구가 하나 있다.
    　　　　　　　　종속절(형용사절)

Review Test

A. 다음 밑줄 친 부분의 품사를 쓰시오.

1. He <u>drove</u> the car very <u>fast</u>.

2. The <u>clever</u> fox <u>tricked</u> the hunter.

3. He is not young, <u>but</u> he is <u>very</u> strong.

4. The boy never told a <u>lie</u>, but <u>alas</u> none believed him!

5. <u>They</u> will start the <u>race</u> soon.

6. She <u>usually</u> reads books <u>at</u> night.

7. Make hay <u>while</u> the <u>sun</u> shines.

8. I went <u>with</u> George and Clinton, and <u>Jim</u>.

B. 다음 밑줄 친 부분의 문장 요소(주어, 동사, 보어, 목적어, 목적보어)를 쓰시오.

1. <u>Many boys</u> sing here at the choir.

2. He gave <u>me</u> <u>some oranges.</u>

3. She <u>looked</u> a little <u>tired</u>.

4. The man <u>was</u> kind, but his wife was <u>rude</u>.

5. <u>You</u> should keep your room <u>clean</u>.

6. I enjoyed <u>dancing</u> with my friends.

7. Money can't make <u>you</u> <u>a great man</u>.

8. My friend is <u>an unsuccessful actor</u>, but I consider him <u>talented</u>.

9. <u>Learning a new sport</u> is <u>difficult</u> for me.

C. 다음 밑줄 친 부분이 명사구, 형용사구, 부사구 중 어떤 것인지 쓰시오.

1. Chinese is easy to speak, but difficult <u>to write</u>.

2. <u>To learn computer programming</u> is very useful for my job.

3. Can I get you something <u>to drink</u>?

D. 다음 밑줄 친 부분이 명사절, 형용사절, 부사절 중에 어떤 것인지 쓰시오.

1. I cannot watch the movie any longer <u>because I'm very sleepy</u>.

2. <u>What I really want from you</u> is the truth!

3. That is the house <u>where we will be moving into</u>.

4. <u>When it snowed</u>, the neighbors gathered and kindled a bonfire.

Chapter 02 문장의 기본 형식

영어문장을 구성하는 주요소인 주어, 동사, 목적어, 보어는 서로 다양하게 결합하여 5가지 문장의 기본형식(1형식~5형식)을 만든다.

어떤 문장이든지 주어와 동사는 반드시 있으며, 거기에 목적어, 보어 등의 요소가 어떻게 결합하는가에 따라 형식이 결정된다. 그리고 목적어, 보어 등이 결합하는 방식은 동사의 성격에 따라 결정된다. 즉, 문장의 형식을 결정하는 뼈대 역할을 하는 것이 동사이기에, 동사의 종류와 그에 따른 성격을 익히는 것이 중요하다.

형용사와 부사 및 그와 동일한 기능을 하는 어구들은 수식어로서 문장의 주요소가 아니기 때문에 문장의 형식과는 상관이 없지만, 문장을 길고 복장하게 확장하는 역할을 한다.

1. 동사의 종류
2. 문장의 기본 5형식
3. 4형식 문형의 3형식으로의 전환
4. 문장의 확장

1 동사의 종류

A. 자동사, 타동사 : 목적어의 유무에 따라

- ◆ 자동사(vi) : '~을'에 해당하는 목적어 없이, 「~하다, ~이다, ~이 되다, (모양, 상태가)~하다」의 뜻을 가짐.
- ◆ 타동사(vt) : '~을'에 해당하는 목적어가 와서 「~을 하다」의 뜻을 가짐.

1. 자동사(vi) : go, sing, sleep, be, become 등

　I **go** to school by bus. 나는 버스를 타고 학교에 간다.
　I usually **sleep** well. 나는 보통 잠을 잘 잔다.

2. 타동사(vt) : like, know, give, make, surprise 등

　I **like** baseball. 나는 야구를 좋아한다.
　You **surprised** me. 당신은 나를 놀라게 했어요.

B. 완전동사, 불완전 동사 : 보어의 유무에 따라

- ◆ 완전동사 : 보어를 필요로 하지 않는 동사.
- ◆ 불완전동사 : 보어를 필요로 하는 동사.

1. 완전동사 : smile, run, study, love 등

　The Queen **smiled** gracefully. 여왕은 우아하게 미소 지었다.
　She **loves** watching movies. 그녀는 영화 보기를 좋아한다.

2. 불완전 동사 : be, become, look, make 등

　This restaurant **is** *popular* with tourists. <popular = 보어>
　　이 음식점은 관광객들에게 인기가 많다.
　She **looked** *pale*. <pale = 보어> 그녀는 창백해 보였다.
　Music **makes** us *happy and smart*. <happy and smart = 목적보어>
　　음악은 우리를 행복하고 똑똑하게 해 준다.

C. Be동사와 인칭대명사 : be동사는 불완전 자동사 중 대표적인 것으로, 원형은 "**be**"지만, 일반 동사와는 달리 주어의 인칭과 수에 따라 그 형태가 다음과 같이 다양하게 변한다.

수	인칭	인칭 대명사	be동사 (과거형)	축약형
단수	1	I 나	am (was)	I'm
	2	You 너	are (were)	You're
	3	He 그, She 그녀, It 그것	is (was)	He's, She's, It's
복수	1	We 우리들	are (were)	We're
	2	You 너희들		You're
	3	They 그(것)들		They're

* 인칭대명사 : 1인칭(말하는 사람), 2인칭(듣는 사람), 3인칭(1,2인칭 이외 모두)으로 구분하여 나타내는 대명사.

I **am** Korean. 나는 한국인이다.
You **are** my friend. 너는 내 친구이다.
He[She] **is** a teacher. 그는[그녀는] 선생님이다.
It **is** my fault. 그것은 내 잘못이야.
We[You, They] **are** students. 우리는[너희들은, 그들은] 학생이다.
She **was** a great dancer in her day. 그녀가 한창때는 굉장한 무용수였다.
They **were** nice people. 그들은 좋은 사람들이었다.

2. 문장의 기본 5형식

동사의 종류는 목적어의 유무, 보어의 유무에 따라 5가지로 분류되며, 이에 따라 아래 표와 같이 문장의 5형식이 결정된다.

		<목적어>	<보어>	<주요소의 구성>	<문형>
◆ 자동사	완전자동사	무	무	S+V	1형식
	불완전자동사	무	유	S+V+S·C	2형식
◆ 타동사	완전타동사	유	무	S+V+O	3형식
	수여동사	2개	무	S+V+I·O+D·O	4형식
	불완전타동사	유	유	S+V+O+O·C	5형식

A. 1형식 = S + V(vi) : 「~는(은) -한다, ~이 있다」라고 해석된다.

1. 「S + V」 문형

   Birds **sing**. 새들은 노래한다.
   He **lives** in London. 그는 런던에서 산다.
   She **arrived** at the station last night. 그녀는 어젯밤에 역에 도착했다.

2. 「There + be + S, Here + be + S」 문형 : 「~이 있다」라는 뜻이 되며 동사가 주어 앞에 오는 특징이 있다. 이 때 **There**나 **Here**에는 특별한 뜻은 없다.

   There **is** *a cat* on the sofa. 소파 위에 고양이가 한 마리 있다.
   Here **is** *your key*. 열쇠 여기 있습니다.

B. 2형식 = S + V(vi) + C

- 「~은 -이다, ~은 (모양, 상태가) -하다, ~은 -이 되다」의 뜻.
- 「S = C」의 관계 : C(보어)는 S(주어)의 상태를 나타낸다.
- 보어(C)로는 명사나 형용사가 오며, 부사는 올 수 없음에 유의해야 한다.

   His father **is** *a doctor*. 그의 아버지는 의사이다.
   Ann **is** *beautiful*. 앤은 아름답다.
   The man **became** *rich*. 그 사람은 부자가 되었다.
   The sky **got** *dark*. 하늘이 어두워졌다.
   He **grew** *weak*. 그는 점점 쇠약해졌다.

She **looks** *happily*.(X) → She **looks** *happy*.(O) 그녀는 행복해 보인다.
　* 불완전 자동사 뒤에 오는 단어를 우리말로 해석하면 '~하게'의 뜻이 되어 부사가 올 것 같지만, 부사는 보어 역할을 할 수 없으므로 형용사를 써야 한다.

Sugar **tastes** *sweetly*.(X) → Sugar **tastes** *sweet*.(O) 설탕은 맛이 달다.

C. 3형식 = S + V(vt) + O : 「~가 -을 한다」의 뜻이 된다.

1. 3형식 문장의 일반 유형 : '~을, ~를'에 해당하는 목적어를 취하는 완전타동사가 쓰인 문장

The boy **broke** *the window*. 그 소년이 창문을 깨뜨렸다.
Bill **entered** *the classroom*. 빌은 교실에 들어갔다.
I **didn't answer** *the question*. 나는 그 질문에 대답하지 않았다.
The teacher **explained** *the rule of the game* to us. 선생님은 우리들에게 게임의 규칙을 설명했다.

Check Point

※ **목적어와 보어의 구분** ─ 목적어 : 동사의 행동을 받는 대상
　　　　　　　　　　　└ 보　어 : 주어 또는 목적어의 상태를 나타내는 말

Tom **kicked** *the ball*. 톰이 그 공을 찼다.
　* the ball은 동사 kicked의 행위를 받으므로 목적어
He is **a doctor**. 그는 의사이다.
　* a doctor는 주어(He)의 상태를 나타내므로 보어

2. S + 자동사 + 동족목적어 : 자동사는 목적어를 취할 수 없지만 어원이 같은 명사를 목적어로 취하여 3형식 문형을 만들 수 있다. 이때의 목적어를 동족목적어라 한다.

He *lived* a happy **life**. <lived의 동족목적어 = life>
　그는 행복하게 살았다.(= He lived happily.)
I *dreamed* a strange **dream**. 나는 이상한 꿈을 꾸었다.
I *slept* a sound **sleep**. 나는 깊은 잠을 잤다.

3. S + V(자동사+전치사) + O : 「자동사+전치사」가 하나의 타동사처럼 목적어를 취하여 **3형식** 문장을 만들 수 있다.

I'd like to **listen to** *the music*. <listen to : ~을 듣다> 나는 음악을 듣고 싶다.

They **looked at** *the stars* curiously. <look at : ~을 보다> 그들은 신기한 듯 별을 쳐다보았다.

We were **waiting for** *the train*. <wait for : ~를 기다리다> 우리는 기차를 기다리고 있었다.

D. 4형식 = S + V(vt) + I·O(간접목적어) + D·O(직접목적어)

- ◆ 「~에게 ―을 (해)주다」의 뜻
- ◆ 동사 뒤에 간접목적어(~에게)와 직접목적어(-을) 2개의 목적어가 온다.

He **gave** me *a book*. <me=I·O, a book=D·O> 그는 나에게 책을 한 권 주었다.

I **showed** him *the pictur*e. <him=I·O, the picture=D·O> 나는 그에게 그 사진을 보여주었다.

E. 5형식 = S + V(vt) + O + O·C(목적보어)

- ◆ 「~를 ―하게(로, 라고) ~하다」의 뜻
- ◆ 목적보어는 목적어의 상태를 나타내는 말로 명사, 형용사, 부정사, 분사(현재분사, 과거분사)등이 올 수 있다.

1. 목적보어가 명사일 때 : 「O = O·C」가 성립됨

They elected *him* **president**. <him = president> 그들은 그를 대통령으로 선출했다.

They call *New York City* **the Big Apple**. <New York City = the Big Apple>
그들은 뉴욕을 빅 애플이라고 부른다.

2. 목적보어가 형용사일 때 : 목적어의 상태를 설명함.

Please keep *the door* **open**. <the window가 open되어 있음>
문을 열어 두세요.

He made *his mom* **happy** on her birthday. <his mom이 happy함>
그는 엄마의 생일날 엄마를 행복하게 해드렸다.

3. 목적보어가 to 부정사일 때 : 목적어의 능동적 동작을 나타냄.

He advised *me* **to get up** early. <me가 get up함>
그는 나에게 일찍 일어나라고 충고했다.

I don't want *Ann* **to hear** about this.

　난 앤이 이것에 대해서 듣기를 원치 않아.

4. 목적보어가 현재분사(~ing)일 때 : 목적어의 진행 중인 동작을 나타냄.

I saw *her* **swimming** in the pool. <her가 swimming하고 있음>

　나는 그녀가 수영장에서 수영하고 있는 것을 보았다.

I heard *a child* **crying**. <a child가 crying하고 있음> 나는 아이가 우는 소리를 들었다.

5. 목적보어가 과거분사일 때 : 목적어의 수동적 동작을 나타냄.

I heard *a window* **broken**. <a window가 깨뜨려짐> 나는 유리창이 깨지는 소리를 들었다.

Can you get *the work* **finished** in time? <the work가 끝마쳐짐>

　그 일을 기한 내에 끝내실 수 있겠습니까?

Check Point

※ **동사의 멀티플레이**

　동사들 중 상당수는 자동사로도 쓰이는 동시에 타동사로도 쓰인다. 즉, 하나의 동사는 한 가지 형식의 문장만을 만드는 것이 아니라 여러 가지 문장 형식을 만들 수 있다. 예를 들면 make는 1형식에서 5형식까지의 문장을 모두 만들 수 있다.

Paul **made** towards the door. <1형식 : make=go의 뜻> Paul은 문 쪽으로 나아갔다.

She **made** a good wife. <2형식 : make=become의 뜻> 그녀는 훌륭한 아내가 되었다.

He **made** a boat. <3형식> 그는 배를 만들었다.

Her mother **made** her a new dress. <4형식> 그녀의 어머니는 그녀에게 새 옷을 만들어 주었다.

The answer **made** him angry. <5형식> 그 대답이 그를 화나게 했다.

3. 4형식 문형의 3형식으로의 전환

4형식 문장의 간접목적어는 「전치사+간접목적어」의 형태로 직접목적어와 위치를 바꿀 수 있다.

S + V + I·O + D·O <4형식>

S + V + D·O + 전치사(to·for·of) + I·O <3형식>
　　　　　　　　　부사구

◆ 「전치사+IO」는 부사구(수식어)가 되기 때문에, 전환된 문장은 [S+V+O+부사구]형태의 3형식이 된다.
◆ 전환할 때 어떤 전치사가 쓰이는가는 동사의 종류에 의하여 결정된다.

A. To를 쓰는 동사 : give, send, lend, show, teach, tell 등 대부분의 수여동사

Mom **gave** me an old photo. <4형식>
→ Mom **gave** an old photo *to me*. <3형식> 엄마는 나에게 오래된 사진을 하나 주셨다.
Could you **send** me the bill? <4형식>
→ Could you **send** the bill *to me*? <3형식> 저에게 청구서를 보내주시겠어요?

B. For를 쓰는 동사 : buy, make, find, order, get

I **bought** her a new hat. <4형식> 나는 그녀에게 새 모자를 사 주었다.
→ I **bought** a new hat *for her*. <3형식>
Let me **make** you some tea. <4형식> 차를 좀 만들어 줄게.
→ Let me **make** some tea *for you*. <3형식>

C. Of를 쓰는 동사 : ask, beg 등

I **asked** him the reason. <4형식> 나는 그에게 그 이유를 물었다.
→ I **asked** the reason *of him*. <3형식>
I'd like to **ask** you a favor. <4형식> 부탁 하나 드리고 싶습니다.
→ I'd like to **ask** a favor *of you*. <3형식>

Check Point

※ 4형식을 3형식으로 바꿀 때 쓰이는 전치사에 따른 동사의 분류

의미상으로 보면 to는 그냥 줄 때, for는 주기 전에 사전 준비 동작이 필요할 때, of는 상대의 반응을 요구하는 질문이나 부탁의 동사일 때 쓰인다. to를 쓰는 경우가 가장 많으므로 for와 of가 쓰이는 경우에 주의하도록 하자.

　for : buy, make, find, order, get
　of : ask, beg

4. 문장의 확장

문장의 기본 5형식은 S, V, O, C 네 가지 주요소의 결합에 의해 이루어진다. 그런데 복잡하고 긴 문장이 생기는 이유는 이러한 주요소를 꾸며주는 <u>수식어가 붙거나, 주요소 자체가 긴 문구로 대체될 수 있기 때문이다.</u>

A. 수식어가 붙는 경우

It rained **heavily last night**. 어젯밤에 비가 세차게 내렸다.

* 「S+V」의 1형식에, rained를 heavily last night가 수식함.

There are **a lot of** flowers **in the garden**. 정원에는 많은 꽃들이 있다.

* 「There+V+S」의 1형식에, flowers를 수식하는 'a lot of'와 are를 수식하는 'in the garden'이 첨가됨.

I **once** worked **with a talented engineer who really liked being with others**.
나는 남들과 함께 하기를 정말 좋아하는 재능 있는 엔지니어와 일한 적이 있었다.

* 「S(I)+V(worked)」형태의 1형식 문장에, 수식어 once와 with a talented engineer who really liked being with others가 첨가됨.

B. 주요소가 긴 문구로 대체되는 경우

① <u>It</u> <u>is</u> <u>my dream</u>. 그것이 나의 꿈이다.
　　S　V　　C

② <u>**Attending Redwood University with the scholarship**</u> <u>**has been**</u> <u>my dream</u>.
　　　　　　　　　　　　S　　　　　　　　　　　　　　　　　　　V　　　　C

장학금을 받고 Redwood University에 다니는 것은 나의 꿈이었다.

문장	주어	동사	보어
①	It	is	my dream
②	Attending Redwood University with the scholarship<동명사>	has been <현재완료>	my dream

* ①과 ②문장을 비교하면, ①문장의 주어와 동사가 긴 문구로 대체되어 ②처럼 확장됨을 알 수 있다.

My plan is **to climb Mt. Everest**. 나의 계획은 에베레스트산에 오르는 것이다.

* to 부정사가 보어 역할을 해서 길어짐

I don't know **when she will come**. 그녀가 언제 올지 나는 모른다.

* 의문사절이 목적어 역할을 해서 길어짐

She told me **to stay here**. 그녀는 나에게 여기 머물러 있으라고 말했다.

* to 부정사가 목적보어 역할을 해서 길어짐

Review Test

A. 다음 <보기>에서 형식이 같은 문장을 골라 그 기호를 쓰시오.

<보기>
① The designer decorated the room blue.
② The early bird catches the worm.
③ There is a beautiful river in our village.
④ The waitress will make you some coffee.
⑤ My mother looked very happy.

1. The landlord gave me a warning. (   )
2. The Queen smiled graciously. (   )
3. Tom painted the fence white. (   )
4. She washes her car every Saturday. (   )
5. He turned pale at the sight of the ghost. (   )

B. 다음 문장의 밑줄 친 부분을 바르게 고쳐 쓰시오.

1. The cake tastes <u>sweetly</u>.
2. I'll make some breakfast <u>to</u> you.
3. They <u>waited</u> the train for 2 hours.
4. The homeowner had the house <u>redecorate</u>.

C. 다음 문장을 3형식으로 바꾸시오.

1. Bill showed the official his passport.
   → _____

2. Dad told me a story about the war.
   → _____

3. Can I ask you a favor?
   → _____

4. Will you get me a ticket?
   → _____

5. Mother bought me a baseball glove.
   → _____

Chapter 2

D. 다음 문장에 있는 수식어는 모두 ( )를 하고 해석하시오.

1. Every morning he walks in the park before breakfast.

2. The meeting ended at three in the afternoon.

3. It snowed heavily in the northern provinces.

4. New York is still a mess after hurricane Sandy.

E. 다음 문장에서 지시된 문장요소를 찾아 밑줄을 긋고 해석하시오.

1. His dream is to become a singer. <보어>

2. You will soon realize that London is a very old place. <목적어>

3. To learn from everything is my only objective in life. <주어>

4. My sister taught me how to fold paper into a crane. <직접목적어>

F. 다음 ( ) 안의 말을 알맞게 변형하고 배열하여 영작하시오.

1. 나는 그에게 나의 사전을 빌려주었다. (lend/to/dictionary)

2. 나의 미래 계획은 이 대학의 총장이 되는 것이다. (future/plan/president/university)

3. 책상 위에 나의 옛 일기가 있다. (there/diary/desk)

4. Sue는 목격자에게 그의 사진을 보여주었다.(show/witness/his picture)

5. 들쥐와 새들은 신데렐라를 위해 아름다운 드레스를 만들어 주었다.
  (The field mice and birds/for/dress/Cinderella)

Chapter 03 문장의 종류

 영어의 문장은 내용에 따라, 평서문, 의문문, 명령문, 감탄문 등이 있다. 영어문장은 그 종류에 따라서 어순, 동사의 쓰임 등의 표현이 달라진다.

1. 평서문
2. 의문문
3. 명령문
4. 감탄문

1 평서문

▶ 평서문 : 어떤 사실을 있는 그대로 진술하는 문장.
▶ 형태 : 「S+V」의 어순을 가지며, 문장 끝에는 마침표(full stop)를 찍는다.
▶ 종류 : 평서문에는 긍정문과 부정문이 있다.

A. 긍정문 : 「~ 하다」라는 뜻을 가지며 부정어(not, never, no, none)가 없다.

He is my English teacher. 그는 나의 영어 선생님이다.
I like baseball. 나는 야구를 좋아한다.
She can speak French. 그녀는 불어를 할 줄 안다.

B. 부정문 : 「~ 않다」라는 뜻을 가지며 부정어(not, never, no, none)가 있다.

This is **not** my room. 이곳은 내 방이 아니다.
She is poor and has **no** family, but she **never** gives up hope.
　그녀는 가난하고 가족이 없지만 결코 희망을 포기하지 않는다.
It is **none** of your business. 그건 네가 상관할 일이 아니야.

C. Be동사나 조동사가 들어있는 문장의 부정문 : be동사, 조동사 바로 뒤에 부정어 **not**을 쓴다.

- be동사 (am, are, is, was, were) ⎤
- 조동사 (can, will, shall…)　　　 ⎦ + not

I *am* happy. 난 행복해.
→ I **am not** happy. 난 행복하지 않아.
I can play the piano. 나는 피아노를 칠 줄 안다.
→ I **cannot** play the piano. 난 피아노를 못 쳐.

D. 일반동사가 쓰인 문장의 부정문 : 조동사 do, does, did 등을 쓰고 부정어(not)를 쓴 뒤, 본동사를 원형으로 쓴다.

- 현재시제 ⎡ do not[don't] + 동사원형 ~
　　　　　 ⎣ does not[doesn't] + 동사원형 ~ (주어가 3인칭단수일 때)
- 과거시제 : did not[didn't] + 동사원형 ~

I have a car. <1인칭, 현재> 나는 차가 있다.
→ I **do not[don't]** *have* a car. 나는 차가 없다.

She *likes* football. <3인칭 단수 현재> 그녀는 축구를 좋아한다.
→ She **does not[doesn't]** *like* football. <likes가 원형인 like로 바뀜>
그녀는 축구를 좋아하지 않는다.

He played tennis yesterday. <과거> 그는 어제 테니스를 쳤다.
→ He **did not [didn't]** *play* tennis yesterday. <played가 원형인 play로 바뀜>
그는 어제 테니스를 치지 않았다.

Check Point

※ 「be동사·조동사+not」의 축약형

are not → aren't, is not → isn't, was not → wasn't, were not → weren't
cannot → can't, do not → don't, does not → doesn't, did not → didn't

2 의문문

▶ 의문문 : 상대에게 무엇을 물을 때 쓰는 문장이다.
▶ 형태 : 보통 「V+S ~」의 어순을 취하며, 문장 끝에 '?'(Question mark)를 쓴다.

A. 의문사 없는 의문문 (Yes-No Question) : Yes나 No로 답하며, 대답할 때는 질문에 사용된 be동사나 조동사를 사용하여 대답한다.

- ◆ Be동사·조동사가 있는 문장 : Be동사·조동사 + S ~?
- ◆ 일반동사가 쓰인 문장 ─ 현재시제 : Do[Does] + S + 동사원형~?
  └ 과거시제 : Did + S + 동사원형~?
- ◆ 부정 의문문 : 문두에 있는 be동사·조동사 뒤에 not을 쓴다.

She **is** vegetarian. <be동사> 그녀는 채식주의자다.
 → **Is she** vegetarian? 그녀는 채식주의자니?
 → **Isn't she** vegetarian? 그녀는 채식주의자 아니니?
She **can** swim. <조동사> 그녀는 수영할 줄 안다.
 → **Can** she swim? 그녀가 수영할 줄 아니?
 → **Can't** she swim? 그녀는 수영 못하니?
They **like** coffee. <일반동사> 그들은 커피를 좋아한다.
 → **Do** they like coffee? 그들은 커피를 좋아하니?
 → **Don't** they like coffee? 그들은 커피를 좋아하지 않니?
He **loves** sports. <3인칭단수 현재> 그는 스포츠를 좋아한다.
 → **Does** he love sports? 그는 스포츠를 좋아하니?
 → **Doesn't** he love sports? 그는 스포츠를 좋아하지 않니?
He **bought** a car. <과거시제> 그는 차를 샀다.
 → **Did** he buy a car? 그가 차를 샀니?
 → **Didn't** he buy a car? 그가 차를 사지 않니?

Check Point

※ 부정의문문에 대한 대답

영어는 우리말과는 달리 상대가 긍정으로 묻건 부정으로 묻건, 자신의 대답이 긍정이면 Yes로 부정이면 No로 대답한다. 따라서, 긍정의문문으로 물을 때는 괜찮지만 부정의문문으로 물을 때는 Yes, No의 사용을 혼동하기 쉬우므로 유의해야 한다.

> **Can** you drive a car? 운전할 줄 아니?
> - **Yes**, I can. 예, 할 줄 알아요.
> - **No**, I can't. 아니요, 할 줄 모릅니다.
>
> **Can't** you drive a car? 운전 못하니?
> - **Yes**, I can. 아니요, 할 줄 알아요.
> - **No**, I can't. 예, 못합니다.
>
> * 'Yes, I can't' 또는 'No, I can'으로 대답하지 않도록 유의해야 한다.

B. 의문사 있는 의문문(Wh-Question)

- ◆ Who, Whom, What, Which, Where, When, How, Why 등의 의문사로 시작된다.
- ◆ Yes / No로 대답하지 않는다.
- ◆ 어순 : 의문사+be동사·조동사+S+(동사원형)~?
- ◆ 의문사 자신(Who, What)이 주어인 경우는 「의문사(S)+V~?」 어순을 갖는다.

What **is** he? <의문사+be동사+S> 그의 직업은 무엇입니까?

What **can** I *do* for you? <의문사+조동사+S+본동사> 무엇을 도와 드릴까요?

How **do** you *go* to school? 학교에 어떻게 가니?

Where **does** she *live*? 그녀는 어디에 사니?

When **did** he *fall* asleep? 그가 언제 잠들었니?

Who *broke* the window? <의문사주어+동사> 누가 창문을 깼니?

C. 선택의문문 : 둘 중에서 어떤 것을 선택하는가를 묻는 의문문으로 Yes / No로 대답하지 않는다. 「V + S ~ A or B ?」의 형태를 취한다.

Do you go to school *by bus* **or** *on foot*? 학교에 버스타고 가니, 걸어서 가니?
 - I go to school by bus. 버스 타고 가요.

Do you like *playing sports* **or** *computer games*? 운동경기하기를 좋아하니, 컴퓨터게임하기를 좋아하니?

D. 부가의문문 : 평서문 뒤에 짧게 덧붙이는 의문문

- ◆ 평서문 뒤에, 「조동사·be동사+대명사?」 형태로 붙는다.
- ◆ 앞에 있는 평서문이 ┌ 긍정문이면 → 부정의문문
  └ 부정문이면 → 긍정의문문

That puppy is really cute, **isn't it**? 저 강아지 정말 귀여워, 그렇지 않니?
   - Yes, it is. 예, 귀여워요.
You can't speak French, **can you**? 불어 할 줄 모르지?
They play basketball after school, **don't they**? 그들은 방과 후에 농구하지?
She doesn't like a cat, **does she**? 그녀는 고양이를 좋아하지 않지?
You didn't sleep well, **did you**? 너 잠을 푹 못 잤지?

E. 수사의문문 : 의문문이지만 평서문의 뜻을 강조하기 위해 쓰인 문장을 말한다.

Who knows? = Nobody knows. 누가 알겠는가? = 아무도 모른다.
Who can't solve the problem? = Anybody can solve the problem.
누가 그 문제를 못 풀겠는가? = 누구라도 그 문제는 풀 수 있다.

F. 간접의문문

- ◆ 의문문이 전체 문장의 일부분으로 주어, 목적어, 보어 역할을 하는 경우
- ◆ 어순 : 직접의문문과는 달리, 평서문처럼「의문사+S+V~」로 쓴다.

1. 간접의문문의 일반적 용법

Where **does he** live? <직접의문 : V+S> 그는 어디 사니?
Do you know <u>where **he lives**</u>? <간접의문 : S+V> 그가 어디 사는 줄 아니?

How **does bears** survive through the winter?
곰은 겨울을 어떻게 견디나요?
I wonder <u>how **bears survive** through the winter</u>.
곰이 어떻게 겨울을 견디는지 궁금해.

2. 간접의문문이 쓰인 문장 중 Yes / No로 대답할 수 없는 의문문 : 의문사를 문두에 놓는데, 주절에 **think, believe, imagine, suppose** 등의 동사가 쓰인 경우이다.

① Do you know **what** he wants? (O) 그가 무엇을 원하는지 아니?
② Do you *think* **what** he wants? (X) 그가 무엇을 원한다고 생각하니?
③ **What** do you *think* he wants? (O)
   * ①은 Yes / No로 대답할 수 있지만, ②는 내용상 그럴 수 없다. 따라서 의문사 what을 문두로 옮겨 ③처럼 써야 한다.

Do you *suppose* **who** told them? (X) 누가 그들에게 말했다고 생각하니?
   → **Who** do you *suppose* told them? (O)

3 명령문

▶ 명령문 : 명령, 금지, 권유, 제안 등을 나타내는 문장이다.
▶ 형태 : 보통 주어가 생략되고 동사원형으로 시작된다.
▶ 종류 : 직접명령문과 간접명령문이 있다.

A. 직접명령문 : 상대방(You)에게 직접 명령하거나 금지할 때 쓰이며, 주어(You)는 보통 생략되고 동사원형으로 시작된다.

- 동사원형 ~ : 긍정명령문 (~하라)
- Don't + 동사원형~ : 부정명령문 (~하지 마라)

You are quiet. <평서문>
→ **Be** quiet. <명령문 : You생략, are의 원형인 Be를 씀> 조용히 해라.
Don't be noisy. 떠들지 마라.
Open the door. 문을 열어라
Don't open the door. <부정명령문> 문을 열지 마라.
Please **speak** louder. = **Speak** louder, *please*. 좀 더 크게 말해 줘.
  * 명령문 앞이나 뒤에 'please'를 붙이면 부드러운 부탁의 표현이 된다.
You stand up, John. 일어서라, 존.
  * 특정 대상을 가리키며 명령할 때는 You를 생략하지 않는다.

B. 간접명령문 : 상대방을 통하여 3인칭이나 1인칭에게 명령, 허락, 권유 등을 하는 문장으로 Let 이 쓰인다.

- Let + O + 동사원형~ : 긍정명령문 (~하게 해라)
- Don't let + O + 동사원형~ : 부정명령문 (~하게 하지 마라)

Let me come in. 나를 들어가게 해 주세요.
Let her have it her way. 그녀가 원하는 대로 하게 해라.
Don't let him drink too much. 그 사람 너무 많이 마시게 하지 마.
┌ **Let us** go to the movies. <허가> 우리가 영화 보러 가게 해 주세요.
└ **Let's** go to the movies. <청유> (같이) 영화 보러 가자.
  * 「Let's」는 'Let us'의 축약형이지만, '~하자'라는 청유를 나타낼 때는 「Let's~」를 쓰고, '우리가 ~하도록 해 주세요'라는 허락을 구할 때는 「Let us~」로 쓴다.

4 감탄문

▶ 기쁨, 놀람, 고통, 슬픔 등의 강한 감정을 나타내며, "!"(감탄부호)가 붙는다.

> ▶ 명사가 없는 문장 → How + 형용사·부사 + (S + V) !
> ▶ 명사가 있는 문장 → What + (a·an) + 형용사 + 명사 + (S + V) !
> * 뒤에 오는 (S+V)는 생략되기도 한다.

A. How로 시작되는 감탄문 : 「very+형용사[부사]」 형태를 가진 평서문이 How로 시작되는 감탄문으로 바뀔 수 있다.

The moon is *very bright* tonight. <very+형용사>
 → **How** *bright* the moon is tonight! 오늘 밤은 달이 참 밝다!
She responds *very quickly*. <very+부사>
 → **How** *quickly* she responds! 그녀의 응답 참 빠르군!

B. What으로 시작되는 감탄문 : 「(a·an)+very+형용사+명사」 형태를 가진 평서문이 What으로 시작되는 감탄문으로 바뀔 수 있다.

This is a very beautiful *flower*. <a+very+형용사+단수명사>
 → **What** a beautiful *flower* this is! 이 얼마나 아름다운 꽃인가!
They are very lovely *children*. <very+형용사+복수명사>
 → **What** lovely *children* (they are)! 얼마나 사랑스러운 아이들인가!

Review Test

A. 다음 문장을 부정문으로 바꿀 경우 _____ 에 들어갈 알맞은 말을 쓰시오.

1. This is my car.
   → This _____ my car.
2. The child can walk.
   → The child _____ .
3. I like basketball.
   → I _____ basketball.
4. Jim washes his car every morning.
   → Jim _____ his car every morning.
5. They played soccer last Saturday.
   → They _____ soccer last Saturday.

B. 다음 문장을 의문문으로 바꿀 경우 _____ 에 들어갈 알맞은 말을 쓰시오.

1. He was a good singer.
   → _____ a good singer?
2. She can't play tennis.
   → _____ tennis?
3. You play tennis every day.
   → _____ tennis every day?
4. Mark plays the guitar well.
   → _____ the guitar well?
5. You got up early this morning.
   → _____ early this morning?
6. He didn't go to the club meeting.
   → _____ to the club meeting?

C. 다음 대화가 어울리도록 _____ 에 들어갈 알맞은 단어를 쓰시오.

1. A : _____ _____ you arrive here?
   B : I arrived yesterday.

2. A : _____ _____ playing the piano?
   B : Nancy is.
3. A : _____ _____ you like better, summer _____ winter?
   B : I like summer better.
4. A : Is this your wallet, sir?
   B : No, it is _____ . I have mine in my back pocket.
5. A : Can you cook the dinner by yourself?
   B : No, I'm afraid I _____ _____ cook it alone.

D. 다음 _____ 에 들어갈 알맞은 부가의문문을 쓰시오.

1. He likes fruits, _____ ?
2. Ann didn't go there, _____ ?
3. Tom will come here, _____ ?
4. Jane can't swim, _____ ?
5. You ignored my advice, _____ ?
6. You are going to propose to her, _____ ?

E. <보기>와 같이 두 문장을 한 문장으로 고치시오.

<보기> I don't know. + What is this? → I don't know what this is.

1. Do you know? + Where does she live?
   → _____

2. I don't know. + Who is that lady?
   → _____

3. Tell me. + What did he say?
   → _____

4. I don't know. + When did he come back?
   → _____

5. Do the child's parents know? + What does the child want?
   → _____

F. 다음 문장의 잘못된 부분을 바르게 고쳐 쓰시오.

1. Let's playing baseball.

2. Do you know where does Joanne live?

3. How a skillful chef he is!

4. What high that mountain is!

5. Excuse me, but didn't we met two days ago in the street?

G. 괄호 안의 단어를 사용하여 영작하시오.

1. 너는 찬 음료가 좋니 따뜻한 음료가 좋니? (like/cold/hot/beverage)
   _____

2. 당신은 누가 이길거라고 생각하세요? (think/who/win/will)
   _____

3. 이 코트는 어디에서 구입하셨나요? (where/buy/coat)
   _____

4. 당신은 그 아이가 어디에 있는지 아세요? (know/child)
   _____

5. 이 얼마나 아름다운 광경인가! (view/this/beautiful)
   _____

Chapter 04 시제 I
(현재, 과거, 미래, 진행)

어떤 사건, 동작, 상태 등이 언제(시간)의 일인가를 표시하는 것을 시제라 하며, 시제는 동사의 형태를 변화시켜 표시한다.

시제는 기본시제(현재, 과거, 미래)와 완료시제(현재완료, 과거완료, 미래완료)가 있으며, 이들 모두 진행시제를 만들 수 있어 총 12가지가 있다. 이번 chapter에서는 단순시제와 그 진행시제를 공부하고, 완료시제는 다음 장에서 별도로 살펴보도록 하자.

1. 동사의 변화
2. 현재시제
3. 과거시제
4. 미래시제
5. 진행시제

1 동사의 변화

시제는 동사의 형태를 변화시켜 표현하는데, 동사의 형태에는 원형, 과거, 과거분사, 현재분사 네 가지가 있다.

형태	원형	과거형	과거분사	현재분사
쓰임	현재시제 부정사	과거시제	완료시제 수동태 분사	진행시제 동명사 분사

「원형-과거-과거분사」 형태는 규칙적으로 변화는 규칙동사와 불규칙적으로 변화하는 불규칙 동사가 있다.

A. 규칙동사 : 원형에 「~ed」를 붙이면 과거형, 과거분사형이 된다.

동사원형	과거·과거분사형	원형-과거-과거분사
일반적인 동사	원형+ed	work – work**ed** – work**ed** 일하다 help – help**ed** – help**ed** 돕다 open – open**ed** – open**ed** 열다
~e로 끝나는 동사	원형에 '–d'만 붙인다	like – lik**ed** – lik**ed** 좋아하다 die – di**ed** – di**ed** 죽다 hope – hop**ed** – hop**ed** 희망하다
'자음+y'로 끝나는 동사	–y → –ied	study – stud**ied** – stud**ied** 공부하다 cry – cr**ied** – cr**ied** 울다 carry – carr**ied** – carr**ied** 운반하다 * '모음+y'로 끝나는 동사는 'y'를 그대로 두고 'ed'를 붙인다. play – play**ed** – play**ed** 놀다 stay – stay**ed** – stay**ed** 머무르다
'단모음+단자음'으로 끝나는 1음절 동사	마지막 자음을 하나 더 쓰고 'ed'를 붙인다	stop – stop**ped** – stop**ped** 멈추다 beg – beg**ged** – beg**ged** 구걸하다
'단모음+단자음'으로 끝나는 2음절동사 중 강세가 끝에 있는 것	마지막 자음을 하나 더 쓰고 'ed'를 붙인다	admít – admít**ted** – admít**ted** 인정하다 contról – contról**led** – contról**led** 조절하다 * 강세가 앞에 있으면 'ed'만 붙인다. vísit – vísit**ed** – vísit**ed** 방문하다

* '단모음+단자음'이란 말은 '하나의 모음+하나의 자음'이란 뜻이다. Walk는 끝에 l과 k 두 개의 자음이 있으므로 단자음이 아니다. 반면에 look은 끝에 자음이 k 하나 밖에 없으므로 단자음이지만 모음이 oo로 두 개이므로 단모음이 아니다. 따라서 walk와 look는 끝에 자음을 하나 더 쓰지 않고 '~ed'를 붙인다.

B. 불규칙 동사

1. 「A-A-A」형

원형	과거	과거분사	뜻
cut	cut	cut	자르다
hurt	hurt	hurt	상처를 입히다
let	let	let	~하게 하다
put	put	put	놓다, 두다
read[riːd]	read[red]	read[red]	읽다
set	set	set	두다, 배치하다
shut	shut	shut	닫다

2. 「A-B-A」형

원형	과거	과거분사	뜻
come	came	come	오다
run	ran	run	달리다
become	became	become	~이 되다

* 주의 : welcome – welcomed – welcomed (환영하다)

3. 「A-B-B」형

원형	과거	과거분사	뜻
bring	brought	brought	가져오다
build	built	built	짓다
buy	bought	bought	사다
catch	caught	caught	잡다
find	found	found	발견하다
have	had	had	가지다
hear	heard	heard	듣다
keep	kept	kept	보유하다
leave	left	left	떠나다
lend	lent	lent	빌려주다
lose	lost	lost	잃다
make	made	made	만들다
mean	meant	meant	의미하다

원형	과거	과거분사	뜻
meet	met	met	만나다
say	said	said	말하다
send	sent	sent	보내다
spend	spent	spent	소비하다
teach	taught	taught	가르치다
tell	told	told	이야기하다
think	thought	thought	생각하다
win	won	won	이기다

4. 「A-B-C」형

원형	과거	과거분사	뜻
begin	began	begun	시작하다
break	broke	broken	깨다
choose	chose	chosen	고르다
do	did	done	~을 하다
draw	drew	drawn	그리다
drive	drove	driven	운전하다
eat	ate	eaten	먹다
fly	flew	flown	날다
get	got	gotten	얻다
give	gave	given	주다
go	went	gone	가다
grow	grew	grown	자라다
know	knew	known	알다
rise	rose	risen	일어나다
see	saw	seen	보다
speak	spoke	spoken	말하다
take	took	taken	잡다
write	wrote	written	쓰다

C. 혼동하기 쉬운 자동사(vi)와 타동사(vt)의 변화

- lie - lied - lied (vi) 거짓말하다
- lie – lay – lain (vi) 놓여 있다, 눕다
- lay – laid – laid (vt) 놓다, 눕히다

- fall – fell – fallen (vi) 떨어지다
- fell – felled – felled (vt) (나무를)베어 넘어뜨리다

- find – found – found (vi) 발견하다
- found – founded – founded (vt) 설립하다

- rise - rose - risen (vi) 오르다
- raise - raised - raised (vt) 올리다, 키우다

- sit - sat - sat (vi) 앉다
- seat - seated - seated (vt) 앉히다

D. 현재분사를 만드는 법 : 동사원형에 「~ing」를 붙인다.

동사원형	현재분사	변화의 예
일반적인 동사	동사원형+ing	read → read**ing**, eat → eat**ing** speak → speak**ing**, study → study**ing**
-e로 끝나는 동사	e를 빼고 ing를 붙인다	drive → driv**ing**, give → giv**ing** * 예외: see → see**ing**
-ie로 끝나는 동사	-ie → -ying	die → d**ying**, lie → l**ying**
'단모음+단자음'으로 끝나는 1음절 동사	자음을 하나 더 쓰고 ing를 붙인다	cut → cut**ting**, get → get**ting**
'단모음+단자음'으로 끝나는 2음절동사 중 강세가 끝에 있는 것	자음을 하나 더 쓰고 ing를 붙인다	begín → begín**ning**, admít → admít**ting** * vísit → vísit**ing** (강세가 앞에 있음)

2 현재시제

▶ 동사원형으로 표시한다. 단, 주어가 3인칭 단수인 경우에는 「원형+(e)s」로 표시함.
▶ '지금 순간적으로' 일어나는 일이라기보다는 '상당기간 변함없이 반복·지속'되어 예측 가능한 일을 나타낸다.

A. 현재의 일이나 상태

I **have** a birthday party at four. 나는 네 시에 생일 파티가 있다.
The city **has** many museums, theaters, art galleries, and cinemas.
그 도시에는 많은 박물관, 공연장, 미술관과 영화관이 있습니다.

B. 늘 반복되는 동작, 습관, 직업

School **begins** at nine. 수업은 9시에 시작된다.
I **drink** a cup of coffee every morning. 나는 매일 아침 커피를 한 잔 마신다.
She **teaches** English. 그녀는 영어를 가르친다.(= 영어선생님이다.)

C. 불변의 진리나 격언

The Earth **goes** around the sun. <불변의 진리> 지구는 태양 주위를 돈다.
Honesty **is** the best policy. <속담> 정직이 최선의 방책이다.

3 과거시제

A. 과거의 동작이나 상태

We **watched** movies and **played** video games. 우리는 영화를 보고 비디오 게임을 했다.
She **was** ill last weak. 그녀는 지난주에 아팠다.

B. 과거의 반복되는 동작이나 습관

Sometimes they **wrote** to each other. 가끔씩 그들은 서로 편지를 했다.

C. 과거의 경험

Did you ever **see** a whale? 고래를 본적 있습니까?
I never **saw** a ghost. 나는 유령이라곤 본 적이 없다.

4 미래시제

▶ 「will·shall + 동사원형」의 형태로 표현하며 **단순미래**와 **의지미래**가 있다.

A. 단순미래

- 누가 의도해서 하는 일이 아니라, 「(시간만 지나면 자연히) ~하게 될 것이다」라는 의미.
- 상황에 따라 will과 shall을 구분하여 쓰기도 하지만, 대부분 will을 쓰면 무리가 없다.

I **will** be fourteen years old next year. 나는 내년에 14세가 된다.
She **will get** well soon. 그녀는 곧 좋아질 것입니다.
Will we **get** there before six o'clock? 6시 전에 도착할까요?
 - Yes, we **will**. 예, 도착할 것입니다.
 - No, we **won't[will not]**. 아니오, 도착하지 못할 것입니다.

B. 의지미래

- '~할 생각이다, ~하겠다' 등과 같이 어떤 사람의 의도나 결심을 나타냄.
- 의지나 의도를 가진 사람이 누구인지, 즉 화자(그 말을 하는 사람)인지, 문장의 주어인지, 상대방(그 말을 듣는 사람) 인지에 따라 will·shall을 구분하여 쓴다.

문장의 종류 인칭	평 서 문		의문문
	화자의 의지	주어의 의지	상대방의 의지
1 인칭	will (~하겠다)	will (~하겠다)	shall (~할까요?)
2 인칭	shall (~하게 하겠다)	will (~하려고 한다)	will (~하겠습니까?)
3 인칭	shall (~하게 하겠다)	will (~하려고 한다)	shall (~하게 할까요?)

1. 화자(말하는 사람)의 의지 : '말하는 사람(내가)이 ~하겠다.'

I **will** stay at home tomorrow. 나는 내일 집에 있을 작정이다.
You **shall** have this watch. 이 시계를 네가 갖도록 해줄게.
 * 2인칭 you에 shall이 쓰였으므로 화자의 의지. 말하는 사람인 내가 '너로 하여금 이 시계를 갖도록 해주겠다.'는 뜻이 된다.

He **shall** go at once. 그를 즉시 가도록 하겠다.(= I will let him go at once.)

2. 주어의 의지

I won't smoke again. 다시는 담배를 피우지 않겠다.
Come whenever **you will** come. 오고 싶은 때는 언제든지 오너라.
She won't listen to my advice. 그녀는 내 충고를 들으려 하지 않는다.

3. 상대방의 의지(의문문) : 상대방의 의향을 묻거나 제안, 부탁, 권유 등에 사용된다.

Shall I carry your bag? <상대방의 의향> 가방 옮겨드릴까요?
Shall we go out for a meal? <제안> 식사하러 나갈까요?
Will you get me a newspaper when you're out, please? <부탁>
외출할 때 신문 하나 구해다 주겠어요?
Won't you come in? <권유> 잠깐 들어오시지 않겠습니까?
Shall he go first? <상대방의 의향> 그를 먼저 보낼까요?
　- Yes, he shall. 예, 그렇게 합시다.

> **Check Point**
>
> ※ 미래시제 암기를 위한 Tip
> 단순미래에는 거의 will이 쓰이고, 의지미래에서도 주어의 의지인 경우는 모두 will이 쓰인다. 화자의지와 상대의지를 표현할 때만 will과 shall이 구분되므로 잘 알아둘 필요가 있다. 기억을 잘 하기 위해서, 1,2,3인칭 순서대로 화자의 의지는 <u>우수수(will-shall-shall)</u>, 상대방의 의지는 <u>쌀-밀-쌀(shall-will-shall)</u>로 외워두도록 하자.

C. 미래형 대신에 쓰이는 「be going to+동사원형」

◆ will · shall처럼 '~할 것이다, ~할 예정이다'의 뜻으로 해석된다.
◆ 계획된 일 또는 확실시되는 미래 일을 나타낸다.

She's going to have another baby in June. 그녀는 6월에 아이를 하나 더 낳을 거야.
We are going to get a new car soon. 우리는 곧 새 차를 살 것이다.
What **are** you **going to** do this afternoon? 오늘 오후에 무엇을 할 작정이니?
They **aren't going to** play tennis tomorrow. 그들은 내일 테니스를 치지 않을 것이다.

D. 미래의 일을 현재시제로 나타내는 경우

1. **왕래발착(往來發着) 동사** : 가다(go), 오다(come), 출발(start, leave), 도착(arrive)의 뜻을 갖는 동사가 미래를 나타내는 부사나 부사구(tomorrow, next Sunday, next month 등)와 함께 쓰여 미래의 일을 나타낼 때는, 미래시제 대신 현재 시제로 표현한다.

   We **start** tomorrow. 우리는 내일 출발한다.
   He **leaves** here next Sunday. 그는 다음 주 일요일에 여기를 떠난다.

2. **시간, 조건 부사절** : 시간(when, after, before, till, until)이나 조건(if)을 나타내는 부사절에서는 미래의 일이라도 현재시제로 표현한다.

   ⎡ We'll go home *when* the rain **will stop**. (X)
   ⎣ We'll go home *when* the rain **stops**. (O) 비가 그치면 우리는 집에 갈 것이다.
   We must finish this work *before* he **comes**. 그가 오기 전에 이 일을 끝마쳐야 한다.
   If it **rains** tomorrow, I'll stay at home. 내일 비가 온다면 나는 집에 있겠다.

> **Check Point**
>
> ※ **주의** : when, if 등 시간이나 조건을 나타내는 접속사가 쓰인 절이라도 부사절이 아닌 명사절이나 형용사절인 경우에는 미래시제를 쓴다.
>
> Do you know *when* he **comes**? (X)
> Do you know *when* he **will come**? (O) 그가 언제 올지 아니?
>   * when 이하 문장이 know의 목적어 기능을 하는 명사절이므로 미래시제로 써야 함.
> I don't know *if* she **will go** there. <명사절> 나는 그녀가 거기에 갈지 안 갈지 모른다.
> Do you know the day *when* they **will come** here? <형용사절>
> 그들이 여기에 올 날짜를 아니?

5 진행시제

- 어느 시점에서 어떤 동작이 '시작되어 아직 끝나지 않고 진행 중임'을 나타낸다.
- '~하고 있다, ~하는 중이다'로 해석된다.
- 「be동사+~ing」 형태를 취하며 시제는 be동사에 의해 결정된다.

> 현재진행형 : am·are·is + ~ing
> 과거진행형 : was·were + ~ing
> 미래진행형 : will·shall + be + ~ing

A. 현재진행형(am·are·is +~ing) : '~하고 있다'의 뜻으로, 현재 시점에서의 진행 중인 동작을 나타낸다.

1. 현재 시점에서 진행 중인 동작 : '~하고 있다, ~하는 중이다'

   He **is watching** TV. 그는 텔레비전을 보고 있다.
   Is he **watching** TV? 그는 텔레비전을 보고 있니?
   - Yes, he **is**./ No, he **isn't**. 예 그래요. / 아니요, 그렇지 않습니다.
   He **isn't watching** TV. 그는 지금 텔레비전을 보고 있지 않다.
   Why **are** you **crying**? 너 왜 울고 있니?

2. 미래시제 대신 : '~할 것이다'의 뜻으로 확정적인 미래의 일이나 예정을 나타낼 경우에 쓰인다. 특히 왕래발착동사(go, come, start, leave, arrive)일 때 많이 쓰인다.

   We **are giving** a party *this evening*. 우리는 오늘 저녁 파티를 열 것이다.
   I **am leaving** for Manchester *tonight*. 나는 오늘밤 맨체스터로 떠난다.
   My uncle **is arriving** *tomorrow*. 나의 삼촌은 내일 도착한다.

B. 과거 진행형(was·were +~ing) : '~하고 있었다'의 뜻으로, 과거 시점에서의 진행 중인 동작을 나타낸다.

   John **was reading** a book when I called on him. 내가 방문했을 때 존은 책을 읽고 있었다.
   They **were** not **playing** tennis then. 그들은 그때 테니스를 치고 있지 않았다.
   The phone rang while I **was having** dinner. 저녁을 먹고 있을 때 전화가 울렸다.

C. 미래진행형(will·shall be +~ing) : '~하고 있을 것이다'의 뜻으로, 미래의 어느 시점에서 진행 중인 동작을 나타낸다.

This time tomorrow **I will be lying** on the beach.
내일 이 시간이면 나는 해변에 누워 있을 것이다.

He **will be waiting** for you at six this afternoon.
그가 오늘 오후 6시에 너를 기다리고 있을 것이다.

Review Test

A. 다음 동사의 "과거-과거분사"를 쓰시오.

1. live   - (   ) - (   )
2. write - (   ) - (   )
3. drop   - (   ) - (   )
4. fly   - (   ) - (   )
5. lie   - (   ) - (   )
6. rise   - (   ) - (   )
7. sit   - (   ) - (   )
8. swim   - (   ) - (   )

B. 단어의 형태가 A : B=C : D의 관계가 성립하도록 빈칸에 알맞은 단어를 쓰시오.

	A	B	C	D
1	go	went		broke
2	study	studying	lie	
3	see	seen	drive	
4	come	came	think	
5	drink	drunk		chosen
6	buy	bought		lent
7	make	making	run	
8	play	playing	visit	

C. 다음 (   )에 들어갈 알맞은 말을 둘 중에서 고르시오.

1. The editor was (getting/geting) along fine until the news broke.
2. The kitten was (lain/laid) asleep by the warm milk and the owner's soft touch.
3. It is very warm in the room. (Will/Shall) you open the window, please?
4. A : Where (will/shall) I put these glasses?
   B : Put them on the table, please.
5. A : Will your sister go out with us?
   B : No, she (will/shall) not. She is very busy.

Chapter 4

D. 다음 ( )의 동사를 문장에 알맞은 형태로 바꾸시오.

1. Andy was happy when he (hear) that.
2. Just then the mother sparrow (cry) out, came down from the tree, and flew to the dog.
3. No one (know) who he is.
4. It was fine and warm, so I (lie) down on the grass.
5. Shall we go on a picnic if it (be) fine tomorrow?
6. I (eat) French onion soup for lunch yesterday.

E. 괄호 안의 단어를 적절히 변형하고 배열하여 영작하시오.

1. 새로운 체육선생님은 다음 주에 도착하신다. (physical education/teacher/next week/arrive)

2. 우편물이 도착하면 너에게 전화할게. (post/arrive/phone)

3. 나는 다음 달이면 17세가 된다. (next/years old)

4. 하늘을 봐. 눈이 올 것 같아. (look/sky/snow/it/going to)

5. 네가 도착할 즈음 나는 이미 공항에서 기다리고 있을 것이다. (by the time/arrive/wait/airport)

F. 다음을 영작하시오.

1. 엘리스는 컴퓨터 회사에서 일한다.

2. 그는 2000년에 태어났다.

3. 내가 전화했을 때 너는 무엇을 하고 있었니?

4. 창문을 열까요?

5. 나는 외출하지 않을 거야.

6. 종(벨)이 울리면 쓰기를 멈춰라.

Chapter 05
시제 II
(완료, 완료진행)

 기본 시제는 과거, 현재, 미래등과 같이 어떤 특징 시점에서의 일을 나타내는 반면, 완료시제는 특정 시점을 기준으로 하여 그 이전부터 기준시점까지의 어떤 일의 완료, 결과, 경험, 계속을 나타낸다. 그 기준 시점이 현재이면 현재완료, 과거이면 과거완료, 미래이면 미래완료가 된다. 완료시제가 나타내는 시간의 영역을 표로 나타내면 다음과 같다.

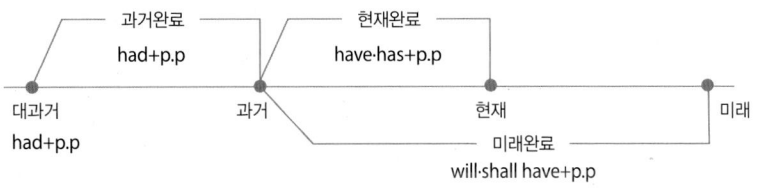

1. 현재완료
2. 과거완료
3. 미래완료
4. 완료진행시제

 # 현재완료

> ▶ 「have·has+p.p(과거분사)」 형태로 표현한다.
> ▶ have·has는 조동사이므로 부정문과 의문문은 다음과 같다.
>   ┌ 부정문: have·has + not[never] + p.p
>   └ 의문문: have·has + S + p.p~?

A. 현재완료의 용법 : 과거에 있었거나 시작된 일이 현재 어떤 상황(완료, 결과, 경험, 계속)인지에 초점을 둔다.

1. 완료

- ◆ 과거에 시작된 일이 현재의 시점에서 완료되었음을 표현한다.
- ◆ 보통 just, now, already, yet 등의 부사와 함께 쓰인다.

I **have** *already* **finished** my homework.
나는 이미 숙제를 끝냈다.(그래서 지금은 숙제가 완료된 상태다.)
Have you **done** all the housework yet? 집안일을 벌써 다 했니?
I **have** not **read** the book *yet*. 나는 아직 그 책을 읽지 못했다.

2. 결과

- ◆ "~했다, ~해 버렸다(그 결과 지금은 …하다)"의 뜻
- ◆ 과거에 일어난 일의 결과로 현재 어떠한 상태인가를 나타낸다.

I **have lost** my watch. (= I lost my watch and I don't have it now.)
나는 시계를 잃어버렸다.(그 결과 지금은 가지고 있지 않다.)
She **has gone** to Paris. (= She went to Paris and she is not here.)
그녀는 파리로 가버렸다.(그래서 지금은 여기에 없다.)

3. 경험

- ◆ "(지금까지)~한 적이 있다"의 뜻으로 과거에서 지금까지의 경험을 나타낸다.
- ◆ 보통 ever, never, once, before, often, sometimes 등의 부사와 함께 쓰인다.

I'm sure we've **met** before. 분명 우리 전에 만난적 있어요.

Have you **read** the Bible? 성경을 읽어본 적 있니?
 - Yes, I **have**. 예, 있습니다.
 - No, I **haven't**. 아니오, 없습니다.
I **have** never **forgotten** her smile. 나는 그녀의 미소를 잊은 적이 없다.

4. 계속

- ◆ "지금까지~해 오고 있다"의 뜻으로 과거에 시작된 일이나 상태가 지금까지 지속되고 있음을 나타낸다.
- ◆ 보통 for, since, how long 등의 어구와 함께 쓰인다.

He **has lived** here for ten years. 그는 10년 동안 여기에 살고 있다.
He **has been** in Seoul since last month. 그는 지난달부터 서울에 와 있다.
How long **has** she **been** ill? 그녀는 언제부터 앓고 있습니까?

B. 현재완료와 과거와의 차이점

- ◆ 과거시제: 과거 시점에서의 동작이나 상태를 나타낼 뿐 현재와는 상관이 없다.
- ◆ 현재완료: 과거에 있었거나 시작된 일이 현재 어떤 상태인지에 더 초점이 있다.

① I **bought** a bicycle.
② I **have bought** a bicycle.
  = I **bought** a bicycle + I **have** the bicycle now.

* 위의 두 문장을 우리말로 옮기면 모두 "나는 자전거를 한대 샀다."가 된다. ①은 과거시제로 자전거를 한대 샀다는 과거의 일만을 나타낼 뿐, 현재 그것이 어떠한지, 즉 지금도 가지고 있는지 아니면 가지고 있지 않은지에 대해서는 말하지 않는다. 반면에 ②는 현재완료이므로 "과거에 그것을 샀다."라는 사실과 "그래서 지금 그것을 가지고 있다."는 현재의 상태를 동시에 나타낸다.

C. 현재완료와 함께 쓸 수 없는 어구

◆ 현재완료는 현재가 기준이므로, 과거를 나타내는 말과는 함께 쓸 수 없다.

◆ yesterday, last month, just now, ago, when 등

- *When* **have** you **finished** the work? (X)
- *When* **did** you finish the work ? (O) 언제 그 일을 끝냈니?

- She **has arrived** here *yesterday*. (X)
- She **arrived** here *yesterday*. (O) 그녀는 어제 여기에 도착했다.

- I **have visited** the United States *last month*.(X)
- I **visited** the United States *last month*. (O) 나는 지난달에 미국을 방문했다.

- I **have seen** him *ten years ago*.(X)
- I **saw** him *ten years ago*. (O) 나는 10년 전에 그를 보았다.

- I **have finished** it *just now*. (X)
- I **finished** it *just now*. (O)
- I **have** *just* **finished** it. (O)
- I **have finished** it *now*. (O) 나는 방금 그것을 끝냈다.

* just와 now가 함께 붙어서는 현재완료에 쓰이지 못하지만 각각 단독으로는 쓰임.

Check Point

※ 「have gone to~ / have been to~」의 비교

- have gone to~ : ~에 가버리고 지금 여기에 없다 <결과>
- have been to~ : ~에 가본 적이 있다 <경험>

He **has gone to** Rome. 그는 로마에 가버리고 지금 여기에 없다.
I **have been to** Rome. 나는 로마에 가본 적이 있다.

2 과거완료

> ▶ 형태 : had + p.p
> ▶ 의미 : 과거의 어떤 시점을 기준으로 하여 그 이전에 발생하거나 시작된 일의 완료, 결과, 경험, 계속 상태를 나타낸다.
> ▶ 대과거 : 과거의 일정 시점을 기준으로 해서, 그보다 더 이전에 일어난 일을 대과거라 하며, 과거완료와 동일하게 「had+p.p」로 나타낸다.

A. 완료 : 과거의 시점을 기준으로, 그 이전에 시작된 일이 완료되었음을 나타낸다.

I **had finished** the work when he *came*. 그가 왔을 때 나는 그 일을 끝마친 상태였다.
  * 그가 온(arrived) 과거 시간을 기준으로 그 이전부터 일을 시작하여 그 때에는 완료했음을 나타낸다.

Had he **finished** it when you *saw* him? 네가 봤을 때 그는 그 일을 끝낸 상태였니?
  - Yes, he **had**. 응, 그랬어.
  - No, he **hadn't**. 아니, 그렇지 않았어.

B. 결과 : 과거의 일정시점을 기준으로, 그 이전에 일어난 일의 결과를 나타낸다.

I *found* that she **had gone** to America. 나는 그녀가 미국으로 가버린 것을 알았다.
  * 내가 알아차린(found) 시점에서 볼 때, '그녀는 그 이전에 미국으로 떠나서 그 결과 미국에 있음'을 나타낸다.

When I *arrived* at the party, Lucy **had** already **gone** home.
내가 파티에 도착했을 때, 루씨는 이미 집에 가고 없었다.

C. 경험 : 과거의 일정 시점을 기준으로, 그 이전부터 그 때까지의 경험을 나타낸다.

That *was* the smallest fish that I **had** ever **seen**.
그것은 그 때까지 내가 봤던 가장 작은 물고기였다.

He **had** never **been** to school before *then*.
그는 그 이전에는 학교에 다닌 적이 없었다.

D. 계속 : 과거의 일정시점을 기준으로, 그 이전에 시작된 일이 그 때까지 계속되고 있음을 나타낸다.

He **had been** ill for a week when I *called* on him.
내가 방문했을 때 그는 일주일동안 앓고 있었다.

E. 대과거: 두개의 과거 사실 중 시간상 먼저 일어난 일(대과거)을 과거완료(**had+p.p**)로 표현하고, 나중에 일어난 일을 과거로 표현한다.

I *lost* the ring which he **had given** me. 나는 그가 내게 준 반지를 잃어 버렸다.

* 내가 반지를 잃어버린 것보다 그가 나에게 반지를 준 것이 먼저이므로 대과거인 'had given'을 씀.

I *thought* I **had sent** the cheque a week before.
나는 (그 때보다) 1주일 전에 수표를 보냈다고 생각했다.

He *sold* the watch that his father **had bought** him the day before.
그는 그의 아버지가 그 전날 그에게 사준 시계를 팔아버렸다.

→ His father **bought** him a watch, and he *sold* it the next day.
그의 아버지가 그에게 시계를 사주었는데, 그는 그 다음날 그것을 팔아버렸다.

* 사건이 일어난 순서대로 문장을 쓸 때는 과거시제를 쓴다.

3 미래완료

▶ 형태 : will·shall + have + p.p
▶ 용법 : 미래의 어떤 때를 기준으로 하여, 그 이전에 발생하거나 시작된 일이 미래의 시점에서 예상되는 완료, 결과, 경험, 계속

A. 완료 : '~하고(해버리고) 있을 것이다.'

We'll **have finished** the work by tomorrow afternoon.
우리는 그 일을 내일 오후까지는 끝마치게 될 것이다.

B. 결과 : '~하게 될 것이다'

The snow **will have disappeared** before the end of April.
4월말 이전에 눈이 사라지게 될 것이다.

C. 경험 : '~한 것으로[셈이] 되다'

I **shall have read** this book three times if I read it again.
이 책을 또 한 번 읽으면 세 번 읽은 셈이 된다.

D. 계속 : '~하는 것으로[셈이] 되다'

Next month she **will have been** here for three years.
다음 달이면 그녀는 이곳에 3년간 있게 된다.

4 완료진행시제

완료시제에 진행형을 쓰면 어떤 동작이 특정시점까지 계속되고 있고, 그 이후에도 지속될 것을 암시한다. 즉, 완료시제의 용법 중 계속의 용법을 강조하는 표현이다.

> ▶ 현재완료진행형: have·has been +~ing
> ▶ 과거완료진행형: had been + ~ing
> ▶ 미래완료진행형: will·shall + have been +~ing

A. 현재완료진행형(have · has been +~ing) : 과거부터 현재까지 계속 중인 상태

It **has been raining** since yesterday. 어제부터 줄곧 비가 내리고 있다.
  = It began to rain yesterday, and it is still raining now.
I'**ve been waiting** for him for an hour. 나는 그를 한 시간 동안 기다리고 있다.

B. 과거완료진행(had been+~ing) : 그 이전부터 과거 어느 시점까지 계속 중인 상태

It **had been raining** for a week when I reached London.
  내가 런던에 도착했을 때 일주일동안 계속 비가 내리고 있었다.
She **had been studying** English for three years before she went to New York.
  그녀는 뉴욕에 가기 전에 3년 동안 영어를 공부해 왔었다.

C. 미래완료진행(will · shall + have been +~ing) : 그 이전부터 미래 어느 시점까지 계속 중인 상태

I **will have been staying** here for a month tomorrow.
  내일이면 나는 여기에 한 달 동안 머무는 셈이 된다.

Chapter 5

Check Point

※ **12시제 총정리**

I. 기본시제

- 현재 : I **play** the piano. 나는 피아노를 친다.
- 과거 : I **played** the piano. 나는 피아노를 쳤다.
- 미래 : I **will play** the piano. 나는 피아노를 칠 것이다.

II. 완료시제

- 현재완료 : I **have played** the piano. 나는 피아노를 쳤다.
- 과거완료 : I **had played** the piano. 나는 피아노를 쳤었다.
- 미래완료 : I **will have played** the piano. 나는 피아노를 칠 것이다.

III. 진행시제

- 현재진행 : I **am playing** the piano. 나는 피아노를 치고 있다.
- 과거진행 : I **was playing** the piano. 나는 피아노를 치고 있었다.
- 미래진행 : I **will be playing** the piano. 나는 피아노를 치고 있을 것이다.
- 현재완료 진행 : I **have been playing** the piano. 나는 피아노를 계속 치고 있다.
- 과거완료진행 : I **had been playing** the piano. 나는 피아노를 계속 치고 있었다.
- 미래완료진행 : I **will have been playing** the piano. 나는 피아노를 계속 치고 있을 것이다.

Review Test

A. 다음 (   )에 들어갈 알맞은 말을 고르시오.

1. (Have/Has/Did) your mother visited a foreign country?
2. When (have/has/did) Mr. Kim come here?
3. Have you ever (be/were/been) there?
4. (Have/Has/Did) you finished your work?
5. We have been busy (for/from/since) yesterday morning.
6. I (graduated/have graduated/had graduated) from college before I got married.

B. 다음 우리말과 같은 뜻이 되도록 빈 칸에 들어갈 알맞은 말을 쓰시오.

1. 크리스마스 이후로 줄곧 비가 내리고 있다.

   It _____ _____ _____ since Christmas.

2. 그때까지 빌은 세 시간 째 달리고 있었다.

   Bill _____ _____ _____ for three hours by then.

3. 이번 겨울이면 난 여기에서 10년째 가르치고 있게 된다.

   I _____ _____ _____ _____ here for 10 years this winter.

4. 늦어서 죄송해요. 오래 기다리고 있는 중인가요?

   Sorry! I'm late. _____ you _____ _____ long?

5. 내가 역에 도착했을 때 기차는 아직 떠나지 않고 있었다.

   The train _____ _____ _____ yet when I got to the station.

6. 그들은 오랫동안 서로 알고 지내고 있다.

   They _____ _____ each other for a long time.

C. 괄호안의 말을 적절히 변형하고 배열하여 영작하시오.

1. 나는 점심시간 이후로 지금까지 방 두 개 페인트칠을 했다.(paint/lunchtime/since)

2. 나는 지금까지 하와이를 세 번 가봤다.(be/so far/Hawaii/three times)

3. 집에 온 걸 환영해! 무척 보고 싶었어.(welcome/miss/so much)

4. 나는 이번 여름에 스무 번째 생일을 축하하게 될 것이다.
   (celebrate/20th birthday/this summer))

5. 그때는 내가 서울에 살기 시작한 지 5년이 되었었다.(live/seoul/for/then)

6. 이것이 여태껏 내가 봤던 것 중 가장 오래된 책이다.(old/that/ever/see)

D. 다음을 영작하시오.

1. 여기에 얼마나 사셨습니까?

2. 나는 내 휴대폰을 잃어버렸다.(그래서 지금은 가지고 있지 않다.)

3. 네가 도착했을 때, 그는 이미 집을 떠났었다.

4. 뉴욕에 가 본 적이 있나요?

5. 내일이면 나는 당신과 결혼한 지 12년이 된다.

Chapter 06 조동사

문장에서 어떤 동작이나 상태를 나타내는 것을 본동사라 하고, 본동사를 보조하는 역할을 하는 것이 조동사이다. 조동사는 본동사 앞에 위치하여 본동사만으로는 나타낼 수 없는 의문, 부정, 강조, 시제, 가정법 등을 나타내거나, 의무, 가능, 필요, 허락 등의 의미를 덧붙인다.

[조동사의 종류와 성질]

종 류	뒤에 오는 본동사의 형태	용 법	자신이 본동사로 쓰일 때
have	p.p	완료시제	가지다, 먹다
do	원형동사	부정문, 의문문, 강조	~을 하다
will, would shall, should can, could may, might must ought to used to	원형동사	본동사에 의무, 가능, 필요, 허락 등의 의미를 덧붙임	본동사로는 쓰이지 않음

1. Have, Do의 용법
2. Can, May, Must의 용법
3. Will, Would, Should, Ought to의 용법
4. Need, Dare의 용법
5. Used to의 용법

1 Have, Do의 용법

▶ 고유한 뜻을 가지고 본동사로도 사용된다.
▶ 다른 조동사와는 달리 인칭에 따라 형태가 변한다.

A. Have의 용법

- ◆ 본동사 : ~을 가지고 있다, ~을 먹다, ~하게 하다
- ◆ 조동사 : 「have·has+p.p」형태로 완료시제를 만든다.

1. 본동사로 쓰일 때 : ~을 가지고 있다, ~을 먹다, ~하게 하다

I still **have** her photos. 나는 지금도 그녀 사진을 가지고 있다.
Would you **have** some tea? 차를 드시겠습니까?
Have him come here at five. 그를 여기 5시에 오게 해라.

2. 조동사로 쓰일 때 : 현재완료(have·has+p.p), 과거완료(had+p.p), 미래완료(will·shall have +p.p)를 만든다.

The taxi **has** *arrived*. <현재완료> 택시가 도착했다
I realized that I **had** not *turned* the lights off. <과거완료>
　나는 전등을 끄지 않았다는 것을 알았다.
By next Sunday, I'**ll have** *moved* into the new house. <미래완료>
　다음 주 일요일까지는 새집에 이사해 있을 것이다.

B. Do의 용법

- ◆ 본동사 : ~을 하다
- ◆ 조동사 : 부정문·의문문을 만들 때와 강조용법, 대동사로 쓰인다.

1. 일반동사로 쓰일 때 : ~을 하다

What are you **doing** now? 지금 뭐하고 있니?
Would you **do** me a favor, please? 부탁하나 들어 주시겠습니까?

2. 일반동사가 쓰인 문장의 부정문, 의문문을 만들 때

I **don't** *think* so. <부정문> 난 그렇게 생각지 않아요.
Do you *want* me to come with you? <의문문> 내가 같이 가줄까?

3. 강조용법 : 긍정문에서 「do·does·did+동사원형」 형태로 본동사의 의미를 강조한다.

I **do** *hate* him. <hate 강조> 나는 아무리 해도 그가 싫다.

She **did** *come* at last. <come 강조> 마침내 그녀가 정말로 왔다.

4. 대동사 : 일반동사가 반복될 때 일반동사를 대신하여 쓰임.

⎡ You'd better *apologize* to your girlfriend. 네 여자 친구에게 사과하는 게 좋겠다.
⎣ I already **did**. <did = apologized> 이미 했어.

⎡ Do you **love** him? 너 그를 사랑하니?
⎣ Yes, I **do**. 응 그래.

Can, May, Must의 용법

A. Can, Could, Be able to의 용법

- ◆ **Can**: 능력(~할 수 있다), 허가(~해도 좋다), 부정추측(~일 리 없다) 등의 뜻으로 쓰인다.
- ◆ **Could** : can의 과거형
- ◆ 능력의 뜻으로 쓰일 때: can 대신 'be able to'를 쓸 수 있다.

1. 능력 ─ 현재 : ~할 수 있다 = **can** = am·are·is able to

과거 : ~할 수 있었다 = **could** = was·were able to

미래 : ~할 수 있을 것이다 = **will be able to**

I **can** finish the work in time. = **I am able to** finish the work in time.
 나는 시간 안에 그 일을 끝낼 수 있다.

I **can't[cannot]** speak Spanish. 나는 스페인어를 할 줄 모른다.

⎡ **Can** you ski? 스키 탈 줄 아십니까?
⎣ Yes, I **can**. 예, 탈 줄 압니다. / No, I **can't**. 아니오, 못 탑니다.

She **could** read when she was 4. = She **was able to** read when she was 4.
그녀는 4살 때 글을 읽을 줄 알았다.

You **will be able to** swim in a month. 너는 한 달이면 수영을 할 수 있을 거야.

* can은 미래형이 없으므로 'will be able to'를 쓴다.

2. 허가 : ~해도 좋다(=may)

You **can** go now. 이제 가도 좋다.

Can I have some more cake? 케이크 좀 더 먹어도 되나요?

3. 부정 추측

◆ cannot + 동사원형 : 현재의 일 추측 (~일 리가 없다)
◆ cannot + have + p.p : 과거의 일 추측 (~이었을 리가 없다)

It **can't** be true. 그건 사실일 리가 없다.

He **cannot have been** at home yesterday. <과거의 일 추측>
그는 어제 집에 있었을 리가 없다.

4. 공손한 부탁 : Could you ~? (~해 주시겠습니까?)

Could you lend me your dictionary, please? 사전 좀 빌려주시겠습니까?

5. cannot ··· too~ : 아무리 ~해도 지나치지 않다

One **cannot** be **too** careful. 사람은 아무리 주의해도 지나치지 않다.

6. cannot but + 동사원형 = cannot help ~ing : ~하지 않을 수 없다.

I **could not but laugh**. = I **could not help laughing**.
나는 웃지 않을 수 없었다.

B. May(might)의 용법 : 허가(~해도 좋다), 불확실한 추측(~일지도 모른다), 기원문, 목적구문 등에 사용된다.

1. 허가 : ~해도 좋다

You **may** borrow up to five books from the library at a time.
그 도서관에서는 한 번에 다섯 권까지 책을 대출할 수 있다

May I use this computer for a while? 여기 있는 컴퓨터 잠시 써도 될까요?

-Yes, you **may**. 예, 사용해도 됩니다. / No, you **may not[must not]**. 아니오, 안됩니다.

* 허락의 뜻을 갖는 may에 대한 부정은 'may not'과 'must not' 둘 다 쓰이는 데, 'must not'이 금지의 의미가 더 강하다.

2. 불확실한 추측

◆ may + 동사원형 : ~일지도 모른다 <현재의 일 추측>

◆ may + have + p.p : ~이었을지도 모른다 <과거의 일 추측>

Robots **may** replace most of human labor someday.
로봇이 언젠가는 거의 모든 인간의 노동을 대체하게 될 지도 모른다.

Even if the water looks clean, it **may not** be safe to drink.
물이 깨끗해 보일지라도, 그것은 마시기에 안전하지 않을 수 있습니다.

* 추측의 뜻으로 쓰인 may의 부정은 'may not'이며 'must not'은 쓰지 않음.

She **may have missed** the train. 그녀는 기차를 놓쳤을 수도 있어.

I **may not have mentioned** it to her. 내가 그녀에게 그걸 말하지 않았을 수도 있어.

3. 기원문 : 「May+S+동사」의 어순으로 쓰이며, '~하도록 해 주소서'의 뜻이 된다.

May *God* be with you. 신이 너와 함께 하길.

May *you* both be very happy! 두 분 모두 행복하시길 빕니다.

4. 목적 : ~하기 위하여

$$\left[\begin{array}{l} \text{that} \\ \text{so that can} \\ \text{in order that} \end{array}\right] + S + \text{may[can]} \sim : \text{~하기 위하여}$$

He works hard $\left[\begin{array}{l} \text{that} \\ \text{so that} \\ \text{in order that} \end{array}\right]$ he $\left[\begin{array}{l} \text{may} \\ \text{can} \end{array}\right]$ pass the examination.

그는 시험에 합격하려고 열심히 공부한다.

Many people *died* **so that** we **could** have the right to vote.
우리가 투표할 권리를 가질 수 있기 위해서 많은 사람들이 죽었습니다.

* 주절의 시제가 과거(died)이므로 시제일치를 위해 can의 과거인 could가 쓰임.

5. 양보 : ~할지라도

How hard you **may** study, you cannot master English in a month.
아무리 열심히 공부해도 한 달 만에 영어를 마스터할 수는 없다.

C. Must, Have to의 용법

- ◆ 의무(~해야 한다), 강한 추측(~임에 틀림없다)에 쓰인다.
- ◆ 의무의 뜻일 때는 must 대신 'have to'를 쓸 수 있다.

1. 의무·필요 : ~해야 한다(=have to). 과거나 미래형이 없으므로 과거에는 'had to', 미래에는 'will·shall have to'를 쓴다.

You **must[have to]** be here before 8 o'clock tomorrow.
너는 내일 아침 8시 전까지 여기 와야 한다.

He **had to** work to support his family. <과거> 그는 가족을 부양하기 위해 일을 해야 했다.

They **will have to** use English while they are at school. <미래>
그들은 학교에 있을 동안 영어를 사용해야 할 것입니다.

Must I attend the meeting? 제가 회의에 참석해야 합니까?

- Yes, you **must**. 예 가야만 합니다.

- No, you ⎡ **need not**.
          ⎢ **have not to**. ⎤ 아니오, 참석할 필요 없습니다.
          ⎣ **don't have to**.⎦

* '~해야 한다'의 뜻으로 쓰인 must의 부정은 'must not'이 아니라 「need not, have not to, don't have to」 등을 쓴다. 'must not'은 '~해서는 안 된다'는 금지의 뜻으로 'may(~해도 좋다)'의 반대 의미로 쓰인다.

We **must not** waste the precious gift of this time. <~하면 안 된다>
시간이라는 이 귀중한 선물을 낭비해서는 안 된다.

2. 강한 긍정추측 : ~임에 틀림없다

- ◆ 현재의 일 추측 : must + 동사원형(~임에 틀림없다) ↔ cannot+동사원형(~일 리 없다)
- ◆ 과거의 일 추측 : must + have + p.p(~이었음에 틀림없다)
  ↔ cannot + have + p.p(이었을 리 없다)
- ◆ must not은 부정추측에 쓰이지 않고, 강한 부정추측에는 cannot이 쓰인다.

Chapter 6

- The news **must** be true. 그 뉴스는 사실임에 틀림없다.
- The news **cannot** be true. 그 뉴스는 사실일 리 없다.
- That man **must have stolen** it. 틀림없이 저 사람이 그것을 훔쳤을 것이다.
- That man **cannot have stolen** it. 저 사람이 그것을 훔쳤을 리 없다.

Check Point

※ **can, may, must의 긍정과 부정 :** 조동사 can, may, must는 부정문을 만들 때 기계적으로 그 뒤에 not을 쓰면 안 되고, 의미에 따라 달라지므로 주의해야 한다.

의미	긍정	부정
허가	may(~해도 좋다)	must not(~해서는 안 된다)
의무	must, have to(~해야만 한다)	need not=don't have to=have not to (~할 필요 없다) * must not(×)
추측	may(~일지도 모른다)	may not(~아닐지도 모른다)
	must(~임에 틀림없다)	cannot(~일리 없다) * must not(×)

※ **현재의 일 추측과 과거의 일 추측 :** 현재 일에 대한 추측은 조동사 뒤에 동사원형, 과거 일에 대한 추측은 조동사 뒤에 「have + p.p」 형태가 온다.

- 현재추측 : may, must, cannot + 동사원형.
- 과거추측 : may, must, cannot + have + p.p

3. Will, Would, Should, Ought to의 용법

A. Will의 용법

1. 미래 시제 : ~할 것이다.

I **will** be seventeen next birthday. <단순미래> 나는 이번 생일로 17세가 된다.
What **will** you do this vacation? <의지미래> 이번 방학 때 뭐 할 거니?

2. 현재의 습관, 경향 : ~하기 마련이다, ~하는 경향이 있다.

She **will** sit talking to herself for hours. 그녀는 곧잘 몇 시간씩 혼잣말을 하며 앉아 있다.
Accidents **will** happen. 사고는 일어나기 마련이다.
Boys **will** be boys. 애들은 역시 애들이다.(= 애들이 장난치는 것은 어쩔 수 없다.)

3. 주어의 고집, 거부 : ~하려고만 한다

John **will** have his own way. 존은 자기 고집대로 하려고만 한다.
This door **won't** open. 이 문은 좀처럼 열리지 않는다.

B. Would의 용법

1. 시제일치 : 과거시제 문장에서 미래를 나타내는 will의 과거형으로 쓰임.

She *believes* that her husband **will** recover soon. 그녀는 남편이 곧 회복되리고 생각한다.
→ She *believed* that her husband **would** recover soon.
    그녀는 남편이 곧 회복되리고 생각했다.
  * 주절시제가 과거(believed)이므로 will의 과거인 would를 씀.

I *knew* this **would** happen someday. 언젠가는 이렇게 될 줄 알았어요.

2. 과거의 불규칙적 습관 : ~하곤 했었다

He **would** sit for hours doing nothing. 그는 곧잘 아무것도 하지 않고 몇 시간이고 앉아 있곤 했었다.
After lunch he **would** take a nap. 그는 점심 후에 낮잠을 자곤 했었다.

3. 과거의 주어의 고집, 거절 : ~하려고만 했다.

He **would** go despite my warning. 나의 경고에도 불구하고 그는 간다고 우겼다
The door **would** not open. 문은 아무리 해도 잘 열리지 않았다.

4. 정중한 표현 : "Would you ~?"(~해 주시겠습니까?)

Would you please check our departure time again? 출발 시간을 다시 한 번 확인해 줄래요?

* "Would you ~?"는 "Will you~?" 보다 약간 더 정중한 표현. 그러나 어떤 표현을 쓰든지 정중한 부탁의 어감을 살리려면 "please"를 붙이는 것이 중요하다.

5. 관용적 표현

- ◆ I would like to~ : ~하고 싶다
- ◆ would rather~ : ~하는 것이 낫겠다
- ◆ would rather A than B : B 하느니 차라리 A하는 것이 낫다

I **would like to** reserve a room for two nights. 이틀 밤 묵을 방을 예약하고 싶습니다.
Would you like a cup of coffee? 커피 한잔 드시겠습니까?
I **would rather** not meet her. 너한테는 이야기하지 않는 게 낫겠다.
I **would rather** die than submit. 굴복하느니 차라리 죽겠다.

C. Should의 용법

1. 시제일치 : 과거시제 문장에서 미래를 나타내는 shall의 과거형으로 쓰임.

He said to me, "**Shall** I call a taxi?" "제가 택시를 부를까요?"라고 그가 말했다.
→ He *asked* me if he **should** call a taxi. 그는 택시를 부를까요 하고 내게 물었다.

* 주절의 시제가 과거(asked)이므로 shall의 과거형인 should를 씀.

I *told* them we **should** probably be late. 나는 그들에게 우리가 늦을 수 있다고 말했다.

2. 의무·당연(~해야 한다 = ought to) : 이 뜻으로는 must도 쓰이는데, must는 강제성이 있는 강한 의미인 반면, should나 ought to는 도덕적·합리적으로 볼 때 마땅히 해야 할 것을 표현한다.

People **should** drive more carefully. 사람들이 좀 더 조심해서 운전해야 한다.
You **shouldn't** judge people by the way they look. 사람을 외모로 판단해서는 안 된다.

3. 감정이나 이성적 판단의 문장에서 : 감정이나 이성적 판단을 나타내는 말 뒤에 이어지는 **that**절에 사용된다. 이때 **should**는 생략하고 바로 동사원형만 쓸 수도 있다.

S + V + 감정이나 이성적 판단의 형용사·명사 + that + S + (should) + 동사원형 ~

　　　감정(strange, surprising, a pity)

　　　이성적 판단(right, necessary, natural, important)

It is *strange* that he (**should**) *say* so. 그가 그렇게 말하다니 이상하군.
　* should를 생략하고 원형인 say만을 쓰기도 한다.

It is *a pity* that you (**should**) *miss* such an opportunity.
　네가 그렇게 좋은 기회를 놓치다니 참 안타깝다.

I'm anxious that nobody (**should**) *be* hurt. 아무도 상처받지 않도록 신경 쓰고 있습니다.

It is *right* that you (**should**) *decline* his proposal. 네가 그의 제안을 거절하는 것은 마땅하다.

It is *necessary* that you (**should**) *attend* the meeting today.
　당신은 오늘 모임에 꼭 참석해야 합니다.

4. 제안(propose, suggest), **명령**(order), **주장**(insist), **충고**(advise), **요구**(desire, demand, require) 등을 나타내는 동사 뒤에 오는 **that** 절에 쓰임. 이때의 **should**는 생략하고 바로 동사원형을 쓸 수 있다.

S + ⎡ propose, suggest　　　⎤ + that + S + (should) + 동사원형 ~
　　 ⎢ order, insist, advise　　 ⎥
　　 ⎣ desire, demand, require ⎦

He *suggested [proposed]* that he (**should**) *stay* with his uncle.
　그는 삼촌과 함께 머무는 것이 어떻겠느냐고 제안했다.

He *ordered* that I (**should**) *do* it at once. 그는 내가 그것을 즉시 하도록 명령했다.

Environmental groups *insist* that those plastic bags (**should**) *be* disallowed.
　환경 단체들은 비닐 봉투 사용을 허용해서는 안 된다고 주장한다.

The doctor *advised* that I (**should**) *stop* smoking. 의사는 나에게 담배를 끊으라고 충고했다.

5. should have + p.p : '~했어야 했는데 (하지 않았다)'의 뜻으로 과거의 어떤 일이 실현되지 못한데 대한 유감을 나타냄.

I **should have** been more considerate. 나는 그것에 대해서 좀 더 신중해야 했었는데 (그러지 못했다).

You **should** not **have** watched TV so late last night.
　어젯밤 그렇게 늦게까지 텔레비전을 보지 말았어야 했어.

D. Ought to의 용법

1. 의무 · 당연 : '~해야 한다'의 뜻으로 should보다는 뜻이 좀 더 강함. 부정은 **"ought not to"**

You **ought to [should]** act your age! 네 나이에 맞게 행동해야 해!

We **ought not to** have any prejudice against them.
우리는 그들에 대한 어떠한 편견도 가지지 말아야 한다.

2. ought to [should] + have + p.p : '~했어야 했는데 (하지 않았다)'의 뜻으로 과거의 실현되지 않은 일에 대한 유감을 나타냄.

You **ought to have told** me beforehand.
미리 나에게 이야기를 했어야 했다.(사실은 하지 않아서 유감이다.)

I **ought not to have asked** you a thing like that. 그런 일을 당신에게 부탁하지 말았어야 했어요.

4. Need, Dare의 용법

> ▶ 긍정문에서 본동사로만 사용됨
> ▶ 부정문과 의문문에서 본동사와 조동사 두 형태로 쓰임.
>   - 본동사로 쓰일 때 : 3인칭 단수 현재시제일 때는 "~s"가 붙고, 부정문과 의문문을 만들 때 'do' 동사를 이용한다.
>   - 조동사로 쓰일 때 : 3인칭 단수 현재시제라도 "~s"가 붙지 않고, 부정문과 의문문을 만들 때 'do' 동사가 필요 없다.

A. Need의 용법 : ~을 필요로 하다

- She **need** a rest now. (✗) <긍정문>
- She **needs** a rest now. (○) 그녀는 이제 휴식이 필요해.

  * 긍정문에서는 본동사로만 쓰이므로 주어가 3인칭 단수이기에 '-s'를 붙여야 함.

- We **need not** wait until the election is over. <조동사>
- We **don't need** to wait until the election is over. <본동사>

  우리는 굳이 선거가 끝날 때까지 기다릴 필요가 없다.

- **Need** he go at once? <조동사> 그가 즉시 가야 합니까?
- *Does* he **need to** go at once? <본동사>

B. Dare의 용법 : "감히~하다"의 뜻으로 부정문·의문문에서도 본동사로 쓰이는 경향이 더 강함.

He **dares** to insult me. <긍정문 : 본동사> 그는 거리낌 없이 나를 모욕한다.

He **dared not** oppose me. <조동사> 그는 나에게 감히 반대하지 않았다.

= He **did not dare** to oppose me. <본동사>

How **dare** you treat me this way? <조동사> 당신이 어떻게 나한테 이럴 수가 있어요?

Do you **dare** to ride it? <본동사> 그것을 탈 용기가 있나요?

5. Used to의 용법

▶ 「used to+동사원형」의 형태로 쓰이며, 부정은 「used not to+동사원형」
▶ 현재와 대조되는 과거의 규칙적인 습관이나 지속적인 상태를 나타냄.
▶ 의미 : "이전에는 ~했었다, 원래는 ~이었다"(지금은 그렇지 않다)

He **used to** go to school by bus. 그는 버스를 타고 통학했었다.
He **used not t**o drink while young. 그는 젊었을 때는 술을 마시지 않았었다.
The Tower of London **used to** be a prison. 런던탑은 원래 감옥이었다.
There **used to** be a big tree here. 이전에는 여기에 커다란 나무가 있었다.

Check Point

※ use, used to, be used to, get used to의 뜻과 용법

1. use : 동사로 "사용하다", 명사로 "사용"

May I **use** your cell phone? <동사> 당신 휴대 전화를 써도 되겠습니까?
The dictionary is in daily **use**. <명사> 이 사전은 매일 사용되고 있다.

2. used to + 동사원형 : 이전에는 ~했었다

I **used to** eat meat, but now I'm a vegetarian.
나는 전에는 고기를 먹었지만 지금은 채식주의자다.

3. ┌ **be used to + (동)명사** : ~에 익숙하다(= be accustomed to)
   └ **get used to + (동)명사** : ~에 익숙해지다.

I'm not **used to** *eating* food without salt.
나는 소금 없이 음식을 먹는데 익숙하지 않다.

I tried Japanese food a few times, but I can't **get used** to it.
나는 일본음식을 몇 차례 시도해 보았지만 익숙해지질 않는다.

Review Test

A. 두 문장이 같은 의미가 되도록 빈칸에 알맞은 말을 쓰시오.

1. ┌ You must get up early tomorrow morning.
   └ You _____ _____ get up early tomorrow morning.

2. ┌ He could finish the work soon.
   └ He was _____ _____ finish the work soon.

3. ┌ You do not need to go there.
   └ You _____ _____ _____ go there.

4. ┌ I will visit Seoul next week.
   └ I _____ _____ to visit Seoul next week.

B. 밑줄 친 동사와 쓰임이 같은 것을 고르시오.

1. At the sight of the mess, my mother said, "What are you <u>doing</u>, Steven?"

    a) I'm <u>doing</u> my homework at the moment, but I will be free soon.
    b) You <u>don't</u> know anything about me, yet you judge me.

2. Andy <u>can</u> do no evil; he is the sweetest person I've met in my entire life.

    a) The story <u>cannot</u> be false.
    b) <u>Can</u> you golf without any gloves on?

3. Eric <u>may</u> have been at the site of the crime.

    a) <u>May</u> I talk to you for a moment without anyone present?
    b) I <u>may</u> have said such a thing in the past, but it is no longer valid.

4. At last, our daughter <u>did</u> return home.

    a) My mother <u>does</u> like this movie.
    b) What <u>did</u> you eat for lunch?

Chapter 6

C. 다음 문장에서 틀린 부분을 찾아 바르게 고치시오.

1. He need reading glasses.
2. Need he goes at once?
3. He used to go to school in these days.
4. She dares not tell us.
5. I thought that I will do my best.
6. In the past, we must obey our parents.

D. 다음 우리말을 영어로 옮길 때 빈칸에 들어갈 알맞은 말을 쓰시오.

1. 나는 그와 함께 테니스를 칠 수 있을 것이다.

   I _____ _____ able to play tennis with him.

2. 오늘은 네가 요리할 필요 없다.

   You _____ not cook today.

3. 창문이 잘 안 열린다.

   The window _____ not open.

4. 집에 가도 됩니까?

   _____ I go home now?

5. 의사는 나에게 술을 끊으라고 충고했다.

   The doctor advised that I _____ _____ drinking.

6. 당신이 노력하는 모든 것에 성공하시길 빕니다.

   _____ you succeed in all your endeavor.

E. 괄호 안의 단어를 적절히 변형하고 배열하여 영작하시오.

1. 너는 반드시 그 편지를 읽어야 한다, 하지만 답장은 하지 않아도 된다.
   (read/letter/respond)

   _____

2. 이 문이 좀처럼 열리지가 않는데 고쳐주시겠어요? (will/open/fix)

   _____

3. 어렸을 때 나는 조부모님 댁에서 방학을 보내기도 했었다.
   (young/grandparent/vacation/spend)
   _____

4. 목요일보다는 차라리 오늘 일하겠습니다. (Thursday/work/than)
   _____

5. 너에 대한 소문은 거짓임에 틀림없다.(rumor/false)
   _____

6. 그는 나에게 체중을 줄이라고 충고했다. (lose/weight/advise)
   _____

F. 다음을 영작하시오.

1. 나는 새로운 계획이 필요하다.
   _____

2. 그는 거리낌 없이 나에게 음식을 요구했다.
   _____

3. 그가 젊었을 때에는 운동을 규칙적으로 했다.
   _____

4. 그녀는 그와 결혼하느니 차라리 혼자 지내는 게 낫다고 생각했다.
   _____

5. 아버지는 내가 간호사가 되는 게 어떻겠느냐고 제안했다.
   _____

Chapter 07 능동태와 수동태

주어와 동사의 관계를 나타내는 것을 태(Voice)라 하는데, 능동태(Active Voice)와 수동태(Passive Voice)가 있다. 능동태란 주어가 동사의 동작을 행하는 경우이고, 수동태는 주어가 동사의 동작을 받는(당하는) 경우이다.

1. 수동태의 형식과 수동태 만드는 방법
2. 수동태의 시제
3. 조동사가 쓰인 문장과 부정문의 수동태
4. 4형식, 5형식 및 타동사구가 쓰인 문장의 수동태
5. 주의해야 할 수동태의 용법

1 수동태의 형식과 수동태 만드는 방법

	능동태(Active Voice)	수동태(Passive Voice)
형 식	S + V + O	S + be + p.p + by + 목적격
S-V의 관계	S가 V의 행위자	S가 V(p.p)의 동작을 당함
예 문	They respect him. 그들은 그를 존경한다.	He **is respected** by them. 그는 그들에게 존경을 받는다.

주어 동사 목적어

They respect him.   <능동태> 그들은 그를 존경한다.

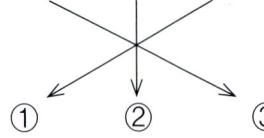

He is respected by them.   <수동태> 그는 그들에게 존경을 받는다.

① 능동태의 목적어를 주격으로 바꾸어 수동태의 주어로 한다. (him → He)
② 능동태의 동사를 「be+p.p」형태로 바꾼다. 이때 be동사는 능동태의 시제를 따르며 인칭과 수는 수동태의 주어에 일치시킨다. (respect → is respected)
③ 능동태의 주어를 「by+목적격」의 형태로 문장의 뒤쪽으로 옮긴다.
  (They → by them)

2 수동태의 시제

A. 현재, 과거

- 현재 : am·are·is + p.p
- 과거 : was·were + p.p

Millions of people use the internet. 수백만의 사람들이 인터넷을 사용한다.
→ The internet **is used** by millions of people.
　　인터넷은 수백만의 사람들에 의해 사용된다.

A thief stole my car. 도둑이 내 차를 훔쳐갔다.
→ My car **was stolen** by a thief. 내 차는 도둑에게 도난당했다.

B. 완료시제 : 완료시제는 have나 had뒤에 과거분사가 와야 하므로 be동사의 과거분사 been 을 쓰고 그 뒤에 본동사의 과거분사(p.p)를 쓴다.

- 현재완료 : have·has been + p.p
- 과거완료 : had been + p.p
- 미래완료 : will·shall have been + p.p

Our teacher **has** constantly **told** us so. 선생님은 우리에게 늘 그렇게 말씀하셨다.
→ We **have been** constantly **told** so by our teacher.
　　우리는 선생님에게 늘 그렇게 들어 왔다

I thought somebody **had stolen** my bag. 저는 제 가방을 누가 훔쳐갔다고 생각했어요.
→ I thought my bag **had been stolen** by somebody.
　　저는 제 가방이 누군가에게 도난당했다고 생각했어요.

We **will have sent** out the invitations by tomorrow.
내일이면 우리는 초대장 발송을 이미 끝내게 될 것이다.
→ The invitations **will have been sent** out by tomorrow by us.
　　내일이면 초대장은 이미 발송이 끝날 것이다.

C. 진행시제 : 진행형은「be+~ing」형태이므로 수동태에 쓰이는 be동사와 진행시제에 쓰이는 be동사가 함께 쓰여서「be+being+p.p」형태가 된다.

- ◆ 현재진행 : am·are·is being + p.p
- ◆ 과거진행 : was·were being + p.p

Ann **is using** the computer. 앤이 컴퓨터를 사용 중이다.
→ The computer **is being used** by Ann. 그 컴퓨터는 앤에 의해 사용되고 있다.
Tom **was painting** the fence. 톰은 담장을 페인트칠하고 있었다.
→ The fence **was being painted** by Tom. 담장은 톰에 의해 페인트칠되고 있었다.

3 조동사가 쓰인 문장과 부정문의 수동태

▶ 조동사가 있는 문장의 수동태 : 조동사 + be + p.p
▶ 부정문의 수동태 ┌ 조동사가 없는 문장 : be + not + p.p
　　　　　　　　└ 조동사가 있는 문장 : 조동사 + not + be + p.p

A. 조동사가 쓰인 문장의 수동태 : 조동사 뒤에는 동사원형이 와야 되므로 원형 'be'가 와서「조동사+be+p.p」형태가 된다.

Both dogs and their owners **can** eat this cake!
이 케이크는 강아지와 그들의 주인이 함께 먹을 수 있답니다!
→ This cake **can be eaten** by both dogs and their owners!

B. 부정문의 수동태

1. 조동사가 없는 문장 : be동사 뒤에 **not**을 넣어서「be + not + p.p」형태.

John **didn't choose** the job. 존은 그 일자리를 선택하지 않았다.
→ The job **was not chosen** by John.
The moon **is not seen** tonight. 오늘밤에는 달이 보이지 않는다.

2. 조동사 있는 문장 : 조동사 뒤에 not을 넣어서 「조동사 + not + be + p.p」 형태.

They **will not discuss** the problem. 그들은 그 문제를 논의하지 않을 것이다.
→ The problem **will not be discussed** by them.
그 문제는 그들에 의해 논의되지 않을 것이다.

They **have not found** the stolen car yet. 그들은 아직 도난당한 차를 찾지 못했다.
→ The stolen car **has not been found** yet by them.
도난당한 차는 아직 그들에게 발견되지 않았다.

4형식, 5형식 및 타동사구가 쓰인 문장의 수동태

A. 4형식 문형(S+V+I·O+D·O)의 수동태

◆ 간접목적어(I·O)와 직접목적어(D·O) 각각을 주어로, 두 개의 수동태 문장을 만들 수 있다.
◆ 일부 동사는 직접목적어만 주어로 하여 하나의 수동태만 가능하다.

1. I·O와 D·O 모두 수동태의 주어가 될 수 있는 동사 : give, send, show, teach 등

She **gave** *her sister the car*. 그녀가 그녀의 여동생에게 그 차를 주었다.
→ *Her sister* **was given** the car by her. <I·O가 주어>
그녀의 여동생은 그녀에게서 그 차를 받았다.
→ *The car* **was given (to)** her sister by her. <D·O가 주어>
그 차는 그녀의 언니에 의해 그녀에게 주어졌다.

Mr. Brown **taught** us English. 브라운 선생님이 우리에게 영어를 가르쳤다.
→ We **were taught** English by Mr. Brown. <I·O가 주어>
우리는 브라운 선생님에게 영어를 배웠다.
→ English **was taught (to)** us by Mr. Brown. <D·O가 주어>
영어는 브라운 선생님에 의해 우리에게 가르쳐졌다.

2. D·O만 수동태의 주어가 될 수 있는 동사 : buy, make, write, pass 등

Ann **made** her some soup. 앤은 그녀에게 약간의 수프를 만들어 주었다.
  → *Some soup* **was made (for)** her by Ann. (O) <D·O가 주어>
    약간의 수프가 앤에 의해 만들어져 그녀에게 주어졌다.
  → *She* **was made** some soup by her aunt. (X)
Jane **wrote** me the letter. 제인이 나에게 그 편지를 썼다.
  → *The letter* **was written (to)** me by Jane. 편지가 제인에 의해 나에게 쓰여졌다.

B. 5형식 문형(S+V+O+O·C)의 수동태

1. 일반적인 5형식 문형의 수동태

Everybody **called** *him Joe*. 모든 사람들이 그를 조라 불렀다.
  → *He* **was called** Joe by everybody. 그는 모든 사람들에 의해 조라 불려졌다.
  → *Joe* **was called** him by everybody. (X) <O·C는 주어가 될 수 없음>
His wife **made** *him happy*. 그의 아내는 그를 행복하게 했다.
  → *He* **was made** happy by his wife. 그는 그의 아내로 인해 행복했다.
My mother **allowed** *me to go to the movies*. 어머니는 내가 영화구경 가는 것을 허락해 주셨다.
  → *I* **was allowed** to go to the movies by my mother.
    나는 영화구경을 가도록 어머니께 허락받았다.

2. 원형부정사가 목적보어로 쓰인 문장 : 목적보어로 쓰인 원형부정사는, 수동태로 바뀔 때는 그 앞에 to를 써 주어야 한다.

Paul *saw* two men **come** out of the bank. 폴은 두 남자가 은행에서 나오는 것을 보았다.
  → Two men *were seen* **come** out of the bank by Paul. (X)
  → Two men *were seen* **to come** out of the bank by Paul. (O)
    두 남자가 은행에서 나오는 것이 폴에 의해 발견되었다.
They *made* her **tell** them everything. 그들은 그녀에게 모든 걸 말하게 했다.
  → She *was made* **to tell** them everything by them.
    그녀는 그들에 의해 모든 걸 말하게 되었다.

C. 「타동사구」가 쓰인 문장의 수동태 : 「동사+전치사」, 「동사+명사+전치사」가 하나의 타동사 기능을 할 때는, 동사부분을 수동태로 고치고 나머지 부분('전치사', '명사+전치사')을 빠짐없이 그대로 이어서 써 준다.

They **laughed at** the barber. 그들은 그 이발사를 비웃었다.
  → The barber *was* **laughed at** by them. 그 이발사는 그들의 비웃음 받았다.
A car **ran over** the child. 자동차가 그 아이를 치었다.
  → The child *was* **run over** by a car. 그 아이는 차에 치였다.
His grandmother **took care of** him. 그의 할머니가 그를 보살폈다.
  → He *was* **taken care of** by his grandmother. 그는 그의 할머니에 의해 보살펴졌다.

5 주의해야 할 수동태의 용법

A. 「by+행위자」의 생략 : 수동태 문장에서 「by+행위자」는 생략할 수 있는데, 특히 다음과 같은 경우에는 생략하는 것이 보통이다.

1. 행위자가 특정인이 아닌 일반인(we, you, they, people)인 경우

   They speak English in Australia.
   → English is spoken in Australia *(by them)*. 호주에서는 영어가 사용된다.

2. 행위자를 분명히 알 수 없을 때

   He was killed in the war. 그는 전쟁에서 죽음을 당했다.
   This house was built in 1846. 이 집은 1846년에 지어졌다.

B. By 이외의 전치사를 사용하는 수동태 : 동사에 따라서는 행위자를 나타낼 때 by를 쓰지 않고 at, in, with 등이 사용된다. 이들은 숙어처럼 공부하는 것이 좋다.

- ◆ be surprised at~ : ~에 놀라다
- ◆ be interested in~ : ~에 흥미가 있다
- ◆ be covered with~ : ~으로 덮여있다
- ◆ be filled with~ : ~으로 가득 차있다 (=be full of ~)
- ◆ be pleased with~ : ~에 기뻐하다
- ◆ be satisfied with~ : ~에 만족해하다
- ◆ ┌ be known to~ : ~에게 알려져 있다
    ├ be known by~ : ~으로 알 수 있다 <판단의 기준>
    ├ be known as ~ : ~로서 알려져 있다 <직업, 역할>
    └ be (well) known for~ : ~으로 유명하다 (= be famous for ~)
- ◆ ┌ be tired with[from]~ : ~로 지치다, 피곤하다
    └ be tired of~ : ~에 싫증나다 (= be sick of ~)

The news *surprised* us. 그 소식은 우리를 놀라게 했다.
  → We **were surprised by** the news. (X)
  → We **were surprised at** the news. (O) 우리는 그 소식에 놀랐다.
She **am interested in** music. 그녀는 음악에 흥미가 있다.
The mountain **is covered with** snow. 산은 눈으로 덮여 있다.
The hall ┌ **was filled with** ┐ the audience. 홀은 청중으로 가득 찼다.
         └ **were full of**   ┘
I **am pleased with** your success. 네가 성공했다니 기쁘다.
Are you **satisfied with** your income? 당신은 당신의 수입에 만족하십니까?
┌ He **is known to** everybody. 그는 모든 사람들에게 알려져 있다.
│ The tree **is known by** its fruit. 나무는 그 열매를 보면 알 수 있다.
│ He **is known for** his diligence. 그는 부지런하기로 유명하다.
└ He **is known as** a poet. 그는 시인으로 알려져 있다.
┌ I'**m tired with[from]** traveling. 나는 여행으로 지쳤다.
└ I **am tired of** busy city life. 나는 바쁜 도시 생활이 지겨워.

C. 수동태로 쓰이지 않는 동사 : 다음 동사들은 의미상 수동태를 쓰지 않는다.

have(가지고 있다), meet(만나다), become/fit(~에게 어울리다), resemble(~와 닮다), lack(~이 부족하다), agree with ~(~에게 동의하다) 등

They **have** a nice house. 그들은 멋진 집을 가지고 있다.
  → A nice house **is had** by them. (X)
She **met** the writer at the party. 그녀는 그 작가를 파티에서 만났다.
  → The writer **was met** by her at the party. (X)
Paul **resembles** his father. 폴은 그의 아버지를 닮았다.
  → His father **is resembled** by Paul. (X)

Review Test

A. 다음 능동태 문장을 수동태로 바꿀 때 빈칸에 들어갈 알맞은 말을 쓰시오.

1. The boys made this robot.
   → This robot _____ _____ by the boys.
2. Did she send this letter?
   → Was this letter _____ by _____ ?
3. They didn't use the car.
   → The car _____ _____ by _____ .
4. He has loved her for a long time.
   → She _____ _____ _____ by him for a long time.
5. They are making a box.
   → A box _____ _____ _____ by them.
6. You must wash the dishes now.
   → The dishes _____ _____ _____ by you now.

B. 다음 문장을 수동태로 바꾸시오.

1. The ancient Egyptians built the pyramids.
   _____

2. She sent him two pictures.(2개)
   _____
   _____

3. The young scholar had read the works of Virgil.
   _____

4. The small puppy is searching for the bone.
   _____

5. My parents raised me to be a hard-working person.
   _____

6. The family will not talk about their wealth in public.
   _____

Chapter 7

C. 다음 ( )안에 들어갈 알맞은 말을 고르시오.

1. The field was covered (of/by/with) snow.
2. The bus was filled (with/of/in) students.
3. They were surprised (to/by/with/at) the news.
4. How many children (invite/invited/were invited) to the party?
5. I don't think she is interested (at/for/in/of) English.
6. Do you know that butter is made (of/from/into) milk?
7. Silk is made (by/from/into) shirt, blouse and others.
8. He was pleased (for/at/in/with) the outcome.

D. 다음 ( )안의 단어를 적절히 변형하고 배열하여 영작하시오.

1. 그 아이는 아버지에 의해 무릎 꿇고 앉혀졌다. (child/father/made/knee/sit)
   _____

2. 식초는 와인으로 만들어진다. (vinegar/make/wine)
   _____

3. 죠지 워싱턴은 그의 나라의 아버지로 알려져 있다.
   (George Washington/know/the father/country)
   _____

4. 그 신비로운 동물은 모든 사람들에 의해 'Blue'라고 불렸다. (mysterious/animal/call)
   _____

5. 그 여인은 음악을 듣고 다시 행복해졌다. (woman/make/again/listen)
   _____

E. 다음을 영작하시오.

1. 그는 도로 한 가운데서 죽음을 당했다.
   _____

2. 그 소녀는 그녀의 조부모의 보살핌을 받았다.
   _____

3. 뉴질랜드에서는 영어가 사용된다.
   _____

4. 너의 새 차에 만족하니?
   _____

5. 그 집은 먼지로 가득 덮여 있었다.
   _____

Chapter 08 부정사

동사가 「to+동사원형」의 형태를 가지고 명사, 형용사, 부사의 역할을 하는 것을 부정사라고 하며, 그 역할에 따라 명사적 용법, 형용사적 용법, 부사적 용법 세 가지가 있다.

1. 명사적 용법
2. 형용사적 용법
3. 부사적 용법
4. 원형부정사
5. 부정사의 의미상 주어
6. 부정사의 시제
7. 주의해야 할 부정사의 용법

 명사적 용법

▶ 뜻: '~하는 것, ~하기'로 해석된다.
▶ 역할: 명사처럼 <u>주어, 목적어, 보어</u> 역할을 한다.

A. 주어 역할

To make mistakes is easy. 실수하기는 쉽다.
To read such a book is foolish. 그런 책을 읽는 것은 어리석다.
→ *It* is foolish **to read such a book**.
　가주어　　　　　　　　진주어

* 부정사가 주어로 쓰일 때는 주어 부분이 길어지므로, 가주어 it을 쓰고 부정사는 뒤로 옮겨져 진주어로 쓰일 때가 많다.

B. 목적어 역할

I like **to play** baseball. <like의 목적어> 나는 야구하기를 좋아한다.
I don't want **to go** to bed. 나는 자고 싶지 않다.

C. 보어 역할

The best way is **to visit** the country. 가장 좋은 방법은 그 나라를 방문하는 것이다.
My ambition is **to be** a great musician. 나의 꿈은 위대한 음악가가 되는 것이다.

2 형용사적 용법

형용사처럼 명사를 수식(한정적 용법)하거나 보어 역할(서술적 용법)을 한다.

A. 한정적 용법: '~ 할, ~ 하는'으로 해석되며 명사 뒤에 와서 앞에 있는 명사를 수식한다.

I have *nothing* **to do**. 나는 할 일이 아무 것도 없다.

She had no *money* **to buy the ticket**. 그녀는 티켓 살 돈이 없었다.

Children need *friends* **to play with**. 아이들은 함께 놀 친구가 필요하다.

B. 서술적 용법(be to 부정사): to 부정사가 be 동사 뒤에 와서, '예정, 의무, 가능, 운명, 의도' 등 다섯 가지 의미를 갖는다.

1. 예정: '~할 예정이다'

They **are to arrive** here at eight. 그들은 여기에 8시에 도착할 예정이다.
The cleaning **is to be** finished by midday. 청소는 정오까지는 끝날 것이다.

2. 의무: '~해야 한다'(= must)

These sheets **are to be** washed. 이 침대 시트들은 세탁해야 한다.
= These sheets **must be** washed.

3. 가능: '~할 수 있다'(=can). 주로 부정문에 쓰임

Not a star **is to be** seen in the sky. 하늘에는 별 한 점 볼 수 없었다.
= Not a star **can be** seen in the sky.
My ring **was** not **to be** seen in the swimming pool. 내 반지는 수영장에서 찾을 수 없었다.

4. 운명: '~할 운명이다'

He **was** never **to see** his hometown again. 그는 다시는 고향을 보지 못할 운명이었다.

5. 의도: '~하고자 하다'. 주로 if절에 쓰인다.

If we **are to get** there by lunchtime we had better hurry.
점심시간까지 거기 도착하려면 서둘러야 할 거야.

3. 부사적 용법

부정사가 부사처럼 동사, 형용사, 부사, 문장 전체를 수식하며, 다음과 같이 여러 가지 뜻으로 쓰인다.

A. 목적 : '~하기 위하여, ~하려고'

I got up early **to catch the first train**. 나는 첫 기차를 타기 위해 일찍 일어났다.

He worked hard ⎡ **to** ⎤ pass the exam.
⎢ **in order to** ⎥
⎣ **so as to** ⎦

그는 시험에 합격하기 위해 열심히 공부했다.

＊ to 대신 'in order to'나 'so as to'를 쓰면 목적의 의미가 훨씬 명확해진다.

To record, press the red button. 녹음을 하려면 빨간색 버튼을 누르세요.

B. 원인 : 어떤 '감정'이 생기게 된 원인을 나타내며 '~하니, ~하고서, ~하게 되어'의 뜻으로 해석되며, 주로 감정을 나타내는 말 뒤에 온다.

I'm *glad* **to meet you**. 만나서 반갑습니다.

She was *surprised* **to hear the news**. 그녀는 그 소식을 듣고 놀랐다.

John was very *happy* **to get** her letter. 존은 그녀의 편지를 받고서 매우 기뻤다.

C. 이유, 판단의 근거 : '~하는 것을 보니, ~하다니'

The boy must be very smart **to solve** the problem.
  그 문제를 푸는 것을 보니 그 애는 아주 똑똑하구나.

How careless he is **to do** such a thing! 그런 짓을 하다니 그는 정말 조심성이 없군.

D. 결과 : '~해서 (그 결과) …하다'의 뜻으로, to 대신에 and나 but을 넣으면 자연스럽게 의미가 연결되는 경우.

He grew up **to become** a writer. 그는 자라서 작가가 되었다.
  → He grew up and became a writer.

He worked hard only **to fail** again. 그는 열심히 공부했지만 다시 실패했다.
  → He worded hard but failed again.

Chapter 8

E. 조건 : '만약 ~한다면' (if절 대신 사용)

He would be angry **to see** the mess of papers.

→ He would be angry if he saw the mess of papers.

그가 흩어져 있는 서류들을 보면 화날 것이다.

* 가정법의 if절 역할을 to 부정사가 하고 있음.

F. 정도 : '~하기에, ~할 만큼'의 뜻으로 형용사나 부사를 수식

The river is *dangerous* **to swim** in. 그 강은 수영하기에는 위험하다.

Is that too *heavy* **to carry**? 그것은 들고 가기에 너무 무겁지?

I wasn't brave *enough* **to face** you. 당신을 마주 볼만큼 용기가 나지 않았어요.

G. 독립부정사 : 문장에서 분리되어 독립적으로 쓰이며, 문장전체를 수식하는 부사적 기능을 한다. 독립부정사는 숙어처럼 외워두는 것이 좋다.

To tell the truth, I don't like her.

사실을 말하자면, 나는 그녀를 좋아하지 않는다.

To be frank with you, I am hungry now.

솔직히 말하면, 나는 지금 배가 고파.

He is, **so to speak**, a book worm.

그는 말하자면(이를테면) 책벌레야.

Strange to say, the story was made up.

이상한 말이지만, 그 이야기는 꾸며낸 것이었어.

Needless to say, you should keep the secret.

말할 필요도 없겠지만, 비밀을 지켜야 합니다.

The flight was canceled, **to begin with.**

먼저 말씀드릴 것은, 그 항공편은 취소되었다는 점입니다.

4 원형부정사

▶ 의미: to를 생략하고 동사원형만 쓰는 부정사
▶ 부정사가 지각동사나 사역동사의 목적보어 역할을 할 때 쓰인다.

「S + 지각동사·사역동사 + O + 원형부정사」

- ◆ 지각동사: see, hear, watch, feel, notice, find, observe 등과 같이 감각을 나타내는 동사
- ◆ 사역동사: have, let, make 등과 같이 다른 사람에게 어떤 행동을 하게 시키는 동사

- I *saw* him **to go** out. (X) 나는 그가 나가는 것을 보았다.
- I saw him **go** out. (O)

* saw(see)가 지각동사이므로 목적보어로 'to go' 대신 'go'만 쓴다.

She heard the boy **call** her name. 그녀는 소년이 그녀의 이름을 부르는 소리를 들었다.
Did you *feel* the earth **shake**? 너는 땅이 흔들리는 것을 느꼈니?

- I *had* him **to wash** the car. (X)
- I *had* him **wash** the car. (O) 나는 그가 세차를 하게 했다.

* had(have)가 사역동사이므로 목적보어로 to 없는 원형부정사 wash만 쓴다.

Let me **go** home. 집에 가게 해 주세요.
I'll *let* you **know** what was decided. 결정된 것을 알려 드리지요.
I *made* them **give** me the money back. 나는 그들이 나에게 돈을 환불하게 만들었다.

Check Point

※ **help의 목적보어로는 원형부정사(미국식)와 to부정사(영국식) 모두 쓰인다.**

Can you *help* me **(to) wrap** this present? 이 선물 포장 좀 도와줄래?
Exercise *help* us **(to) stay** healthy. 운동은 우리의 건강유지에 도움이 된다.

※ 지각동사·사역동사의 목적보어의 형태와 의미

1. 원형부정사 : 일반적, 전체적 의미

   I *saw* Tom **beat** the boy. 나는 탐이 그 소년을 때리는 것을 보았다.
   * 처음부터 끝까지 다 보았을 때.

2. 현재분사(~ing) : 능동, 진행의 의미

   I *saw* Tom **beating** the boy. 나는 탐이 그 소년을 때리고 있는 것을 보았다.
   * 전체에서 진행 중인 일부의 상황을 보았을 때.

3. 과거 분사(p.p) : 수동의미

   I *saw* the boy **beaten**. 나는 그 소년이 맞는 것을 보았다.

5 부정사의 의미상 주어

▶ 의미: 부정사가 나타내는 동작이나 상태의 주체를 '부정사의 의미상의 주어'라 한다.
▶ 부정사의 의미상 주어는 생략되는 경우와 별도로 표시하는 경우로 나뉜다.

A. 부정사의 의미상 주어를 표시하지 않고 생략하는 경우

◆ 의미상 주어가 문장의 주어나 목적어와 같을 때
◆ 의미상 주어가 특정인이 아닌 일반인일 때

I expect *to stay* three weeks. <주어 I가 의미상 주어 > 나는 (내가) 3주 머무르리라 예상해.
→ I expect that I shall *stay* three weeks.
I expect **you** *to stay* longer. <목적어 you가 의미상 주어>
→ I expect that **you** will *stay* longer.
What is the best way *to master* English? <일반인>
(사람들이) 영어를 통달하는 최선의 방법은 뭘까?

B. 부정사의 의미상 주어를 따로 표시하는 경우

1. 「for+목적격+to부정사」: 부정사 앞에 「for+목적격」으로 쓴다.

   ① The question is difficult *to answer*. 그 질문은 대답하기가 어렵다.
   ② The question is difficult **for you** *to answer*. 그 질문은 네가 대답하기에는 어렵다.

   * ①은 일반인이 의미상 주어이기 때문에 '보통 사람들이 그 질문에 답하기 어렵다'는 뜻이 되고, ②는 'for you'로 특정인이 의미상 주어이기 때문에 '(다른 사람 아닌) 네가 대답하기 어렵다'는 의미가 된다.

   There is a lot of work **for him** *to do*. 그가 해야 할 일이 매우 많다.
   That car is too expensive **for me** *to buy*. 그 차는 내가 사기에는 너무 비싸다.

2. 「It ~ for… to-」: 「for+의미상주어+to부정사」가 주어 자리에 올 때는 주어가 너무 길어지므로, 그 자리에 가주어 It을 쓰고 뒤로 옮겨져 진주어로 쓰일 때가 많다.

   ① **For me** t*o read this book* is difficult.
   ② It is difficult **for me** *to read this book.*
   　　가주어　　　　의미상 주어　　　　진주어

   * ①처럼 쓰면 주어가 길기 때문에 ②처럼 가주어 It을 쓰고 진주어는 끝으로 보낸다.

   It is strange **for her** *to be* out so late. 그처럼 늦은 시간에 그녀가 밖에 나가 있다는 것이 이상하다.

3. 「of+목적격」을 쓰는 경우

- ◆ 「It ~ for… to-」구문에서 사람의 성격, 인격, 특성을 나타내는 형용사가 의미상 주어 앞에 쓰이면, for 대신 of를 쓴다.

- ◆ It ~ [kind, nice, good, bad, clever, wise / foolish, careful, stupid, rude, brave] of+목적격 + to 부정사

It is very *kind* **for you** to help me. (X)

→ It is very *kind* **of you** to help me. (O)

저를 도와주시는 걸 보니 참 친절하신 분이군요.

It is *cruel* **of him** to punish her so severely.

그가 그녀를 그렇게 혹독하게 처벌하다니 잔인하다.

It was *foolish* **of her** to stay there.

그녀가 거기에 머문 것은 어리석었다.

6 부정사의 시제

▶ **단순부정사(to+동사원형)** : 문장(주동사)의 시제와 동일한 때이거나 미래의 일
▶ **완료부정사(to have+p.p)** : 문장(주동사)의 시제보다 더 과거에 일어난 일

A. 단순부정사(to+동사원형): 보통 자신이 속한 문장의 시제와 일치한다. 단, 미래의 뜻을 담고 있는 동사 뒤에 오면 미래의 의미를 지닌다.

1. 자신이 속한 문장(주동사)의 시제와 일치하는 경우

He <u>seems</u> <u>to be</u> rich. 그는 부자인 것처럼 보인다.

→ It <u>seems</u> that he <u>is</u> rich.

* 문장의 시제(seems)가 현재이므로 'to be'도 현재. 따라서 복문으로 고칠 경우 현재시제 is가 된다.

He <u>seemed</u> <u>to be</u> rich. 그는 부자인 것처럼 보였다.

→ It <u>seemed</u> that he <u>was</u> rich.

* 주절의 시제가 과거(seemed)이므로 'to be'의 시제는 과거. 따라서 복문으로 고칠 경우 was가 된다.

2. 미래의 일을 나타내는 경우 : 미래의 뜻을 가진 동사 뒤에 올 때

┌ want, hope, wish, intend, expect ┐
│   │ + to부정사 → 미래의 일
└ forget, remember, be sure   ┘

I *hope* **to grow up** soon! 얼른 다 컸으면 좋겠어요!

→ I *hope* that **I grow** up soon! (X)

→ I *hope* that **I will grow** up soon! (O)

He *intended* **to become** a teacher. 그는 선생님이 되려고 했다.

→ He *intended* that he **would become** a teacher.

B. 완료부정사(to have+p.p) : 자신이 속한 문장(주동사)의 시제보다 더 과거의(이전의) 일을 나타낸다.

He *seems* **to have been** rich. 그는 (과거에는) 부자였던 것처럼 (지금) 보인다.

→ It *seems* that he **is** rich. (X)

→ It *seems* that he **was** rich. (O)

* 주절이 현재(seems)이므로 'to have been'은 과거(was)가 된다.

He *seemed* **to have been** rich.

→ It *seemed* that he **had been** rich. 그는 (그 이전에는) 부자였던 것처럼 보였다.

* 주절이 과거(seemed)이므로 'to have been'은 과거보다 한 시제 더 이전인 과거완료(had been)가 된다.

7. 주의해야 할 부정사의 용법

A. 부정사의 부정

◆ 부정어(not, never)를 부정사 바로 앞에 놓는다.
- to부정사의 부정: 「not·never + to부정사」
- 원형부정사의 부정: 「not·never + 원형부정사」

The doctor advised me **not** *to smoke*. 의사는 나에게 담배를 끊으라고 권유했다.

I worked hard in order **not** *to fail* again. 나는 다시 실패하지 않으려고 열심히 공부했다.

- He told me **not** *to do* it. <부정사 부정> 부정그는 나에게 그것을 하지 말라고 말했다.
- He did**n't** *tell* me to do it. <동사부정> 그는 나에게 그것을 하라고 말하지 않았다.

You had better **not** *go* there. <원형부정사 부정> 너는 그 곳에 가지 않는 것이 좋을 거야.

B. 대부정사 : 앞에 나온 동사가 「to+동사원형」 형태로 다시 나올 때, 「to 부정사」 대신 동사는 생략하고 **to**만 쓰는데, 이때의 to를 대부정사라 한다.

You may *go* if you want **to** (go). 가고 싶으면 가도 좋다.

C. 「의문사+to부정사」 : 명사적 용법으로 주로 목적어 역할을 한다.

Do you know **how to use** the smart phone? 스마트폰 사용법 아니?

I don't know **what to do**. 나는 무엇을 해야 할지 모르겠다.

 = I don't know *what I should do*.

I can't decide **who to invite**. 누구를 초대해야 될지 결정을 못하겠다.

Will you let me know **when to begin**? 언제 시작해야 할지 알려주겠니?

Could you show me **where to go**? 어디로 가야 할지 알려주겠니?

D. 부정사가 포함된 관용적 표현

1. **too ~ to ... :** ...하기에는 너무 ~하다)
   = **so ~ that + S + cannot ... :** 너무 ~해서 ...할 수 없다

   You are **too** young **to** read this book. 너는 이 책을 읽기에는 너무 어리다.
   → You are **so** young **that** you **cannot** read this book. 너는 너무 어려서 이 책을 읽을 수 없다.

This problem is **too** difficult for me **to** solve.

→ This problem is **so** difficult **that** I **can't** solve it.
이 문제는 너무 어려워서 내가 풀 수 없다.

The car was **too** expensive for me **to** buy.

→ The car was **so** expensive **that** I **could not** buy.
그 차는 너무 비싸서 내가 살 수 없었다.

2. ~ enough to... : ...할 정도로 충분히 ~하다
= so ~ that + S + can... : 매우 ~ 해서 ...할 수 있다

This book is easy **enough** for you **to read**. 이 책은 네가 읽을 수 있을 만큼 쉽다.

→ This book is **so** easy **that** you **can** read it.

The radio was small **enough to put** in my pocket.
그 라디오는 내 주머니에 넣을 수 있을 만큼 작았다.

→ The radio was **so** small **that** I **could** put it in my pocket.

3. cannot but + 원형부정사: ~하지 않을 수 없다
= cannot help ~ing

I **could not but laugh** at his yellow tie. 나는 그의 노란 타이를 보고 웃지 않을 수 없었다.

= I **could not help laughing** at his yellow tie.

I **could not but accept** his proposal. 나는 그의 제안을 받아들일 수밖에 없었다.

4. had better + 원형부정사: ~하는 것이 좋겠다

You **had better stay** at home on holidays. 휴일에는 집에서 쉬는 것이 좋을 거야.

You**'d better turn** the music down before your dad gets angry.
아빠 화나시기 전에 음악소리 줄이는 게 좋을 거야.

You **had better not go** out. 너 외출하지 않는 게 좋을 거야.

5. would rather + 원형부정사: 차라리 ~하겠다

I **would rather go** today than tomorrow. 내일보다는 차라리 오늘 가겠다.

I **would rather starve** than beg. 구걸하느니 차라리 굶어 죽는 게 낫다.

I**'d rater wait** and **see**. 나는 차라리 관망하고 싶다.

Review Test

A. 각 문장의 밑줄 친 부정사와 용법이 같은 것을 <보기>에서 고르시오.

<보기>
ⓐ His only aim in life is <u>to make</u> money.
ⓑ I moved to a new apartment <u>to live</u> near the office.
ⓒ Karen wanted something <u>to eat</u>.

1. I like <u>to have</u> cornflakes for breakfast.
2. Alice had a lot of friends <u>to hang</u> with.
3. Women are made <u>to be loved</u>, not understood.
4. <u>To wait</u> for the people who were late made me angry.

B. 각 문장의 밑줄 친 부정사와 의미상 쓰임이 같은 것을 <보기>에서 고르시오.

<보기>
ⓐ I sat down <u>to rest</u>.
ⓑ Her grandmother lived <u>to be</u> ninety.
ⓒ You are a fool <u>to agree</u> to such a proposal.
ⓓ It is too dark <u>to read</u> a book.
ⓔ I'm sorry <u>to hear</u> about the accident.

1. One morning I awoke <u>to find</u> myself famous.
2. He cannot be a gentleman <u>to behave</u> like that.
3. I jog three times a week <u>to stay</u> healthy.
4. I was happy <u>to see</u> my friends at the airport.
5. The mountain is too steep <u>to climb</u>.

C. 다음을 밑줄 친 부분에 유의해서 우리말로 옮기시오.

1. You <u>are to knock</u> before you come in.

2. If you <u>are to catch</u> the two o'clock train, you have to hurry.

3. Seoul Station is to be seen from my house.

4. The President is to visit Nigeria next month.

D. 다음 문장에서 어법상 잘못된 부분을 찾아 고쳐 쓰시오.

1. The film was very sad. It made me to cry.
2. Father wants me to not see her again.
3. It is foolish for her to repeat the same mistakes.
4. She saw her mother to wash the dishes.
5. It is not easy of me to get up early.
6. He doesn't let anyone to smoke in his room.

E. 다음 문장이 같은 뜻이 되도록 빈 칸에 들어갈 알맞은 말을 쓰시오.

1. His business seems to be flourishing.
   → It seems that his business _____.
2. His business seemed to be flourishing.
   → It seemed that his business _____.
3. He seems to have missed the train.
   → It seems that he _____ the train.
4. He seemed to have missed the train.
   → It seemed that he _____ the train.
5. I'm sorry not to have come to the party.
   → I'm sorry that _____ to the party.
6. This is too heavy for you to lift.
   → This is _____ heavy that you _____ lift.
7. The water was so salty that we couldn't drink it.
   → The water was _____ salty for us _____ drink.
8. It's warm enough for the snow to melt.
   → It's _____ warm that the snow _____ melt.

F. 다음 우리말을 영어로 옮길 때 빈 칸에 들어갈 알맞은 말을 쓰시오.

1. 역에 어떻게 가는지 알려 주겠니?
   Can you tell me _____ _____ _____ to the station?
2. 늦었다. 어서 서두르는 게 좋을 거야.
   You're late. You _____ _____ hurry up.
3. 나는 학교를 바꿀 바에는 차라리 그만 두고 싶다.
   I _____ _____ quit than change my school.
4. 그의 용기에 감탄하지 않을 수 없었다.
   I _____ _____ _____ admire his courage.
5. 사실을 말하자면, 나는 유럽에 가본 적이 없다.
   _____ _____ _____ _____, I have never been to Europe.
6. 인생이란 말하자면 아침이슬과 같은 것이다.
   Our life is, _____ _____ _____, a morning dew.
7. 너에게 솔직히 말하자면, 나는 그 계획에 반대한다.
   _____ _____ _____ _____ _____, I am against the plan.

G. 다음을 영작하시오.

1. 자신감을 상실하는 것은 모든 것을 상실하는 것이다.

2. 늦지 않도록 노력해라

3. 어떻게 시작할 것인가가 어디서 멈출 것인가 보다 더 어렵다.

4. 그는 약속을 어길 사람이 아니다.

5. 난 그녀의 결혼 소식을 듣고 매우 놀랐다.

6. 그런 것을 믿다니 그는 바보임에 틀림없다.

Chapter 09 동명사

「동사원형+~ing」형태를 가지고 문장 안에서 명사역할(주어, 목적어, 보어)을 하는 것을 동명사라 한다. 동명사는 명사역할을 하면서도 동사의 성질을 가진다. 즉, 동사처럼 목적어를 취하기도 하고 부사의 수식을 받기도 한다.

1. 동명사의 형태와 기능
2. 동명사의 의미상 주어
3. 동명사의 시제
4. 동명사와 부정사가 목적어로 쓰일 때
5. 동명사의 부정과 관용적 표현

 **동명사의 형태와 기능**

> ▶ 형태: 「동사원형+ing」
> ▶ 기능: 동사의 성질을 가지고 명사역할(주어, 목적어, 보어)을 한다.
> ▶ 뜻: '~하는 것, ~하기'의 뜻으로 해석된다.

A. 주어 역할

Swimming is good for health. 수영하는 것은 건강에 좋다.

Reading *his novels* is very interesting. 그의 소설을 읽는 것은 매우 흥미롭다.
 * 동사처럼 목적어(his novels)를 취하고 있으며 명사(주어)로 쓰임.

Traveling *alone* will be a good experience. 혼자 여행하는 것은 좋은 경험이 될 것이다.

Keeping *a diary in English* is not so difficult. 영어로 일기를 쓰는 것은 그렇게 어렵지 않다.
 * 동사처럼 목적어(a diary)와 수식어(in English)를 가지고 있음.

Crying *over spilt milk* is no use. 엎질러진 우유를 놓고 울어도 소용없다.

B. 목적어 역할 : 동사 또는 전치사의 목적어로 쓰인다.

They *enjoyed* **dancing** together. <enjoyed의 목적어> 그들은 함께 춤추기를 즐겼다.

Did you finish **doing** your homework? 너 숙제하는 거 끝냈니?

My mother started **growing** flowers. 나의 어머니는 꽃 재배를 시작했다.

I am fond *of* **drawing a picture.** <of의 목적어> 나는 그림 그리기를 좋아한다.

Thank you *for* **listening** to my story. 내 이야기를 들어줘서 고마워.

He left the office *without* **saying** goodbye. 그는 인사말도 하지 않고 사무실을 떠났다.

C. 보어 역할

My wish is **traveling** in Africa. 나의 꿈은 아프리카를 여행하는 것이다.

① His hobby is **collecting old coins.** 그의 취미는 옛날 동전 수집이다.
② He **is collecting** old coins. 그는 옛날 동전을 모으고 있다.

 * ①은 「His hobby = collecting old coins」이므로 collecting은 동명사로서 주격보어이다.
 * ②는 「His hobby ≠ collecting old coins」이므로 collecting은 현재분사로서 진행형(be+~ing)에 쓰이고 있다.

My favorite activity in the winter is **making snowmen.**
내가 겨울에 가장 좋아하는 활동은 눈사람 만들기야.

2 동명사의 의미상 주어

부정사와 마찬가지로 동명사는 동사적 성질을 가지고 있으므로 의미상 주어(동명사의 행위 주체)가 있다. 의미상 주어는 생략되는 경우와 따로 써 주는 경우가 있다.

A. 생략되는 경우

- 문장의 주어나 목적어가 동명사의 의미상 주어(행위자)일 때
- 의미상 주어가 일반인일 때

I hate **driving** on a busy street. <driving의 행위자 = I> 혼잡한 도로를 운전하는 건 싫어요.
We are proud of **winning** the game. 우리는 그 경기에서 승리한 것을 자랑스럽게 생각한다.
I heard *someone* **calling** my name in the street. 길에서 누군가 내 이름 부르는 소리를 들었다.
　* 목적어인 someone이 동명사 calling의 행위자.
Thank *you* for **inviting** me. 초대해 주셔서 감사합니다.
Teaching is **learning**. <일반인> 가르치는 것이 배우는 것이다.
Fishing in this lake is forbidden. <일반인> 이 호수에서 낚시하는 것은 금지되어 있다.

B. 동명사의 의미상 주어를 별도로 써 주는 경우

- 소유격·목적격 + 동명사: 동명사 앞에 소유격 또는 목적격으로 쓴다.
- 소유격이 기본이며, 목적격을 쓰면 의미상 주어가 강조되는 어감이 있다.

I'm sure of *his* **living** to eighty. <소유격>
　→ I'm sure that *he* will **live** to eighty. 틀림없이 그는 80세까지 살 것이다.
I dislike *my father's[my father]* **smoking**. <소유격/목적격>
　나는 아버지가 담배 피우시는 것이 싫다.
He didn't complain about *our* **coming** to class late.
　그는 우리가 수업에 늦게 온 것에 대해 불평하지 않았다.

3 동명사의 시제

▶ 동명사도 부정사처럼 단순동명사와 완료동명사가 있다.

> 단순동명사(~ing): 주동사의 시제와 동일한 때의 일.
> 완료동명사(having+p.p): 주동사의 시제보다 하나 더 이전 시제의 일.

A. 단순동명사(~ing) : 문장의 주동사 시제와 같은 때의 일을 나타냄.

He *is* proud of **being** of Dutch origin. 그는 네덜란드 출신임을 자랑스러워한다.
→ He *is* proud that he **is** of Dutch origin.

* 주동사가 현재(is)이므로 동명사 being도 현재.

She *was* proud of **being** able to compose at age 5.
→ She *was* proud that she **was** able to compose at age 5.
그녀는 5살 때 작곡할 수 있었다는 것을 자랑스럽게 여겼다.

* 주동사가 과거(was)이므로 being도 과거.

B. 완료동명사(having+p.p) : 문장의 주동사 시제보다 하나 더 이전 시제의 일을 나타냄.

I *am* sure of his **having been rich.** 나는 그가 (과거에) 부자였으리라고 (현재) 확신한다.
→ I *am* sure that he **was** rich.

* 주동사가 현재(am)이므로 'having been'은 과거를 나타냄.

I *was* sure of his **having been** rich. 나는 그가 (그 이전에는) 부자였으리라고 (과거에) 확신했다.
→ I *was* sure that he **had been** rich.

* 주동사가 과거(was)이므로 'having been'은 하나 더 이전 시제인 과거완료시제임.

4 동명사와 부정사가 목적어로 쓰일 때

대부분의 동사는 동명사와 부정사 둘 다 목적어로 취할 수 있다. 하지만, 동사들 중에는 한 가지만 목적어로 취하는 것들도 있고, 부정사가 올 때와 동명사가 올 때 의미가 달라지는 경우도 있다.

A. 부정사만을 목적어로 취하는 동사 : 주로 미래의 뜻을 갖는 동사

$$\begin{bmatrix} \text{wish, hope, expect, promise, decide} \\ \text{choose, learn, plan, intend, fail} \end{bmatrix} + \begin{bmatrix} \text{to 부정사 (O)} \\ \text{~ ing (X)} \end{bmatrix}$$

⌈ I *hope* **seeing** you soon. (X)
⌊ I *hope* **to see** you soon. (O) 당신을 곧 만나게 되길 바랍니다.

She *decided* **to quit** the job. 그녀는 그 일을 그만두기로 마음먹었다.
He *promised* **to buy** his son a cell phone. 그는 아들에게 휴대폰을 사주겠다고 약속했다.
The police *ordered* the driver **to stop.** 경찰은 그 운전자에게 멈추라고 명령했다.

B. 동명사만을 목적어로 취하는 동사

◆ enjoy, finish, mind, avoid, stop, give up, deny + ⌈ to 부정사 (X)
　　　　　　　　　　　　　　　　　　　　　　　　⌊ ~ ing (O)

⌈ We *enjoyed* **to talk** over our school days. (X)
⌊ We *enjoyed* **talking** over our school days. (O)
　우리는 학창시절에 대한 대화를 즐겁게 나눴다.

I haven't *finished* **reading** this book. 나는 이 책을 다 읽지 않았다.
Would you *mind* **opening** the window? 창문 열면 안 될까요?
You should *give up* **drinking.** 당신은 술을 끊어야 합니다.

⌈ ① They *stopped* **fighting.** 그들은 싸움을 멈췄다.
⌊ ② They *stopped* **to smell** flowers. 그들은 꽃냄새를 맡으려고 걸음을 멈췄다.

　* ①의 fighting은 stopped의 목적어지만, ②의 to smell는 부사적 용법으로 '~하기 위해'의 뜻으로 stopped를 수식하고 있다.

C. 목적어의 형태(부정사/동명사)에 따라 뜻이 달라지는 경우

1. remember, forget ┌ **to부정사:** 미래의 일
　　　　　　　　　　　└ **동명사:** 과거의 일

I *remember* **sending** email to her. (= I remember that I **sent** email to her.)
나는 (과거에) 그녀에게 이메일 보냈던 것이 기억난다.

I *remember* **to send** email to her. (= I remember that I **will send** email to her.)
나는 (미래에) 그녀에게 이메일을 보내야 한다는 것을 기억하고 있다.

I *forgot* **meeting** her. (= I forgot that he **had met** her.)
나는 (그 전에) 그녀를 만났던 것을 잊어버렸다.

I *forgot* **to meet** her. (= I forgot that I **would meet** me.)
나는 (그 뒤에) 그녀를 만날 것을 잊어버렸다.

2. try ┌ **to 부정사:** ~하려고 애쓰다, 노력하다
　　　　└ **동명사(~ing):** (되나 안 되나 시험 삼아)~ 해보다, 시도하다

Try **to think** in English always. 항상 영어로 생각하도록 노력해보세요.

If you have a chance, would you *try* **eating** insects?
기회가 된다면, 곤충을 먹어보시겠어요?

3. want ┌ **to 부정사:** ~하기를 원한다
　　　　　└ **동명사:** ~을 필요로 하다, ~될 필요가 있다(need의 뜻으로 주로 사물이 주어)

I *want* **to go** to the South Pole someday. 언젠가는 남극에 가고 싶다.

These clothes *wants* **washing.** 이 옷들은 세탁해야 한다.
　= These clothes *need* **to be washed.**

┌ This house *needs[wants, requires]* **painting.** (O)
│ This house *needs[wants, requires]* **to be painted.** (O)
└ This house *needs[wants, requires]* **being painted.** (X)
　이 집은 페인트칠이 필요하다.

* need, want, require 뒤에 오는 동명사는 그 자체로 수동의 의미가 있으므로 'being+p.p'형태는 쓰지 않음.

5 동명사의 부정과 관용적 표현

A. 동명사의 부정: 동명사 바로 앞에 부정어(not, never)를 놓는다.

You are responsible for **not keeping** the secret. 너는 비밀을 지키지 않은 데 대한 책임이 있어.
I'm sorry for **not having written** to you sooner. 너에게 더 일찍 메일을 쓰지 못해서 미안하다.
He regrets **not learning** to swim. 그는 수영을 배우지 못한 것을 후회한다.

B. 동명사가 포함된 관용적 표현들

1. Go ~ing: ~하러 가다

When you **go shopping,** pick some milk up. 쇼핑하러 갈 때 우유 좀 사다줘요.
They **went fishing** yesterday. 그들은 어제 낚시를 갔다.

2. Be busy ~ing: ~하느라 바쁘다

He **is busy preparing** for the exam. 그는 시험 준비하느라 바쁘다.
They **are busy fixing** the machine. 그들은 기계를 수리하느라 바쁘다.

3. Feel like ~ing = feel inclined to + 동사원형: ~하고 싶다, ~하고 싶은 마음이 들다

I **felt like talking** to somebody. 누구에겐가 이야기하고 싶은 생각이 들었다.
　= I **felt inclined to talk** to somebody.
I don't **feel like going** out tonight. 오늘밤은 외출하고 싶지 않다.

4. How·What about ~ing?: ~하는 것이 어떻겠니?

How[What] about taking a walk? 산책하는 게 어떻겠니?
How about having some tea? 차를 좀 마시는 게 어때요?
What about having dinner with me? 나랑 저녁식사 같이하는 게 어때?

5. Far from ~ing: 결코 ~않다

She is **far from blaming** Tom. 그녀는 결코 탐을 나무라지 않는다.
She is **far from being** interested in sports. 그녀는 스포츠에는 전혀 관심이 없다.
Far from reading the letter, he did not even open it.
편지를 읽기는커녕, 그는 그것을 뜯지도 않았다.

6. Look forward to ~ing: ~하기를 고대하다, 기대하다

I **look forward to hearing** from you. 조속한 답장을 고대합니다.
I **look forward to seeing** you soon. 곧 만나게 되길 기대합니다.

7. Be worth ~ing = be worth while to 부정사: ~할 만한 가치가 있다

This book **is worth reading.** 이 책은 읽을 만한 가치가 있다.
 = It is **worth while to read** this book.
It isn't **worth repairing** the car. 그 차는 수리할 만한 가치가 없다.

8. Cannot help ~ing = cannot but + 동사원형: ~하지 않을 수 없다

She **could not help laughing.** 그녀는 웃지 않을 수 없었다.
 = She **could not but laugh.**
I **cannot help admiring** his courage. 나는 그의 용기를 칭찬하지 않을 수 없다.

9. On ~ing = As soon as + S + V: ~하자마자

On seeing his mom, he stopped crying. 엄마를 보자마자 그는 울음을 멈췄다.
 = **As soon as he saw** his mom, he stopped crying.
On entering the room, he fell on the floor. 그는 방에 들어서자마자 바닥에 쓰러졌다.

10. It is no use[good] ~ing = It is no use to+동사원형 = There is no use (in) ~ing: ~해봐야 소용없다

It is no use[good] persuading her to wait. 그녀를 기다리라고 설득해봐야 소용없다.
 = **It is no use to persuade** her to wait.
 = **There is no use (in) persuading** her to wait.
It is no use crying over spilt milk. 엎질러진 우유를 두고 울어 봐야 소용없다.

Review Test

A. 다음 문장의 밑줄 친 부분과 같은 용법으로 쓰인 것을 고르시오.

1. His father stopped <u>reading</u> the newspaper.
   ① Sue likes <u>singing</u> in front of people.
   ② Sue is <u>writing</u> a letter to her mother.
   ③ The woman <u>walking</u> over there is Jane's mother.
   ④ Sue read an <u>interesting</u> book about koalas yesterday.
   ⑤ The man is <u>cleaning</u> his carpet.

2. Jim enjoyed <u>watching</u> television last night.
   ① What are you <u>doing</u> now?
   ② I am <u>going</u> to buy a guitar.
   ③ He is good at <u>playing</u> soccer.
   ④ Look at the <u>sleeping</u> dog.
   ⑤ The travelers are <u>washing</u> their cars.

B. 다음 문장의 괄호 안에 들어갈 알맞은 말을 고르시오.

1. Do you mind (to wait/waiting) for a while?
2. Laura finished (to write/writing) the essay this morning.
3. The school promised (to meet/meeting) every students' academic need.
4. My sister went (to ski/skiing) during the Christmas holidays.
5. I don't wish (to argue/arguing), but I am correct.
6. The elderly couple enjoys (to drive/driving) across the town in their car.

C. 괄호 안의 단어를 적절히 변형하고 배열하여 영작하시오.

1. 우표를 수집하는 것이 그가 가장 좋아하는 취미이다. (collect/stamp/favorite)

   _____

2. 너는 이 일을 끝내지 않는 데 대한 책임이 있다. (responsible/finish/work)

   _____

3. 경비원은 문을 잠그는 것을 잊지 않았다. (guard/lock/door/forget)

   _____

4. 나는 과거에 그를 만났던 것을 잊어버렸다. (in the past/meet/forget)

   _____

5. 그녀를 만나러 가보았자 소용없다. (there/no use/see/go)

6. 나는 그녀와 사랑에 빠지지 않을수 없었다. (can/fall in love/help)

7. 그 기사는 읽을 만한 가치가 있다. (article/read/worth)

D. 다음을 영작하시오.

1. 그들은 함께 낚시를 즐겼다.

2. 나는 가끔 숙제 하는 것을 미뤄.

3. 난 그녀에게 진실을 말하기가 두려워.

4. 나는 그가 곧 올 것을 확신한다.

5. 나는 그가 전에는 부자였으리라고 확신한다.

6. 나는 알프스를 처음 본 것을 결코 잊지 못할 것이다.

7. 나는 다음 달에 집에 가는 것을 간절히 기다리고 있다.

8. 그는 길거리에서 노래하는 것에 익숙해져 있다.

Chapter 10 분사

▶ 종류 : 현재분사(~ing)와 과거분사(p.p)가 있다.
▶ 분사는 문장 안에서 본동사와 형용사 기능을 한다.
　┌ 본동사 : 진행시제(be+~ing), 수동태(be+p.p), 완료시제(have+p.p)」에 쓰인다.
　└ 형용사 기능 : 형용사처럼 명사를 수식하거나 보어 역할을 한다.
▶ 보통 분사의 용법을 말할 때는 형용사 기능을 할 때를 일컫는다.

1. 분사가 본동사로 쓰일 때
2. 분사의 형용사적 기능
3. 분사구문 만드는 방법과 시제
4. 주의해야 할 분사구문

 분사가 본동사로 쓰일 때

> ▶ 현재분사(~ing): 진행시제(be+~ing)에 쓰임.
> ▶ 과거분사(p.p): 수동태(be+p.p), 완료시제(have·has·had + p.p)에 쓰임.

What *are* you **doing** now? <현재진행형>
너 지금 뭐하는 중이니?

She *was* **crying** when I saw her. <과거진행형>
내가 그녀를 보았을 때 그녀는 울고 있었다.

One of his fingers *was* **broken**. <수동태>
그의 손가락 중 하나가 부러졌다.

You'*re* **fired**. <수동태>
넌 해고야.

I *have* **been** at home all day long because of rain. <현재완료>
비가 와서 종일토록 집에 있었다.

When the police arrived, the thieves **had run** away. <과거완료>
경찰이 도착했을 때, 도둑들은 이미 도망가 버렸다.

2 분사의 형용사 기능

▶ 형용사처럼 한정적 용법과 서술적 용법이 있다.
  - 현재분사(~ing): 능동·진행의 의미 (~시키는, ~하고 있는)
  - 과거분사(p.p): 수동·완료의 의미 (~된, ~해 버린)

A. 한정적 용법 : 분사가 명사의 앞이나 뒤에서 그 명사를 직접 수식

1. 명사 앞에 오는 경우 : 분사가 단독으로 쓰일 때

It was an **exciting** game. <현재분사: 능동의미> 그것은 땀을 쥐게 하는(관중을 열광시키는) 경기였다.

A **rolling** stone gathers no moss. <현재분사: 진행의미> 구르는 돌에는 이끼가 끼지 않는다.

An **excited** spectator jumped into the ground. <과거분사: 수동의미>
흥분한 (경기를 보고 흥분된) 관중 하나가 운동장으로 뛰어 들었다.

There were few **returned** soldiers. <과거분사: 완료의미> 돌아온 군인들은 별로 없었다.

2. 명사 뒤에 오는 경우: 분사가 목적어, 보어, 수식 어구를 동반할 때.

Do you know the boy **riding** *a bicycle*? 너 자전거를 타고 있는 소년을 아니?
  * riding이 목적어(a bicycle)를 취하고 있으므로 boy 뒤에서 수식

Most of people **invited** *to the party* didn't show up.
파티에 초대받은 대부분의 사람들은 나타나지 않았다.
  * invited가 수식어구(to the party)를 동반하므로 명사 뒤에서 수식

Check Point

※ **동명사와 현재분사의 구분:** 「~ing+명사」 형태에서 '~ing'는 현재분사일 수도 있고 동명사일 수도 있는데 그 구분은 다음과 같다.

◆ 현재분사: '~하고 있는'의 뜻으로 해석되며 뒤에 오는 명사가 '~ing'의 행위 주체이다.

◆ 동명사: '~하기 위한'의 뜻으로 해석되며 뒤에 오는 명사의 용도나 목적을 나타냄.

- a **sleeping** baby = a baby who is sleeping. <현재분사> 잠자고 있는 아이
  * baby가 sleeping의 행위 주체이므로 현재분사.
- a **sleeping** car = a car for sleeping. <동명사> 침대차
  * 자동차가 잠을 자는 주체가 아니고, '잠자기 위한 차'로서 용도를 나타냄.
- a **smoking** man = a man who is smoking. <현재분사> 담배를 피우고 있는 남자
- the **smoking** room = the room for smoking. <동명사> 흡연실

B. 서술적 용법: 분사가 주격보어 또는 목적격 보어로 쓰일 때.

1. 주격보어: 주어의 동작이나 상태를 설명한다.

He sat **reading** a book. <현재분사: 진행>
그는 책을 읽으며 앉아 있었다.

She sat **surrounded** by the children. <과거분사: 수동>
그녀는 아이들에게 둘러 싸여 앉아 있었다.

2. 목적 보어: 목적어의 동작이나 상태를 나타냄.

She kept *me* **waiting** for an hour.
그녀는 나를 한 시간 동안 기다리게 했다.

* waiting이 목적어(me)의 진행 중인 동작을 나타냄.

I saw *her* **crying** in the kitchen last night.
나는 어젯밤 그녀가 부엌에서 울고 있는 것을 보았다.

We found the mountain **covered** with snow.
우리는 그 산이 눈으로 뒤덮여있는 것을 보았다.

* 과거분사(covered)는 목적어(the mountain)의 수동적인 동작을 나타냄.

We have to get *the car* **repaired** before Tuesday.
우리는 화요일 이전에 차가 수리되도록 해야 한다.

3 분사구문 만드는 방법과 시제

분사구문이란 「접속사+S+V」 형태의 절을 분사를 이용하여 간단히 줄인 구문을 말한다.

A. 절(접속사+S+V)을 분사구문으로 고치는 방법

① 접속사를 생략한다.
② 주어 ┌ 주절의 주어와 같을 경우 → 생략
       └ 주절의 주어와 다를 경우 → 생략하지 않음
③ 동사를 현재분사(~ing)로 고친다.

As *she* **is** kind, *she* is loved by everybody.
→ **Being** kind, she is loved by everybody.
　　그녀는 친절하기 때문에 모든 사람들로부터 사랑을 받는다.
* 접속사(As)생략, 주어가 주절의 주어(she)와 동일하므로 생략, is →Being.

As *she* **was** kind, *she* was loved by everybody.
→ **Being** kind, she was loved by everybody. <과거(was)라도 →Being>
　　그녀는 친절했기 때문에 모든 사람들로부터 사랑을 받았다.

As *she* **is** kind, *everybody* loves her. <She ≠ everybody>
→ **She being** kind, *everybody* loves her.
　　그녀는 친절하기 때문에 모든 사람들이 그녀를 좋아한다.
* 주어(She)가 주절의 주어(everybody)와 다르므로 생략할 수 없다.

B. 분사구문의 해석: 분사구문은 접속사가 없으므로 문맥에 맞게 시간, 이유, 조건, 양보, 동시동작, 계속의 뜻을 가미해서 해석해야 된다.

1. **시간**: when(~할 때), while(~하는 중에), as(~할 때), after(~한 후에)

   Seeing me, he *ran away*. 나를 보고서, 그는 달아났다.
   → **When** he saw me, he *ran away*.
   Finishing the work, we watched TV. 일을 끝내고 나서 우리는 TV를 보았다.
   → **After** we finished the work, we watched TV.
   Playing badminton, Mike hurt his hand. 마이크는 배드민턴을 치다가 손을 다쳤다.
   → Mike hurt his hand **while** he was playing badminton.

2. 원인, 이유: because, as, since(~때문에)

Having no car, I *had* to walk. 차가 없었기 때문에 나는 걸어야만 했다.
　→ **As** I *had* no car, I *had* to walk.

Being ill, she was absent from school. 아팠기 때문에 그녀는 학교에 결석했다.
　→ **Because** she was ill, she was absent from school.

Not **feeling** very well, James lay down on the floor. 몸이 좋지 않아서 James는 바닥에 누웠다.
　→ **Since** James did not feel very well, he lay down on the floor.

3. 조건: if(만약 ~한다면)

Turning to the right, you *will find* the church. 오른쪽으로 돌면 교회를 발견하게 될 것이다.
　→ **If** you turn to the right, you *will find* the church.

Taken daily, vitamin pills can improve your health.
　→ **If** vitamin pills are taken daily, they can improve your health.
　　비타민을 매일 복용하면 건강을 증진시킬 수 있다.

4. 양보: though, although(비록 ~할지라도)

Having a lot of books, he never *reads* them.
　→ **Though** he has a lot of books, he never *reads* them.
　　책을 많이 가지고 있지만 그는 절대 그것들을 읽지 않는다.

Living next to his house, I don't know him. 그의 옆집에 살지만, 나는 그를 모른다.
　→ **Although** I live next to his house, I don't know him.

Admitting what you say, I still don't believe it.
　→ **Though** I admit what you say, I still don't believe it.
　　네 말을 인정한다 할지라도 나는 여전히 그것을 믿을 수 없다.

5. 동시동작: as, while(~하면서)

Smiling brightly, she extended her hand. 밝게 웃으면서 그녀는 손을 내밀었다.
　→ **As** she smiled brightly, she extended her hand.

Listening to the falling rain, I took a nap. 나는 떨어지는 빗소리를 들으면서 낮잠을 잤다.
　→ I took a nap **while** I listened to the falling rain.

6. 계속: and(그리고 ~)

The train starts at nine, **arriving** at eleven thirty.
→ The train starts at nine **and** arrives at eleven thirty.
<small>그 열차는 9시에 출발해서 11시 30분에 도착한다.</small>

He sat on the chair, **beginning** to read a book. <small>그는 의자에 앉아서 책을 읽기 시작했다.</small>
→ He sat on the chair **and** began to read a book.

C. 분사구문의 시제: 분사구문에는 단순형과 완료형이 있다.

◆ 단순 분사구문(동사원형+ing): 주절과 같은 시제를 나타낸다.
◆ 완료 분사구문(having+p.p): 주절보다 하나 더 이전 시제를 나타낸다.

Living next door to Sue, I often *meet* her. <small>나는 Sue 옆집에 살기 때문에 그녀를 자주 만난다.</small>
→ As I **live** next door to Sue, I often *meet* her.
<small>* 주절 동사(meet)가 현재이므로 단순 분사구문인 Living도 현재.</small>

Living next door to Sue, I often *met* her. <small>나는 수 옆집에 살았기 때문에 나는 그녀를 자주 만났다.</small>
→ As I **lived** next door to Sue, I often *met* her.
<small>* 주절 동사(met)가 과거이므로 Living도 과거.</small>

Having failed twice, I *don't* want to try again.
→ As I **failed** twice, I *don't* want to try again.
<small>나는 두 번이나 실패하였기 때문에 더 이상 시도할 생각은 없다.</small>
<small>* 주절 동사(don't)가 현재이므로 Having failed는 과거(failed).</small>

Having failed twice, I *didn't* want to try again.
→ As I **had failed** twice, I *didn't* want to try again.
<small>나는 두 번이나 실패하였기 때문에 더 이상 시도할 생각은 없었다.</small>
<small>* 주절 동사(didn't)가 과거이므로 Having failed는 과거완료(had failed).</small>

4 주의해야 할 분사구문

A. 독립분사구문: 분사구문의 주어가 주절의 주어와 다를 경우, 생략하지 않고 따로 써 주는 구문을 '독립분사구문'이라 한다.

As **this book** is difficult, **you** can't read it. <주어: this book ≠ you>

→ *Being* difficult, **you** can't read it. (X)

→ **This book** *being* difficult, **you** can't read it. (O)
   이 책은 어려워서 네가 읽을 수 없다.

   * 주어 this book이 주절의 주어 you와 다르기 때문에 생략하지 않고 써 주어야 함.

As **nobody** had any more to say, **the meeting** was closed.

→ **Nobody** having any more to say, **the meeting** was closed.
   아무도 더 이상 할 말이 없어서 회의는 종료되었다.

   * 주어: nobody ≠ the meeting

B. 비인칭 독립분사구문: 분사구문의 주어가 막연한 일반인(we, you, one)일 경우는 주절의 주어와 다를지라도 생략하는데, 이러한 경우를 '비인칭 독립분사구문'이라 한다. 이것은 숙어처럼 외워두는 것이 좋다.

1. **Generally speaking**: 일반적으로 말해서

   Frankly speaking: 솔직히 말해서

   Strictly speaking: 엄격히 말해서

   Roughly speaking: 대략적으로 말해서

   If <u>we</u> speak generally, <u>English</u> is hard to learn.

   → **Generally speaking**, English is hard to learn.
      일반적으로 말해서, 영어는 배우기 힘들다.

   Frankly speaking, I fell in love with the girl.
      솔직히 말해 나는 그 소녀와 사랑에 빠졌다.

   Strictly speaking, she is not so good at math.
      엄격히 말해서 그녀가 수학을 그리 잘하는 건 아니야.

   Roughly speaking, we receive about fifty letters a week on the subject.
      대략적으로 말하면, 우리는 이 주제에 대해 일주일에 50통 정도의 편지를 받는다.

2. Considering ~ : ~을 고려하면

Considering his age, he sees and hears very well.
그의 나이를 고려하면 그는 시각과 청각 모두 좋다.

3. Judging from ~ : ~으로 판단하건대

Judging from his accent, he must be an American.
그의 억양으로 판단하건대 그는 분명 미국인이야.

4. Granting that ~ : ~을 인정한다면, ~을 인정한다 하더라도

Granting that you were drunk, you are responsible for your conduct.
술 취했다는 것을 인정한다 하더라도 당신은 당신 행동에 책임을 져야 한다.

5. Compared with ~ : ~과 비교하면

Compared with last year, prices have risen by 20 per cent.
작년과 비교해서 물가는 20% 상승했다.

6. Supposing ~ = Provided (that) ~ = Providing (that) ~ : ~한다면, ~라면

Supposing it were true, what would happen?
그것이 사실이라면 어떻게 될까?

Provided (that) all your work is done, you may go home.
일이 다 끝나면 당신은 집에 가도 좋다.

C. 접속사를 생략하지 않는 경우: 분사만 쓰면 뜻이 불분명하거나, 접속사의 의미를 강조하고자 할 때는 접속사를 생략하지 않는다.

After I talk to you, I always feel better. 당신과 얘기하고 나면 항상 기분이 좋아집니다.
→ **After** talking to you, I always feel better.

He fell asleep while he was reading. 그는 책을 읽다가 잠들었다.
→ He fell asleep **while reading.**

D. 분사구문의 부정: 부정어(not, never)를 분사 바로 앞에 놓는다.

As I didn't receive any answer, I wrote to her again.
→ **Not receiving** any answer, I wrote to her again.
<small>답장을 받지 못해서 나는 그녀에게 다시 편지를 썼다.</small>

Not having money, I can't buy the car. <small>돈이 없어서 차를 살 수가 없다.</small>

The baby girl will grow up **never knowing** her father.
<small>그 여자 아이는 그녀의 아버지를 전혀 모른 채 성장할 것이다.</small>

E. 수동태의 분사구문

◆ 단순 분사구문: (Being) + 과거분사
◆ 완료 분사구문: (Having been) + 과거분사
◆ 'Being, Having been'은 생략되기 때문에 보통 과거분사로 시작된다.

As it **is made** of wood, it is not so heavy.
→ (Being) **Made** of wood, it is not so heavy.
<small>그것은 나무로 만들어져서 그리 무겁지 않다.</small>

As he **had been defeated** so may times, he lost his courage.
→ (Having been) **Defeated** so many times, he lost his courage.
<small>여러 차례 패배했기 때문에 그는 용기를 잃었다.</small>

Because all the money **had been spent,** he started looking for a job.
→ All the money **having been spent,** he started looking for a job.
<small>돈을 다 써버려서 그는 일자리를 찾기 시작했다.</small>

Check Point

※ 부정사, 동명사, 분사의 비교

구분	형태	기능	시제	완료형	의미상 주어	부정
부정사	to+동사원형	명사 형용사 부사	주절 동사의 시제와 동일	to have+p.p	for[of]+목적격	바로 앞에 부정어 (not, never)를 씀.
동명사	~ing	명사		having+p.p	소유격. 목적격	
분사	~ing, p.p(~ed)	형용사		having+p.p	주격	

Review Test

A. 다음 ( )안에 들어갈 알맞은 말을 고르시오.

1. Do you know the boy (standing/stood) at the bus stop?
2. She carefully laid the (sleeping/slept) baby down on the bed.
3. A (frightening/frightened) man jumped out of his seat.
4. The children are playing on the ground (covering/covered) with snow.
5. Do you know the strange man (knocking/knocked) on the door?
6. The boy saw his mother (hiding/hidden) the cookie jar inside a cabinet.

B. 다음 밑줄 친 부분이 현재분사인지 동명사인지 쓰시오.

1. Look at the cow <u>eating</u> grass over there.
2. He saved the boy by <u>giving</u> some money.
3. My New Year's resolution is <u>reading</u> a novel every week.
4. Lauren was <u>talking</u> to a friend on the phone.
5. The <u>smoking</u> room is reserved only for adults over the age of 19.
6. The <u>talking</u> monkey surprised everyone until it turned out to be a trick by the owner.

C. 다음 짝지어진 두 문장이 같은 뜻이 되도록 빈칸에 알맞은 말을 쓰시오.

1. My aunt who lives in Paris will come to see us next month.
   = My aunt _____ in Paris will come to see us next month.
2. I know the girl who is talking with Jim.
   = I know the girl _____ with Jim.
3. This is a picture which my father drew last week.
   = This is the picture _____ my father last week.
4. This is the book which is written in German.
   = This is the book _____ in German.

D. 다음 문장을 분사구문으로 고칠 때 빈칸에 들어갈 알맞은 말을 쓰시오.

1. As she is kind, she is loved by everybody.
   → _____ kind, she is loved by everybody.
2. As she is kind, everyone likes her.
   → _____ kind, everyone likes her.
3. As I had finished my homework, I went to bed.
   → _____ my homework, I went to bed.
4. As he had been defeated so many times, he lost his courage.
   → _____ so many times, he lost his courage.
5. Because he didn't get any answer, he wrote to her again.
   → _____ any answer, he wrote to her again.

E. 다음 분사구문을 절로 고칠 때, 빈칸에 들어갈 알맞은 말을 쓰시오.

1. Reaching the river, we pitched a tent.
   → _____ _____ _____ the river, we pitched a tent.
2. Overcomed with grief, she was unable to speak.
   → _____ _____ _____ overcomed with grief, she was unable to speak.
3. The weather permitting, I'll start tomorrow.
   → _____ _____ _____ _____ , I'll start tomorrow.
4. Admitting what you say, you are still in the wrong.
   → _____ _____ _____ what you say, you are still in the wrong.
5. He went into his room, slamming the door shut.
   → He went into his room _____ _____ the door shut.
6. Singing merrily, she walked on.
   → _____ _____ _____ merrily, she walked on.

Chapter 10

F. 괄호 안의 단어를 적절히 변형하고 배열하여 영작하되, 밑줄 친 단어는 그대로 사용하시오.

1. 날씨가 지나치게 더워서 체육대회는 취소되었다.
   (being/it/excessively/the sport event/cancel)

   _____

2. 대충 말하자면, 모든 일이 실패로 끝났다. (roughly/speak/everything/failure)

   _____

3. 그는 항상 긍정적이기 때문에 모든 사람이 그를 지도자로서 좋아한다.
   (being/optimistic/all the time/everybody/leader)

   _____

4. 그 노인은 그의 손주들에게 둘러싸여 앉아 있었다. (man/surround/sit/grandchildren)

   _____

5. 옆집에 살지만, 나는 그를 볼 때가 거의 없다. (next door/living/seldom/see)

   _____

6. 그 관광객은 그의 물건을 도난당했다. (tourist/his things/steal/have)

   _____

G. 다음을 영작하시오.

1. 부상당한 병사들이 물을 요청했다.

   _____

2. 엄격히 말하면 그것은 사실이 아니다.

   _____

3. 왼쪽으로 돌면, 우체국을 보게 될 거야.

   _____

4. 이 그림 속에서 미소 짓고 있는 여인은 누군가요?

   _____

5. 아침식사를 하시면서 아버지는 신문을 읽으셨다.

   _____

6. 일반적으로 말해서, 여자가 남자보다 더 오래 산다.

   _____

Chapter 11 명사

명사란 사람, 동물, 식물, 유·무형의 것들을 일컫는 이름이며, 명사에는 수, 성, 격이 있다.

▶ 수: 하나인가(단수) 둘 이상인가(복수)에 따라 구분된다.
▶ 성: 문법적으로 남성, 여성, 중성의 성을 가진다.
▶ 격: 문장에서 하는 역할에 따라 주격, 목적, 소유격이 있다.

1. 명사의 수
2. 셀 수 있는 명사와 셀 수 없는 명사
3. 보통명사
4. 집합명사
5. 물질명사
6. 추상명사
7. 고유명사
8. 명사의 성(Gender)
9. 명사의 소유격

1 명사의 수

A. 단수와 복수: 셀 수 있는 명사는, 그 개수가 하나일 때(단수)와, 둘 이상일 때(복수)를 구분하여 표현한다. 복수형은 단수형을 약간 변화시켜 사용하는데, 그 변화가 규칙적인 것과 불규칙적인 것이 있다.

- ◆ 규칙변화: 「단수형+(e)s」 → 복수형
- ◆ 불규칙변화: 불규칙적으로 복수형이 만들어 지는 경우

> He is still reading **a book.** <단수> 그는 여전히 책을 읽고 있다.
> He reads a lot of **books.** <복수> 그는 책을 많이 읽는다.

B. 규칙변화하는 명사의 복수형: 「단수형+(e)s」 ⇒ 복수형

단수 형태	복수형	변화의 예
일반적인 명사	단수형+s	book-book**s**, cat-cat**s**, girl-girl**s**
s, ch, x, z로 끝나는 명사.	단수형+es	bus-bus**es**, dish-dish**es**, church-church**es**, box-box**es** * ch로 끝나는 단어라도 발음이 [k]인 것은 s만 붙인다. stomach-stomach**s**[stʌ́məks] 위, 복부 monarch-monarch**s**[mάnərks] 군주
「자음+o」로 끝나는 명사	단수형+es	hero-hero**es**, potato-potato**es** *「모음+o」인 경우는 s를 붙임. radio-radio**s**, zoo-zoo**s**
「자음+y」로 끝나는 명사	y → ies	city-cit**ies**, lady-lad**ies** *「모음+y」인 경우는 y를 그대로 두고 s만 붙임. boy-boy**s**, monkey-monkey**s**
f, fe로 끝나는 명사	f(e) → ves	leaf-lea**ves**, wolf-wol**ves**, knife-kni**ves**, life-li**ves** * 예외: chief-chiefs 우두머리, roof-roofs 지붕

C. 불규칙변화하는 명사의 복수형

모음이 변하는 것	man-men, woman-women, mouse-mice foot-feet, goose-geese, tooth-teeth
「단수+(r)en」→ 복수	ox-ox**en**, child-child**ren**
단수형과 복수형이 같은 것	deer, sheep, fish, Japanese(일본인), Swiss(스위스인)

Check Point

※ 짝(쌍)을 이루는 것들은 복수형을 쓴다.

shoes(구두), socks(양말), pants(바지), gloves(장갑), glasses(안경)

※ **People**의 두 가지 뜻

1. 사람들: 그 자체로 복수취급함.

    There *are* many **people** in the park. 공원에는 사람들이 많다.

2. 국민, 민족: 단수취급. 복수형은 '**peoples**'.

    There are many **peoples** in Asia. 아시아에는 많은 민족들이 있다.

2 셀 수 있는 명사와 셀 수 없는 명사

▶ 셀 수 있는 명사: 하나 둘 셀 수 있는 것
  - 보통명사: book(책), doctor(의사), room(방) 등
  - 집합명사: family(가족), audience(관객) 등
▶ 셀 수 없는 명사: 수의 개념을 부여할 수 없는 것
  - 물질명사: water(물), air(공기), coffee(커피) 등
  - 추상명사: peace(평화), happiness(행복) 등
  - 고유명사: Seoul(지명), Jim(사람이름), September(9월) 등

A. 셀 수 있는 명사(Countable Noun): 단수형과 복수형이 있으며, 단수형 앞에는 a/an을 붙일 수 있다. 보통명사와 집합명사가 여기에 속한다.

I think I'll buy *a* **car** next year. <보통명사> 내년에는 차를 하나 사야겠어요.
Two **families** can share this house. <집합명사> 두 가족이 이 집을 나눠 쓸 수 있어요.

B. 셀 수 없는 명사(Uncountable Noun): 복수형을 쓰지 않으며, a/an을 붙일 수 없다. 물질명사, 추상명사, 고유명사가 이에 속한다.

This **coffee** smells good. <물질명사> 이 커피는 향이 좋다.
Art is long and **life** is short. <추상명사> 예술은 길고 인생은 짧다.
Seoul is the capital of **Korea**. <고유명사> 서울은 한국의 수도이다.

3 보통명사

▶ 일정한 형태가 있는 것: apple(사과), book(책), car(차), girl(소녀) 등.
▶ 수량을 나타내는 단위: minute(분), second(초), hour(시간), dollar(달러), day(날), month(달), year(년) 등.
▶ 단수형과 복수형이 있고, 단수형 앞에는 a/an을 쓸 수 있다.

There is a **bed**, a **desk** and two **chairs** in this room.
이 방에는 침대 하나와 테이블 하나 그리고 의자 두 개가 있다.

I prayed for six **years**, every single **day**. 6년 동안 매일 기도했어요.

4 집합명사

A. 집합명사(Collective Noun)의 의미와 용법

◆ 의미: 다수의 사람·사물이 모여서 이루어진 집합체를 나타내는 명사
◆ 예: class(학급), family(가족), audience(관객) 등
◆ 단수형과 복수형이 있으며, 단수형에는 a/an을 쓸 수 있다.

My **family** is very large. 내 가족은 대가족이다.
Three **families** live in that house. 세 가구가 그 집에 산다.
The school has six **classes**. 이 학교는 여섯 학급이 있다.

B. 군집명사

◆ 군집명사: 집합체를 하나의 묶음으로 취급하지 않고, 거기에 속한 개개의 구성원을 지칭하는 경우를 군집명사라 한다.
◆ 형태는 단수형이라도 복수취급을 한다.

① My **family** *is* very large. <집합명사> 나의 가족은 대가족이다.
② My **family** *are* all well. <군집명사> 나의 가족은 모두 잘 있다.

   * ①의 My family는 가족을 하나의 집합체로 보는 집합명사이므로 단수로 취급하여 'is'가 옴.
   * ②는 가족 구성원 개개인을 지칭하는 군집명사이므로 복수 취급하여 'are'가 쓰임.

The **audience** *was* small. <집합명사> 청중은 적었다.
The **audience** *were* excited. <군집명사> 청중들은 흥분했다.

5 물질명사

A. 물질명사의 의미와 용법

- ◆ 의미: 재료, 액체, 기체, 금속, 음식물 등과 같은 물질 이름
- ◆ 예: paper, wood, stone, gold, water, sugar, money 등
- ◆ 셀 수 없는 명사이므로, a/an을 쓰지 않으며 복수형도 쓰지 않는다.

We can't live without **air** and **water**. 우리는 공기와 물 없이는 살 수 없다.
I like **coffee** better than **tea**. 나는 차보다 커피를 더 좋아한다.
This box is made of **paper**. 이 상자는 종이로 만들어져 있다.

B. 물질명사의 수량을 표시하는 단위 명사

- ◆ 물질명사는 단위를 나타내는 명사와 함께 결합하여 수량을 표시한다.
- ◆ 단위를 나타내는 명사는 보통명사이므로 단수형과 복수형을 쓸 수 있다.

a piece[sheet] of paper 종이 한 장
two glasses of milk 우유 두 잔
two pieces of chalk 분필 두 개
a loaf of bread 빵 한 덩어리
a pound of sugar 설탕 1파운드

a glass of water 물 한 잔
a cup of coffee[tea] 커피[차] 한 잔
a piece[slice] of meat 고기 한 점
a bottle of beer 맥주 한 병

Check Point

※ 보통명사와 물질명사의 구분

분필은 하나, 둘 셀 수 있고 또 실제로 그렇게 말하고 있는데, 왜 영어에서는 그것이 셀 수 없는 물질명사에 속할까? 엄밀히 생각해 보면 chalk는 수의 개념을 부여할 수가 없다. 새 분필 하나를 부러뜨려 두 조각, 네 조각으로 만들어도 그것은 여전히 분필이다. 이처럼 바로 눈앞에서 하나가 둘로 될 수 있는 것에 수의 개념을 부여하는 것은 부당하다. 따라서, 어떤 것을 둘로 쪼개도 그 구실을 할 수 있으면 물질명사, 그렇지 않으면 보통명사라고 생각하면 된다.

paper를 예로 들어보면, 종이 한 장을 둘 또는 넷으로 찢어도 그것은 여전히 종이로 남는다. 하지만 a book의 경우는 둘로 갈라 버리면 그것은 온전한 책이라 할 수 없기에 보통명사이다.

A tree(나무)와 wood(목재) 역시 그렇다. Wood는 여러 조각으로 나누어도 여전히 wood이기 때문에 물질명사이고, a tree는 동강나면 두 조각의 나무토막이지 두 그루의 나무가 되지 않으므로 보통명사이다.

C. 물질명사가 보통명사처럼 쓰이는 경우: 물질명사라 할지라도 '제품'이나 '종류'를 나타내거나, '일정한 크기' 또는 '일정한 양'의 물건으로 대화자 간에 이해될 때는 보통명사처럼 a/an이 붙을 수 있고 복수형도 가능하다.

1. 제품이나 종류를 나타내는 경우

① Windows are made of **glass**. <재료> 유리창은 유리로 만들어진다.
② He has **a glass** in his hand. <제품> 그는 손에 유리잔을 가지고 있다.
③ There are **two glasses** on the table. <제품> 식탁 위에 유리잔이 둘 있다.

  * ①의 'glass'는 유리를 뜻하는 물질명사지만, ②의 'a glass'와 ③의 'glasses'는 제품(유리잔)을 뜻하므로 보통명사처럼 a가 붙고 복수형도 가능하다.

This is **a good coffee**. <종류> 이것은 좋은 커피이다.

2. '일정한 크기' 또는 '일정한 양'의 물건으로 대화자 간에 이해되는 경우

① The bridge is built of **stone**. <재료> 다리는 돌로 만들어져 있다.
② He threw *a* **stone** at the giant. <일정한 크기> 그는 거인에게 돌멩이를 던졌다.

  * ①의 'stone'은 재료를 나타내는 물질명사이지만, ②의 'a stone'은 '손에 쥘만한 크기의 돌'이라는 '일정한 크기'로 대화자 간에 이해되기 때문에 보통명사처럼 관사 a가 쓰임.

Chapter 11. 명사

6 추상명사

A. 추상명사의 의미와 용법
- ◆ 의미: 생각 속에 있는 개념(성질, 동작, 상태 등)을 나타내는 명사
- ◆ 예: beauty(아름다움), happiness(행복), love(사랑), peace(평화), hope(희망) 등
- ◆ 셀 수 없는 명사이므로 a/an을 쓰지 않으며, 복수형도 쓰이지 않는다.

At first **sight** he was struck by her **beauty**. 첫 눈에 그는 그녀의 아름다움에 매혹되었다.
May **peace** and **happiness** be yours in the New Year.
새해에도 평안하시고 행복하시길 바랍니다.

B. 추상명사의 수량표시
advice, information 등과 같은 추상명사는 **a piece of, a lot of, much, some, little, a little** 등을 써서 그 수량을 표시할 수 있다.

Please give me **a piece of advice**. 충고 한마디 해 주십시오.
John and I share **a lot of information**. 존과 나는 많은 정보를 공유한다.

C. 「of+추상명사」의 용법
「of+추상명사」는 형용사처럼 명사를 수식하거나 보어로 쓰인다.

He is a *man* **of ability**. = He is an *able* man. 그는 유능한 사람이다.
This car is **of** great **use**. = This car is very *useful*. 이 차는 매우 유용하다.

D. 「with·by·in+추상명사」
부사와 같은 역할을 한다.

He treated me **with kindness**. <with kindness = kindly> 그는 나를 친절하게 대해 주었다.
With ease = **easily**(쉽게), **By accident** = **accidentally**(우연히), **In reality** = **really**(사실상)

E. 추상명사의 보통명사화
추상명사가 그 성질의 소유자, 행동, 종류 등을 나타낼 때는 보통명사처럼 a/an이 붙고 복수형도 가능하다.

① Egyptians used **art** to show their symbols. 이집트인들은 그들의 상징을 나타내기 위해 예술을 이용했다.
② Teaching is **an art**. <종류> 가르친다는 것은 일종의 예술이다.

*①의 art는 추상명사이므로 a·an이 올 수 없고 복수형도 안 되지만, ②의 art는 하나의 종류를 나타내므로 보통명사처럼 쓰였다.

She was **a beauty** in her day. <성질의 소유자> 그녀는 젊었을 때는 미인이었다.

I can never repay your many **kindnesses** to me. <행동>
당신이 제게 베푼 많은 친절에 제가 결코 보답할 수 없을 거예요.

7 고유명사

A. 고유명사의 의미와 일반적 용법

- ◆ 의미: 사람, 장소, 특정 사물에 쓰이는 고유한 이름
- ◆ 예: John(인명), Seoul(지명), The New York Times(신문), The Bible(책), Mars(화성), June(6월), Monday(월요일) 등
- ◆ 첫 글자는 대문자로 쓰고, a/an이 붙을 수 없으며, 복수형도 쓰이지 않는다.

Seoul is the capital of **Korea**. 서울은 한국의 수도이다.

I heard the school year in the **U.S.** starts in **September.**
미국의 새 학년은 9월에 시작한다고 들었어.

The New York Times also called him a "modern **Proust.**"
뉴욕타임스도 그를 "현대의 프루스트"라고 불렀다.

B. 고유명사가 보통명사처럼 쓰이는 경우

- ◆ 「~집안의 사람, ~라는 사람, ~와 같은 사람, 제품이나 예술작품」을 의미할 때
- ◆ 보통명사처럼 a/an이 붙고, 복수형도 가능하다.

① **Mr. Simpson** wants to see you. 심슨 씨가 당신을 만나고 싶어 합니다.
② **A Mr. Simpson** wants to see you. 심슨이라는 분이 당신을 만나고 싶어 합니다.
③ There are **nine Kims** in this class. 이 반에는 김씨 성을 가진 사람이 아홉 명 있다.

　＊ ①은 고유명사로 쓰였으므로 a/an이 붙지 않지만, ②는 「~라는 사람」의 뜻이므로 보통명사처럼 a가 붙는다.
　　③은 '김씨 성을 가진 여러 사람'을 의미하므로 보통명사처럼 복수형 'Kims'가 되었다.

He is a **Kenedy**. 그는 케네디집안 사람이다.

The Kims live next door to us. <the+성씨의 복수형 = ~가족, ~부부>
 김씨 가족(부부)는 우리 옆집에 산다.

I wish to become **an Edison**. <~와 같은 사람> 나는 에디슨과 같은 발명가가 되고 싶다.

He bought **a Ford** yesterday. <제품> 그는 어제 포드 자동차 한 대를 샀다.

I saw **two Rodins** in the museum. <예술 작품> 나는 박물관에서 두 점의 로댕 작품을 보았다.

명사의 성(Gender)

A. 성에 의한 명사의 분류: 명사는 그것이 어떤 성에 속하는가에 따라 남성명사, 여성명사, 통성명사, 중성명사로 나눌 수 있다.

- ◆ 남성명사 ― 남성, 수컷을 나타내는 명사
  - father, boy, brother, uncle, bull

- ◆ 여성명사 ― 여성, 암컷을 나타내는 명사
  - mother, girl, sister, aunt, cow

- ◆ 통성명사 ― 성이 있지만 남성·여성을 구분하지 않고 공통으로 쓰는 것
  - parent, friend, child, baby, student

- ◆ 중성명사 ― 남녀의 성이 구분되지 않는 무생물
  - book, water, desk, tree, idea

B. 남성·여성의 표현: 남성과 여성을 구분하여 나타내는 표현법에는 다음 세 가지가 있다.

1. 「남성명사 + ess, ine」 ⇨ 여성명사

   - prince 왕자
   - princ**ess** 공주

   - actor 남자배우
   - actr**ess** 여배우

- waiter 웨이터
- waitress 웨이트리스

- tiger 호랑이(수컷)
- tigress 호랑이(암컷)

- emperor 황제
- empress 황후

- hero 영웅
- heroine 여걸

2. 성을 나타내는 말이 명사의 앞·뒤에 붙는 것

- **boy**-friend 남자친구
- **girl**-friend 여자친구

- English**man** 영국남자
- English**woman** 영국여자

3. 남성·여성이 다른 단어

- father 아버지
- mother 어머니

- man 남자
- woman 여자

- bull 수소
- cow 암소

- gentleman 신사
- lady 숙녀

- uncle 삼촌
- aunt 숙모

- nephew 남 조카
- niece 여 조카

- king 왕
- queen 여왕

C. 통성 명사의 대명사: child, baby 등의 통성명사는 성을 알 경우는 **he/she**를 쓰고, 모를 때는 **it**을 쓴다.

I sent *the child* back to **his** mommy. <남자 아이>
나는 그 아이를 그의 엄마한테 보내주었다.

The *child* was identified by **its** clothes. <성을 모를 경우>
그 아이가 누구인가는 옷으로 확인되었다.

9 명사의 소유격

명사나 대명사가 문장에서 다른 말과 갖는 관계를 격(case)이라 하며, 주격, 목적격, 소유격 세 가지가 있다. 소유격(~의)에만 본래의 명사에 「's」를 붙여서 「명사+'s」 형태로 쓰고 나머지의 경우는 모두 본래의 명사 형태를 쓴다.

A. 소유격 만드는 법

1. 사람·동물을 나타내는 명사의 소유격: 명사에 「's」(apostrophe s)를 붙인다.

   Tom's book 탐의 책, **My father's name** 나의 아버지의 이름
   A farmer's wife 농부의 아내, **A dog's tail** 개의 꼬리

2. 「-s」로 끝나는 복수명사의 소유격: 「'」만 붙인다.

   Ladies' shoes 숙녀용 구두, **Birds' song** 새들의 노래

   * 복수라 할지라도 「-s」로 끝나지 않는 명사는 「's」를 붙인다.

   Men's wear 신사복, **Children's hospital** 소아과 병원

3. 무생물의 소유격: 「of+명사」의 형태로 나타낸다.

   The leaves of the tree 그 나무의 잎들
   The valley of the shadow of death 죽음의 그림자가 드리운 골짜기

B. 무생물의 소유격을 「's」로 나타내는 경우

   ◆ 시간, 거리, 가격, 무게를 나타내는 명사와, 의인화한 경우
   ◆ 「of+명사」로 나타내지 않고 「's」를 붙여 소유격을 표시한다.

1. 시간: **today's newspaper** 오늘 신문, **an hour's work** 한 시간 분량의 일
2. 거리: **ten miles' distance** 10마일의 거리
3. 가격: **a dollar's worth of sugar** 1달러치의 설탕
4. 무게: **two pounds' weight** 2파운드의 무게
5. 의인화: **Heaven's will** 하늘의 뜻, **Nature's law** 자연법칙

C. 공동소유와 각자소유

This is **Tom and Mary's car**. <A and B's: A, B공동소유>
이것은 탐과 메리가 함께 쓰는 차다.

These are **Tom's and Mary's car**. <A's and B's: A, B 각자소유>
이것들은 탐의 차와 메리의 차이다.

D. 독립소유격: 다음의 경우에는 소유격 다음에 오는 명사를 생략하고 소유격만 사용한다.

1. 앞에 나온 명사가 반복될 때

This *car* is **my father's** (car). 이것은 내 아버지의 차다.

2. House, shop, store 등과 같이 장소나 건물을 나타내는 말이 소유격 뒤에 올 때

My uncle's (house) 나의 삼촌의 집, **The barber's** (shop) 이발소

E. 이중소유격

- ◆ a, an, the, this, that, some, any, every, no, another 등은 명사나 대명사의 소유격과 나란히 쓸 수 없다.
- ◆ 이런 경우에는 「a, an, the, this… + 명사 + of + 독립소유격(소유대명사)」의 형태로 표현한다.

That Tom's book (X) → **That book of Tom's** (O) 탐의 저 책

* 'that'과 소유격(Tom's)은 나란히 쓸 수 없으므로, 「of Tom's」 형태로 맨 끝에 놓는다. 이 때 소유격의 개념을 가진 'of'와 소유대명사(Tom's)가 중복되므로 이를 '이중소유격'이라 한다.

A my friend (X) → **A friend of mine** (O) 나의 한 친구

I met **some friends of my son's**. 나는 내 아들의 친구 몇 명을 만났다.

Review Test

A. 다음 명사의 복수형을 쓰시오.

1. dictionary _____
2. bench _____
3. Japanese _____
4. mouse _____
5. potato _____
6. foot _____
7. woman _____
8. bus _____
9. watch _____
10. wife _____
11. child _____
12. life _____
13. city _____
14. tooth _____
15. leaf _____
16. box _____

B. 주어진 단어와 복수형이 유사한 형태로 변하는 것을 고르시오.

1. dish   ① bus   ② knife   ③ radio   ④ monkey ⑤ man
2. city   ① cat   ② lady   ③ life   ④ wolf   ⑤ watch
3. church   ① foot   ② stomach   ③ game   ④ goose   ⑤ box
4. fish   ① monarch   ② child   ③ radio   ④ sheep   ⑤ glove

C. 다음 중 셀 수 있는 명사는 "C", 셀 수 없는 명사는 "U"로 쓰시오.

1. money ( )   2. pencil ( )   3. name ( )
4. piano ( )   5. paper ( )   6. friend ( )
7. cup ( )   8. month ( )   9. cheese ( )
10. love ( )   11. word ( )   12. water ( )
13. rain ( )   14. book ( )   15. tennis ( )

D. 다음 우리말과 같은 뜻이 되도록 ____에 알맞은 말을 쓰시오.

1. 차 한 잔   a _____ of tea
2. 우유 세 잔   three _____ of milk
3. 빵 한 덩어리   a _____ of bread
4. 분필 두 자루   two _____ of chalk
5. 구두 한 켤레   a _____ of shoes

E. 다음 문장의 ( )안에 있는 단어를 알맞은 형태로 고치시오.

1. How many (child) do you have?
2. If we visit him, he will show us a lot of interesting (slide).
3. Many (country) in the world are losing their green trees today.
4. I have two bad (tooth).
5. Many (woman) are working in the factory.
6. There are a lot of (peoples) in the theater.

F. 다음 문장에서 틀린 부분을 찾아 바르게 고치시오.

1. Will you lend me a paper?
2. We cannot live without an air.
3. How many furniture do you have in here?
4. This is a will of Heaven.
5. This Paul's car is brand new.
6. I have two breads here.
7. A my friend lives in England.

G. 다음 우리말과 같은 뜻이 되도록 ____에 들어갈 알맞은 말을 쓰시오.

1. 어머니의 생일까지는 2주가 남아 있다.
   We have two _____ before _____
2. 나의 가족은 대가족이다.
   My family _____ a large one.
3. 나의 가족은 모두 잘 있다.
   My family _____ all well.
4. 그녀는 농부의 아내다.
   She is _____ wife. (농부의)
5. 저것들은 그 소녀들의 가방이다.
   Those are the _____ bags.
6. 오늘 신문 읽었니?
   Have you read _____ newspaper?

H. 괄호 안의 단어를 적절히 변형하고 배열하여 영작하시오.

1. 이것은 어머니와 아버지가 함께 사용하는 차다. (this/mother/father/car)

2. 이것들이 어머니의 차와 아버지의 차이다. (these/mother/father/car)

3. 20마일의 거리를 걸어가면, 양쪽에 갈림길이 나올 것이다.
   (walk/if/distance/twenty miles/forked road/see)

4. 스미스라는 분이 당신과 전화로 통화하고 싶어 합니다.
   (Mr. Smith/speak/wish/on the phone.)

I. 다음을 영작하시오.

1. 이 오래된 타자기는 나의 글쓰기 선생님의 것이었다.

2. 매일 아침 나는 우유 두 잔과 빵 한 조각을 먹는다.

3. 나의 친구의 집은 바로 여기입니다.

4. 그 나무의 잎들은 녹색이다.

5. 두 가족이 지금 그 집에서 산다.

Chapter 12 관사

관사는 명사 앞에 와서 그 명사를 수식하기도 하고, 그 명사의 의미에 미묘한 변화를 주는 역할을 한다. 관사에는 부정관사(a, an)와 정관사(the)가 있다.

1. 부정관사(a, an)
2. 정관사(the)
3. 관사의 위치
4. 관사의 생략

1 부정관사(a, an)

A. a/an의 구분 : 둘의 의미나 기능은 같으나 다음과 같이 구분하여 쓰인다.

- ◆ a : 자음으로 발음이 시작되는 단어 앞
- ◆ an : 모음으로 발음이 시작되는 단어 앞

a <u>b</u>oy, **a** <u>p</u>arty, **a** <u>w</u>eek, **a** <u>u</u>niform, **a** <u>u</u>seful animal
   * uniform[júːnəfɔːrm]과 useful[júːsfəl]은 철자는 모음(u)으로 시작되지만, 발음은 자음[j]이기 때문에 'a'가 온다.

an <u>a</u>pple, **an** <u>a</u>nimal, **an** <u>h</u>our, **an** <u>h</u>onest boy
   * hour[áuər]와 honest[ánist]는 철자는 자음(h)으로 시작되지만, 'h'는 묵음이므로 발음은 모음[a]으로 시작되기 때문에 'an'이 온다.

B. 부정관사의 용법

1. 막연한 습관 : 셀 수 있는 명사(보통명사, 집합명사)의 단수형 앞에 막연히 "어떤 하나의"의 뜻으로 쓰인다.

I need **a** *knife* and **a** *spoon*. 나이프와 스푼이 필요합니다.

Her face turned red like **an** *apple*. 그녀의 얼굴은 사과처럼 빨개졌다.

2. One(하나)의 뜻 : "One(하나)"이라는 단위를 분명하게 뜻할 때가 있다.

I can see **a** *boy*, **an** *old man*, and two dogs.
   남자애가 하나, 노인이 한 분, 그리고 개 두 마리가 보인다.
I'll be back in **an** *hour*. 1시간 후에 돌아올게요.

3. 같은(the same)의 뜻

They are all of **an** *age*. 그들은 모두 나이가 같다.
Birds of **a** *feather* flock together. 깃털이 같은 새들이 함께 모인다.(=유유상종. 끼리끼리 모인다.)

4. 어떤(a certain)의 뜻

A *lady* came to see you. 어떤 부인이 너를 만나러 왔다.
In **a** *sense*, the system is deeply unfair. 어떤 의미에서 그 시스템은 매우 불공평하다.

5. ~마다(per)의 뜻

I exercise four days **a** *week*. 난 일주일에 4일 운동해요.

He was paid 6 dollars **an** *hour*. 그는 시간당 6달러를 받았다.

6. 대표단수 : 「**a·an**+단수 보통명사」 형태에서 '**a·an**'은 "~라는 것(은 모두), **any, every**"의 의미로, 그 명사에 속하는 것을 총칭한다.

◆ 「a·an+단수명사」=「the+단수명사」= 복수명사 : ~에 속하는 것 모두

A dog is a faithful animal. 개는 충직한 동물이다.

= **The dog** is a faithful animal.

= **Dogs** are faithful animals.

  * A dog, The dog, Dogs 모두 종류를 총칭해서 쓸 수 있는데, "the"는 격식적인 표현이고, 동물·식물을 총칭할 때는 복수형을 쓰는 것이 더 일반적이다.

Horses are useful animals. 말은 유용한 동물이다.

A *square* has four sides. (모든) 정사각형에는 네 변이 있다.

2 정관사(the)

A. 정관사의 용법 : 「the+명사(단수, 복수)」 형태로, "그 ~", 또는 별 의미 없이 특정의 것을 지칭할 때 쓰인다.

1. **한 번 언급된 명사를 다시 말하거나 그 명사와 관련된 것을 말할 때** : "그 ~"의 뜻으로 반복되는 명사 또는 관련된 명사 앞에 쓰인다.

   I saw *a dog*. **The dog** had a piece of meat in his mouth.
   개 한 마리를 보았다. 그 개는 고기를 한 조각 물고 있었다.

   Here are *two sandwiches*. One is for you and **the other** is for your sister.
   여기 샌드위치 2개 있어. 하나는 네 거, 다른 하나는 누나 거야.

   A fire broke out, but **the cause** was unknown.
   화재가 났는데, 그 원인은 아직 알려지지 않았다.

2. **상황으로 보아 특정의 것임을 서로가 알 수 있을 때** : "그 ~"로 해석하면 부적당한 경우가 많음.

   Turn **the light** off, please. (당신 옆의 스위치로) 불을 꺼주십시오.

   Please pass me **the salt**. (식탁 위 당신 가까이 있는) 소금 좀 건네주세요.

   I've just been to **the post office**. (늘 가는 동네의) 우체국에 갔다가 오는 참이다.

   When I was young, I'd listen to **the radio**.
   어렸을 때 나는 (집에 있던) 라디오를 듣곤 했었다.

3. **형용사구·형용사절의 수식을 받아서 특정한 것으로 인식되는 명사**

   The movie *I saw last night* was boring. 어제 본 영화는 지루했어.

   She weighed **the stone** *in her hand*. 그녀는 손에 든 돌의 무게를 가늠해 보았다.

4. **자연계에 오직 하나뿐인 것**

   The sun 태양, **The moon** 달, **The Earth** 지구, **The world** 세계

   The sky 하늘, **The air** 공기, **The sea** 바다

5. 서수, 최상급 앞에

Her office is on **the second floor**. 그녀의 사무실은 2층에 있다.

This is **the best computer** you can buy. 이것이 네가 살 수 있는 가장 좋은 컴퓨터다.

6. 「**Play + the + 악기명**」

I wish I could *play* **the piano** better. 피아노를 더 잘 치면 좋겠는데.

7. 「**The+형용사**」: "~한 사람들 (~ people)"이란 뜻(복수보통명사)으로 사용된다.

The rich are not always happy. <The rich = Rich people>
부자라고 해서 항상 행복한 것은 아니다.

The young are already living in a new country.
젊은이들은 이미 새로운 나라에 살고 있다.

The poor 가난한 사람들, **The elderly** 나이든 사람들

The healthy 건강한 사람들, **The weak** 약한 사람들

The wise 지혜로운 사람들, **The blind** 눈먼 사람들

B. 「**The+고유명사**」: 고유명사 앞에는 the를 붙이지 않는 것이 원칙이지만 다음과 같은 경우에는 the를 붙인다.

1. 강, 바다, 반도, 군도(群島), 산맥 등의 지명 앞에

The Thames 템즈강, **The Hudson** 허드슨 강

The Pacific (Ocean) 태평양, **The Atlantic (Ocean)** 대서양, **The Indian Ocean** 인도양

The Balkan peninsula 발칸 반도, **The Korean peninsula** 한반도

The West Indies 서인도 제도, **The Philippines** 필리핀 군도

The Alps 알프스 산맥, **The Rocky Mountains** 로키 산맥

* 산맥이름에는 the를 붙이지만 산 이름에는 붙이지 않음

Mt. Everest 에베레스트 산, **Mount Sinai** 시내산

2. 연방국가나 복수형의 국가명 : 연방국가(united가 들어 감), 복수형태(-s)의 국가 이름 앞에.

The United States of America 아메리카 합중국(미국)

The United Kingdom 연합왕국(영국)

The Netherlands (네덜란드), **The Philippines** (필리핀)

3. 관공서, 공공건물 이름 앞에

The White House 백악관, **The National Museum** 국립박물관
The Royal Academy of Arts (영국) 왕립 미술원

* 공공건물이나 시설이라 할지라도 지역이름을 붙은 것에는 the를 안 붙임.

Hyde Park 하이드파크, **Incheon International Airport** 인천국제공항

4. 신문, 잡지, 책 이름 앞에

The New York Times 뉴욕 타임스, **The Korea Herald** 코리아헤럴드
The Reader's Digest 리더스 다이제스트, **The Bible** 성경

* Time, Newsweek는 관용적으로 the를 안 붙임.

Check Point

※ 관사, 너무 어렵고 혼란스러워요!

맞습니다. 그래서 복잡한 관사의 용법을 아주 무리해서 단순화시키면 다음과 같이 정리해 볼 수 있습니다.

◆ **a/an**: 동일 종류에 속하는 여러 개 중에서 어떤 것(이든지) 하나
◆ **the**: 대화하는 사람들이 특정의 것으로 서로 동일하게 인식하는 것

이것을 토대로 해서 관사의 용법에 대한 이해를 점차적으로 넓혀가기 바랍니다. 다행히 관사는 조금 틀려도 소통에 큰 지장을 주지 않습니다. 그러니, 처음부터 완벽하게 정복하겠다는 자세보다는 다양한 표현들을 자주 접하면서 감각적으로 익숙해지도록 하는 것이 좋습니다.

3 관사의 위치

A. 관사의 일반적 위치 : 관사는 명사를 수식하는 말들 중 맨 앞에 위치하여, 「관사 + 부사 + 형용사 + 명사」 어순이 일반적이다.

Chess is **a highly intellectual game**. 체스는 매우 지적인 게임이다.

They wrote **a very long report** about the policy.
그들은 그 정책에 대한 매우 긴 보고서를 작성했다.

B. 「such, many, what, (quite, half) + a·an + (형용사) + 명사」 : such, many, what, quite, half 등이 오면 a·an은 바로 이들 뒤에 위치한다. 단 quite, half의 경우는 a·an이 그 앞에 오기도 한다.

Many a good man has been destroyed by drink.
= **Many good men** have been destroyed by drink.
술 때문에 망가진 괜찮은 남자들이 많다.

How could you forget **such an important promise**?
어찌 그런 중요한 약속을 잊어버릴 수가 있어?

What a lovely way to earn a living! 생활비를 버는 정말 멋진 방법이군요.

This is **quite an[a quite]** important period. 지금은 상당히 중요한 시기다.

The interview usually lasts **a half[half an]** hour or so.
인터뷰는 보통 반시간 정도 걸린다.

C. 「all, both, half, double + the + 명사」 : all, both, half, double은 the 앞에 위치한다.

All the students escaped from the building. 모든 학생들이 건물 밖으로 피했다.

Both the books are about culture. 두 책 모두 문화에 관한 것이다.

This is less than **half the price** a year ago. 이것은 1년 전 가격의 절반도 못 됩니다.

Double the expected number of people came to the party.
예상 숫자의 두 배가 되는 사람들이 그 파티에 왔다.

4 관사의 생략

A. 호격(부르는 말)으로 쓰인 명사

Boys, be ambitious. 소년들이여 야망을 가져라.
Waiter, bring me some water, please. 웨이터! 물 좀 갖다 주세요.

B. 관직이나 지위를 나타내는 말이 사람이름 앞에 오거나, 동격 또는 보어로 쓰일 때

Minister *Hill* says all patients will be treated equally. <이름 앞>
힐 장관은 모든 환자들이 똑같이 치료받을 거라고 이야기합니다.

John, **captain of the football team**, encouraged the players. <동격>
축구팀 주장인 존은 선수들을 격려했다.

He was elected **mayor of Seoul**. <주격보어>
그가 서울 시장으로 당선되었다.

We elected *him* **chairperson of the committee**. <목적보어>
우리는 그를 위원회 의장으로 뽑았다.

C. 운동, 식사, 질병을 나타내는 명사

Will you **play baseball** this afternoon? <운동> 오늘 오후에 야구 할래?
  * 악기 이름 앞에는 the를 쓴다. "play the piano".

⎡ Are you free for **dinner** tomorrow evening? <식사>
⎢   내일 저녁에 저녁식사 같이 할 시간 있니?
⎣ Did you have **a** *nice lunch*? 점심 잘 먹었어?
  * 식사 이름 앞에 형용사가 오면 여러 종류의 식사(맛있는, 가벼운, 형편없는 등) 중 하나가 되므로 a/an을 쓴다.

⎡ He announced today he has **lung cancer**. <중병 : 생략>
⎢   그는 폐암을 앓고 있다고 오늘 발표했다.
⎣ Feed **a cold** and starve **a fever**. <가벼운 병 : 생략하지 않음>
    감기에는 잘 먹고, 열에는 음식을 삼가라.

D. 대구나 대조를 이루는 말이 연속될 때

The gap between **rich and poor** is still widening.

빈부(부자들과 가난한 사람들)의 격차가 여전히 커지고 있다.

　＊'~한 사람들'의 뜻이므로 "the rich and the poor"를 써야 하나 대조되는 말이 연속되므로 the를 생략함.

He walked from the court **arm in arm** with his wife.

그는 아내와 팔짱을 끼고 법정에서 걸어 나왔다.

Husband and wife 남편과 아내, **Knife and fork** 나이프와 포크
Hand in hand 손에 손을 잡고, **Step by step** 한걸음씩, 차근차근
From morning till evening 아침부터 저녁까지

E. 건물이나 장소가 거기서 이루어지는 본래의 활동을 뜻할 때

I go to **school** by subway. <본래활동: 공부하러>

나는 지하철을 타고 학교에 간다.

School begins at nine and ends at four. <본래활동: 수업>

학교는[수업은] 9시에 시작해서 4시에 끝난다.

Our new house is close to **the school**. <장소, 건물>

우리가 새로 이사 간 집은 학교에 가깝다.

Less people go to **church** than to **theaters**. <본래 목적: 예배, 공연 관람>

교회(예배에) 가는 사람이 극장에 (공연 보러) 가는 사람보다 적다.

He planted a tree on the north of **the church**. <장소, 건물>

그는 교회 북쪽에 나무를 심었다.

F. 교통, 통신수단 명사 앞

- 「by+명사」: by bicycle, by bus, by car, by plane, by subway, by taxi, by train
　　　　　　　by email, by mail, by telephone
- 「on+명사」: on foot(걸어서), on horseback(말을 타고)

We went **by bus** and returned **by taxi**. 우리는 버스로 갔다가 택시를 타고 왔다.

Please send your documents **by email**. 서류를 이메일로 보내주시기 바랍니다.

It takes about ten minutes **on foot**. 걸어서 10분 정도 걸립니다.

Review Test

A. 다음 ____ 에 적당한 관사(a, an, the)를 넣고, 필요가 없는 곳에는 x표를 하시오.

1. Which do you like better, _____ tea or _____ coffee?
2. Once there lived _____ old man and _____ his wife.
3. I'm going to visit _____ United States next month.
4. The two lovers wrote to each other twice _____ week.
5. My sister gave me _____ package to carry. _____ package was extremely heavy.
6. It takes me half _____ hour to go there.
7. I watched television after _____ dinner.
8. I go to _____ school by _____ bus every day.
9. Let's play _____ basketball.
10. By any chance, do you play _____ piano?

B. 다음 각 문장의 밑줄 친 관사와 같은 용법으로 쓰인 것을 <보기>에서 고르시오.

<보기>

ⓐ I drink a glass of milk every day.
ⓑ Birds of a feather flock together.
ⓒ A Mr. Kim came to see you.
ⓓ Harry went home once a week.
ⓔ A fox is a cunning animal.
ⓕ A man came to see you yesterday.

1. A man with dark glasses suddenly burst in the door.
2. We are all of an age.
3. A puppy requires much care and affection from its owner.
4. Percy waited for an hour.
5. A Mrs. Smith made a reservation.
6. Full-time employees work eight hours a day.

Chapter 12

C. 다음 문장 중 틀린 부분을 바르게 고치시오.

1. The mountain climber hoped to climb Alps one day.
2. Galileo proposed that Earth revolves around sun, and not the other way around.
3. The rich may have the money, but he might not possess happiness.
4. A teacher and poet were present at the meeting.
5. The president Obama said, "Justice has been done."
6. Philippines consists of many small islands grouped together.
7. Thames is a favorite tourist spot for visitors to London.
8. Currently, who is richest person in the world?

D. 다음 문장에서 어순이 잘못된 곳을 바른 순서로 고치시오.

1. The all students were asked to complete a questionnaire.
2. What fantastic a view this hotel has!
3. The half apple was bright red while the other half was green.
4. I'm sorry I talked a such long time.

E. 다음 빈 칸에 들어갈 알맞은 관사(a, an, the)를 쓰시오.

Ann was (　　) nurse. One day, she met (　　) old patient at (　　) corner of (　　) busy street. (　　) old patient wanted to cross (　　) street, but (　　) light was red. Ann stopped him and said, "Wait for the green light. We don't want to have (　　) accident."

F. 다음을 영작하시오.

1. 나는 아주 맛있는 점심식사를 했다.
   _____

2. 우리는 팔짱을 끼고 걸었다.
   _____

3. George Washington은 미국의 최초 대통령이다.
   _____

4. 아침에 나는 뜨거운 커피 한잔을 마신다.
   _____

5. 나는 어제 차를 샀다. 그 차는 작지만 빠르다.
   _____

6. 미국은 양쪽에 두 해양이 있다: 태평양과 대서양.
   _____

7. 그녀는 피아노와 바이올린 모두 연주할 수 있다.
   _____

8. 백악관은 매일 일정한 시간에 방문객을 받는다.
   _____

Chapter 13 대명사

대명사는 명사를 대신해서 쓰이는 말로, 인칭대명사, 지시대명사, 부정대명사, 의문대명사, 관계대명사 등이 있다. 이들 중 관계대명사는 19장에서 별도로 다루기로 하고 여기에서는 인칭대명사, 지시대명사, 부정대명사, 의문대명사에 대해 공부하도록 하자.

1. 인칭 대명사
2. It의 특별용법
3. 지시 대명사
4. 부정대명사
5. 부분부정과 전체부정
6. 의문대명사

1 인칭 대명사

A. 인칭대명사의 의미와 격변화

- 인칭대명사: 1인칭(말하는 사람), 2인칭(듣는 사람), 3인칭(1,2인칭 이외 모두)으로 구분하여 나타내는 대명사로, 단수와 복수가 있다.
- 인칭대명사의 격변화: 문장 안에서 어떤 역할(주격, 소유격, 목적격, 소유대명사, 재귀대명사)을 하는가에 따라 형태가 변한다.
- 소유대명사: 「~의 것」이라는 뜻을 가진다.
- 재귀대명사: 각 인칭대명사의 소유격에 「-self(단수), -selves(복수)」가 붙어 "~자신"이란 뜻을 가진다.

[인칭대명사의 격변화]

구분	격	주격	소유격	목적격	소유대명사	재귀대명사
인칭	수	~은, 는, 이, 가	~의	~을, 를, 에게	~의 것	~자신
1인칭	단수	I 나	my	me	mine	myself
	복수	we 우리	our	us	ours	ourselves
2인칭	단수	you 너	your	you	yours	yourself
	복수	you 너희들	your	you	yours	yourselves
3인칭	단수	he 그	his	him	his	himself
		she 그녀	her	her	hers	herself
		it 그것	its	it	-	itself
	복수	they 그(것)들	their	them	theirs	themselves

He swims everyday. <주격> 그는 매일 수영을 한다.

His father is a doctor. <소유격> 그의 아버지는 의사이다.

┌ I like **him**. <목적격: ~를> 나는 그를 좋아한다.
└ His brother bought **him** a book. <목적격: ~에게> 그의 형은 그에게 책을 한 권 사 주었다.

The watch on the table is **his**. <소유대명사: ~의 것> 테이블 위에 있는 시계는 그의 것이다.

He introduced **himself**. <재귀대명사> 그가 자신을 소개했다.

B. 소유대명사(독립소유격)의 용법: 「소유격+명사」를 대신하여 '~의 것'이란 뜻으로, 하나의 독립된 대명사로 쓰인다.

① This book is **my book**. (△) 이 책은 나의 책이다.
② This book is **mine**. (O) 이 책은 나의 것이다.

* ①은 문법적으로 틀린 것은 아니지만, 동일한 명사(book)가 반복되는 경우는 대명사로 바꾸어 쓰는 것이 자연스럽다. 반복되는 명사가 「소유격(my)+명사(book)」의 형태이므로 ②처럼 소유대명사(mine)로 대신하여 쓴다.

My *plan* is different from **yours**. <yours = your plan> 내 계획은 당신 것과 다르다.
Is this your *bicycle*? 이거 네 자전거니?
  - Yes, it's **mine**. <mine = my bicycle> 응, 내꺼야.
The *world* isn't **theirs**. <theirs = their world> 세상은 그들의 것이 아니야.

C. 재귀대명사의 용법: 재귀적 용법과 강조적 용법으로 쓰인다.

1. 재귀적 용법: 주어가 하는 행동의 대상이 바로 주어 자신일 때이다. 타동사나 전치사의 목적어로 쓰이며 생략할 수 없다.

That is how *zebras* protect **themselves**. 그것이 얼룩말들이 스스로를 보호하는 방법이다.
Tell me a little about **yourself**, please. 간단히 자기소개를 해 주세요.

2. 강조적 용법: 주어, 목적어, 보어를 강조하며 생략할 수 있다.

Sorry, but *I*'m new here (**myself**). 미안합니다만, 저도 이곳이 처음입니다.
I want to see *your sister* **herself**. 너의 여동생을 직접 보고 싶어.
The dirty beggar was the king **himself**. 그 허름한 거지가 바로 왕 자신이었다.

3. 「전치사+재귀대명사」: by, for, of 등의 전치사 뒤에 재귀대명사가 오면 특별한 의미를 갖는다. 관용적으로 쓰이는 표현이므로 숙어처럼 외워두자.

◆ by oneself: 홀로, 혼자서 (= alone)
◆ for oneself: 혼자 힘으로, 다른 사람 도움 없이
◆ of itself: 저절로

She practices walking **by herself** nowadays. 그녀는 요즘 스스로 걷는 연습을 한다.
Why don't you let him decide **for himself**? 그가 스스로 결정하도록 놔두는 게 어떨까요?
The candle went out **of itself**. 촛불이 저절로 꺼졌다.

D. 총칭인칭으로 쓰이는 we, you, they

- ◆ We, you, they 등이 특정대상을 지칭하지 않고 막연히 일반사람을 나타내는 경우
- ◆ 말하는 사람이 포함되는 경우는 we, 듣는 사람이 중심이 되면 you, 말하는 사람이나 듣는 사람이 별 상관이 없는 경우에는 they를 쓴다.
- ◆ 총칭인칭은 우리말로 옮기지 않는 것이 자연스러울 때가 많다.

We have many fires in winter. 겨울에는 화재가 자주 난다.

You should not judge people by the way they look.
사람을 겉모습을 보고 판단해서는 안 된다.

They speak English in New Zealand. 뉴질랜드에서는 영어를 쓴다.

2 It의 특별용법

It은 이미 언급한 명사를 대신하는 용법 이외에, 다음과 같이 특별한 용법들이 있다.

A. 비인칭 주어

- ◆ 특정 대상을 지칭하지 않고 형식상의 주어 역할만 하는 경우이다.
- ◆ 날씨, 시간, 계절, 요일, 명암, 거리, 막연한 상황 등을 나타낸다.

It was sunny and hot today, but **it** will be rainy tomorrow. <날씨>
오늘은 맑고 더웠는데, 내일은 비가 올 것입니다.

What time is **it**? - **It's** seven o'clock. <시간> 지금 몇 시니? - 일곱 시야.

It was winter, and they had difficulty finding food. <계절>
겨울이었고, 그들은 먹이를 찾는데 어려움을 겪고 있었다.

Is **it** Saturday already? <요일> 벌써 토요일이에요?

It is getting dark now. <명암> 어두워지고 있다.

How far is **it** from here to the station? - **It** is about three miles. <거리>
여기서 정거장까지는 얼마나 됩니까? - 약 3마일 됩니다.

How is **it** going? <막연한 상황> 어떻게 지내십니까?

B. 가주어·가목적어: 형식주어·형식목적어라고도 한다.

- ◆ 가주어: 주어가 긴 경우, 주어를 문장 끝으로 보내고 그 자리에 대신 써주는 it.
- ◆ 가목적어: 목적어가 긴 경우, 목적어를 문장 끝으로 보내고 그 자리에 대신 써주는 it.

To tell lies is wrong. 거짓말하는 것은 나쁘다.
　→ **It** is wrong *to tell lies*. <가주어: It=to tell lies>
It is true *that one choice can change your whole life*. <가주어>
하나의 선택이 인생 전체를 바꿀 수 있다는 건 사실이다.
I make *to get up at six* a rule. 나는 6시에 일어나는 것을 규칙으로 삼고 있다.
　→ I make **it** a rule *to get up at six*. <가목적어: it=to get up at six>
I took **it** for granted *that he paid for dinner*. <가목적어>
나는 그가 저녁을 사는 것을 당연하게 여겼다.

C.「It ~ that …」강조 구문

- ◆ 문장 안에서 특정부분(주어, 목적어, 부사 등)을 강조할 때 쓰인다.
- ◆ 형식: It is·was + 강조 부분 + that + 문장의 나머지 부분
- ◆ 강조되는 말이 사람인 경우는 that 대신, who(주어)나 whom(목적어), 장소일 경우는 where, 시간인 경우는 when을 쓸 수 있다.

You can do the job. 넌 그 일을 할 수 있어.
　→ **It** is *you* **that[who]** can do the job. <주어 강조>
　　그 일을 할 수 있는 사람은 바로 너야.
I met Jane in the park yesterday. 나는 어제 공원에서 제인을 만났다.
　→ **It** was *I* **that[who]** met Jane in the park yesterday. <주어 강조>
　　어제 공원에서 제인을 만난 사람은 바로 나였다.
　→ **It** was *Jane* **that[whom]** I met in the park yesterday. <목적어 강조>
　　내가 어제 공원에서 만난 사람은 바로 제인이었다.
　→ **It** was *in the park* **that[where]** I met Jane yesterday. <부사구 강조>
　　내가 어제 제인을 만난 곳은 바로 공원이었다.
　→ **It** was *yesterday* **that[when]** I met Jane in the park. <부사 강조>
　　내가 공원에서 제인을 만난 것은 바로 어제였다.

3 지시 대명사

A. 지시대명사의 종류: this, these, that, those 등이 있으며, 대명사로서 주어, 목적어, 보어 역할을 한다.

- ◆ 가까이 있는 것을 가리킬 때
  - this: 이 사람, 이것 <단수>
  - these: 이 사람들, 이것들 <복수>

- ◆ 멀리 있는 것을 가리킬 때
  - that: 저 사람, 저것 <단수>
  - those: 저 사람들, 저것들 <복수>

This[That] is my car. <단수> 이것은[저것은] 내 차야.
These[Those] are my books. <복수> 이것들은[저것들은] 나의 책이다.

B. 지시형용사 역할: 지시대명사가 뒤에 오는 명사를 수식하면 지시형용사가 된다.

- ◆ 명사 앞에 쓰여 '이~, 저~'의 뜻으로 그 명사를 수식한다.
  - this[that]+단수명사
  - these[those]+복수명사

Look at **this[that]** car. 이[저] 차를 봐.
Look at **these[those]** cars. 이[저] 차들을 봐.

C. 시간 앞에 쓰이는 지시 형용사

- ◆ this, these + 시간: 현재 또는 현재와 가까운 시간을 의미한다.
- ◆ that, those + 시간: 과거를 의미한다.

News reports say that it will rain a lot **this summer**.
뉴스 보도에서 올 여름에 비가 많이 내릴 것이라고 합니다.
I remember **that summer** very well. 난 그 해 여름을 아주 잘 기억해.
This morning 오늘 아침에, **This week** 이번 주에, **(In) these days** 요즈음에
That afternoon 그날 오후, **That year** 그 해, **(In) those days** 그 당시에

D. 앞 또는 뒤에 있는 어구를 가리키는 경우

- ◆ this: 앞 또는 뒤에 오는 어구를 가리킴.
- ◆ that: 앞에 오는 어구만을 가리킴.

He didn't say anything, and **this** made me angry. <앞 문장을 가리킴>
그는 아무 말도 하지 않았는데, 그것이 나를 화나게 했다.

I want to tell you **this**, *we have no time to lose*. <뒷 문장을 가리킴>
이 사실을 말해 주고 싶은데, 허비할 시간이 없어.

Shall *we eat out for a change tonight*? 오늘밤에는 기분 전환 삼아 외식할까?
　- **That** sounds good. 좋아요.

To be or not to be, **that** is the question. 죽느냐 사느냐, 그것이 문제로다.

E. 명사의 반복을 피하기 위해 쓰는 that·those: 전치사 of 앞에 이미 언급된 명사가 반복되어 나올 때, 그 명사 대신 that(단수), those(복수)를 쓴다.

The language of science overlaps with **that** of everyday life.
과학 용어는 일상생활 용어와 겹친다.

Her *paintings* are as good as **those** of professional painters.
그녀의 그림들은 전문 화가의 그림들 못지않다.

4 부정대명사

▶ **부정대명사**: 특정한 대상을 가리키지 않고, 막연하게 어떤 것의 수량을 나타낸다.
▶ **종류**: one, other, another, both, all, each, either 등
▶ 단독으로 쓰이면 부정대명사이고, 뒤에 오는 명사를 수식하면 부정형용사가 된다.

A. One

◆ 형태: one(주격), one's(소유격), one(목적격), oneself(재귀대명사), ones(복수)
◆ 용법 ─ 총칭인칭: 일반인을 나타낸다.
        └ 「a+단수명사」를 대신하는 경우.

1. 총칭인칭: '사람은 (누구나)'의 뜻으로 일반 사람을 나타낸다.

　One should keep **one's** word. 사람은 약속을 지켜야 한다.
　One can't be too careful. 사람은 아무리 주의해도 지나치지 않다.

2. 「a+단수명사」 대신: it을 쓰는 경우와 다음과 같이 구분된다.

　◆ 「a+단수명사」 → one(여럿 중의 아무거나 하나)
　◆ 「the, this, that+단수보통명사」 → it(특정의 것, 동일물)

　① ┌ Do you have *a pen*? 펜 하나 있니?
　 └ Yes, I have **one**. <one=a pen> 응, 하나 있어.
　② ┌ Where is *the hamburger* I put on the table? 식탁에 놔둔 햄버거 어디 있지?
　 └ Sorry, I ate **it**. <it=the hamburger> 미안해. 그거 내가 먹었어.

　* ①의 a pen은 특정의 것이 아니라 아무 pen이나 하나를 의미하므로 one이 쓰인 반면,
　 ②의 the hamburger는 '내가 식탁에 놔둔 특정의 것'을 의미하므로 it을 쓴다.

3. 형용사 뒤에 반복되어 나오는 명사 대신: 단수 → **one**, 복수 → **ones**

　This *house* is much better than the **old one**. <one=house>
　이집이 요전 집보다는 훨씬 좋다.

　I want some *gloves*, some **warm ones**. <one=gloves>
　장갑을 사려고요, 따뜻한 것으로요.

B. 부정대명사(one, another, other)를 이용한 열거 방법

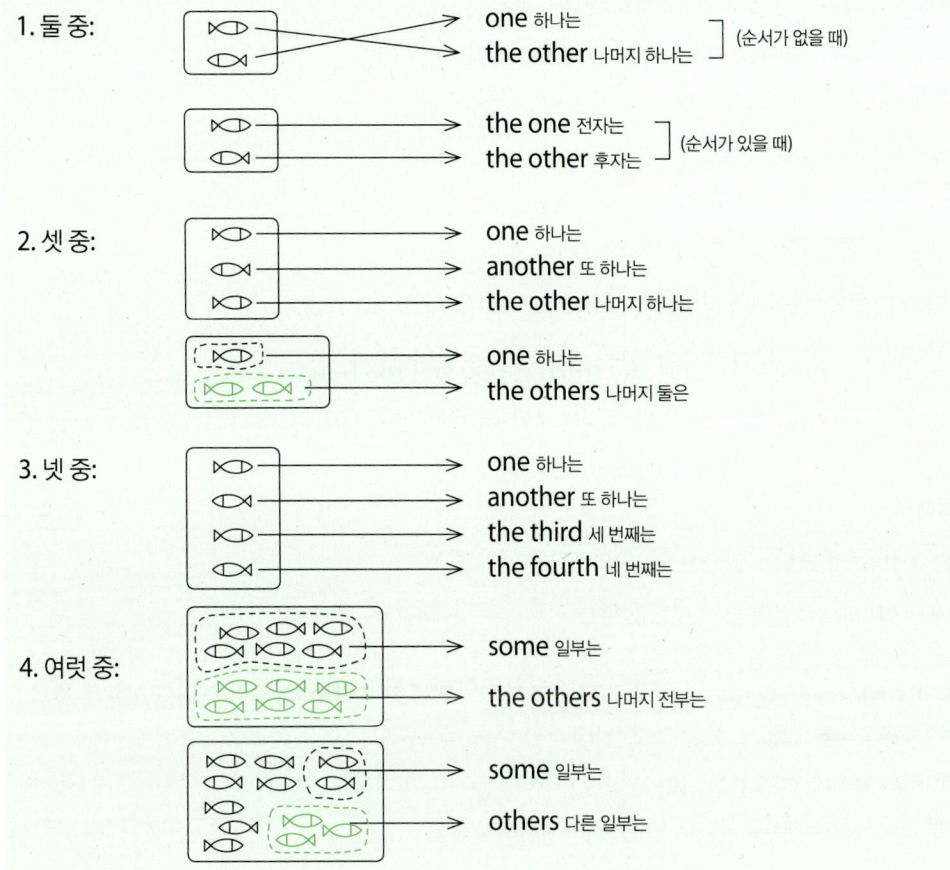

1. 둘을 열거할 때

- ◆ one ~, the other … : 하나는 ~, 다른 하나는 … <순서가 없을 때>
- ◆ the one ~, the other … : 전자는 ~, 후자는 … <순서가 있을 때>

I have two brothers, **one** lives in LA and **the other** in New York.
나는 형제가 둘 있는데, 하나는 LA에 살고 다른 하나는 뉴욕에 산다.

I keep *a dog* and *a cat*, I like **the one** better than **the other**.
나는 개와 고양이를 기르는데, 후자(a cat)보다 전자(a dog)가 더 좋다.

2. 셋을 열거할 때

- ◆ one ~, another ~, the other … : 하나는 ~, 또 하나는 ~, 나머지 하나는 …
- ◆ one ~, the others … : 하나는 ~, 나머지 둘은 …

One is a circle, **another** is a triangle, and **the other** is a square.
하나는 원, 다른 하나는 삼각형, 또 다른 하나는 정사각형이다.

I have three hats, **one** is red, and **the others** (are) white.
나는 모자가 셋 있는데, 하나는 빨간색이고 나머지는 모두 흰색이다.

3. 넷을 열거할 때

- one ~, another ~, the third ~, the fourth ···
  하나는 ~, 다른 하나는 ~, 세 번째는 ~, 네 번째는 ···

One is black, **another** is blue, **the third** is red, and **the fourth** is green.
하나는 검정색, 다른 하나는 파란색, 세 번째는 빨간색, 네 번째는 초록색이다.

4. 여럿 중에서

- some ~, the others···: 일부는 ~, 나머지 전부는···
- some ~, others···: 일부는 ~, 다른 일부는···

There are *ten roses* in the vase. **Some** are white and **the others** are red.
꽃병에 장미꽃 열 송이가 있는데, 몇 송이는 흰색이고 그 나머지는 빨간색이다.

In summer **some** visit beaches while **others** go to the mountains.
여름이면 어떤 사람들은 해변을 찾는 반면 또 어떤 사람들은 산으로 간다.

C. Another의 여러 가지 용법

- 대명사: 다른 것
- 형용사: 다른, 하나 더
- each other, one another: '서로'의 뜻을 갖는 대명사로서, 둘 사이에는 each other, 셋 이상일 때는 one another를 쓰는 것이 원칙이지만 요즘은 구분 없이 섞여 쓰인다.

This towel is wet. Hand me **another**. <대명사: 다른 것> 이 수건은 젖었네요. 다른 것을 주세요.

Her family moved to **another** city a few years ago. <형용사: 다른>
그녀의 가족은 몇 년 전에 다른 도시로 이사를 갔다.

Can I have **another** piece of cake? <형용사: 하나 더(=one more)> 케이크 한 조각 더 주실래요?

She and I didn't get along very well with **each other**. <대명사: 서로>
그녀와 나는 서로 친하게 지내지 않았다.

Animals can communicate with **one another**. <대명사: 서로>
동물들은 서로 소통할 줄 안다.

D. Some, Any의 용법

◆ 「약간(의), 몇몇(의)」의 뜻으로 막연한 수량이나 전체 중 일부를 나타낸다.
◆ 둘 다 단독으로 쓰이면 대명사, 뒤에 오는 명사를 수식하면 형용사가 된다.

1. **Some의 용법**: 원칙적으로 긍정문에만 쓰이지만, 의문문일지라도 긍정의 대답이 예상되거나 권유, 부탁의 의미일 때는 쓰인다.

    Some of my classmates make fun of my British accent. <긍정문-대명사>
    반 친구들 몇명은 내 영국식 발음을 놀린다.

    Some *animals* are born with a natural pink color. <긍정문-형용사>
    몇몇 동물들은 본래 핑크색으로 태어나기도 한다.

    Who wants **some** beans? <긍정 대답 예상> 콩을 원하시는 분 계세요?
    Would you have **some** tea? <권유> 차 좀 드시겠어요?
    Can you spare **some** time tonight? <부탁> 오늘 저녁 시간 좀 내 주겠니?

2. **Any의 용법**: 부정문, 의문문, 조건절(*if*절)에 쓰인다. 부정문에서는 "전혀, 조금도"의 뜻으로 해석될 때가 많다.

    They have some food, but we don't have **any** left. <부정문-대명사>
    그들에게는 식량이 좀 있지만, 우리에게는 조금도 남아 있지 않다.

    I don't need **any** help right now. <부정문-형용사> 당장 어떤 도움이 필요한 건 아니에요.
    Do you have **any** questions? <의문문-형용사> 무슨 질문이 있습니까?
    Let me know *if* you need **any** help. <조건절> 어떤 도움이건 필요하면 알려주세요.

E. All, Both(모두, 모든): all은 셋 이상인 경우에, both는 둘인 경우에 쓰인다.

1. **all의 용법**: 셋 이상의 것 전체를 나타내며 대명사, 형용사, 부사로 쓰인다.

    ◆ 대명사 ┌ 사람을 나타낼 때 → 복수 취급
    　　　　 └ 사물을 나타낼 때 → 단수 취급

    ◆ 형용사 ┌ all+단수명사 → 단수 취급
    　　　　 └ all+복수명사 → 복수 취급

All *were* of the same opinion. <대명사: 사람-복수> 모두가 같은 의견이었다.

All *was* still in the house. <대명사: 사물-단수> 집안은 쥐죽은 듯 조용했다.

All the students *were* asked to stand up. <all+복수명사>
모든 학생들이 일어나도록 요구받았다.

All the world *was* shocked by his death. <all+단수명사>
전 세계가 그의 죽음에 충격을 받았다.

She was **all** in tears. <부사: 완전히, 온통> 그녀는 온통 눈물에 젖어 있었다.

2. **both**의 용법: 둘 중에서 "둘 다"의 뜻으로, 대명사 또는 명사를 수식하는 형용사로 쓰인다.

Both of them drink a lot of milk every day. <대명사>
그들 둘 다 매일 많은 우유를 마십니다.

She can write with **both** *hands* at the same time. <형용사>
그녀는 양 손으로 동시에 글씨를 쓸 수 있다.

F. Either, Neither

◆ either: 둘 중 어느 하나 <하나만 긍정>

◆ neither(=not ~ either): 둘 다 ~않다 <둘 다 부정>

Either of them is a spy. 그들 둘 중 하나는 스파이다.

I know **neither** of his brothers. 그의 두 형제 중 어느 쪽도 모른다.

= I don't know **either** of his brothers. <not ~ either = neither>

G. No와 None의 용법: "하나의 ~도 없는, 조금의 ~도 없는"의 뜻으로 쓰인다.

◆ no: 형용사로서 뒤에는 수나 양을 나타내는 명사(단수·복수) 모두 올 수 있다.

◆ none: 전체를 부정하는 대명사로 쓰인다.

┌ 단독으로 쓰일 때 → 복수취급
│ none of + 단수명사 → 단수취급
└ none of + 복수명사 → 단수와 복수 모두 가능

I have **no** *money* with me. 난 지금 돈이 하나도 없어.

= I don't have **any** *money* with me. <not any = no>

He had **no** *friend(s)* to support him.
그에게는 자기를 지지해 줄 친구가 없었다.

There are **none** who *talk* against him. <단독: 복수취급>
그에 대해 나쁘게 말하는 사람은 아무도 없다.

None of his work *has* been done.
그의 일은 하나도 마무리되지 않고 있다.

None of the passengers *were[was]* badly hurt. <none of + 복수>
승객들 중에 심하게 다친 사람은 아무도 없었다.

H. Each, Every의 용법: each와 every는 하나하나의 개별성을 고려하기에 그 뒤에는 반드시 단수명사가 온다.

- ◆ each: '각각의 ~'란 뜻으로 하나하나의 개별성 강조.
- ◆ every: '(하나하나 예외 없이) 모든'이란 뜻으로 개별성을 고려하면서 전체를 의미.

1. each·every + 단수명사

Each *student* receives a prize. 각각의 학생들이 상을 받는다.
Every *student* receives a prize. 모든 학생들이 각각 상을 받는다.

2.「each of+복수명사」→ 단수와 복수 모두 가능

Each of the authors *is* an expert in his field.
각 저자들은 자기 분야의 전문가들이다.
Each of us *have* our duty. 우리는 각자의 임무가 있다.

3.「every+기수+복수명사」=「every + 서수 + 단수명사」: ~마다, 매 ~

I have to see my doctor **every two weeks**. 난 2주에 한 번씩 병원에 가야 해.
= I have to see my doctor **every second[other] week**.
Every five days = **every fifth day** 5일마다

5 부분부정과 전체부정

▶ 「not + 완전, 전체를 나타내는 말」로 이루어진 어구를 부분부정이라 한다.
▶ 문장 안에서 not은 항상 「완전, 전체를 나타내는 말」 앞에 위치한다.
▶ 일부는 긍정하고 일부만 부정하는 표현이다.

A. 둘 중에서

- ◆ 전체긍정: both ~ = 둘 다 ~이다.
- ◆ 부분부정: not ~ both = 둘 다 ~하는 것은 아니다.(하나는 ~이고, 하나는 아니다.)
- ◆ 전체부정: not ~ either 또는 neither = 둘 다 ~않다.

I like **both** of them. <전체긍정> 나는 그들을 둘 다 좋아한다.
I do**n't** like **both** of them. <부분부정 = I like one of them.>
　나는 그들 둘 다를 좋아하는 것은 아니다.
I do**n't** like **either** of them. <전체부정: not+either = neither>
　= I like **neither** of them. 나는 그들 둘 다 좋아하지 않는다.

B. 셋 이상일 때

- ◆ 전체긍정: all = 모두 다 ~이다.
- ◆ 부분부정: not + all = 모두 다 ~인 것은 아니다.
- ◆ 전체부정: not + any 또는 none = 아무(것)도 ~않다.

I met **all** of them. <전체긍정> 나는 그들을 모두 만났다.
I did**n't** meet **all** of them. <부분부정>
　나는 그들 모두를 만난 것은 아니다. (일부만 만났다.= I met only some of them.)
I did**n't** meet **any** of them. <전체부정: not+any = none>
　= I met **none** of them. 나는 그들을 아무도 만나지 않았다.

C. Not + every~ : 모두가 ~한 것은 아니다.

Everybody can be an artist. <전체긍정> 모든 사람은 예술가가 될 수 있다.
Not everybody can be an artist. <부분부정> 모두가 예술가가 될 수 있는 것은 아니다.
Nobody can be perfect. <전체부정> 어느 누구도 완벽할 수는 없다.

D. Not + always : 항상 ~한 것은 아니다.

He **always** reads a daily newspaper. <전체긍정> 그는 항상 일간 신문을 읽는다.
The rich are **not always** happy. <부분부정> 부자들이 항상 행복한 것은 아니다.
He **never** acts on the stage. <전체부정> 그는 결코 무대에 서지 않는다.

의문대명사

▶ 의문대명사에는 who, which, what 등 세 가지가 있다.
▶ which와 what은 뒤에 오는 명사를 수식하는 의문형용사로도 쓰인다.

A. Who의 용법

- ◆ 사람의 이름, 관계 등을 물을 때 사용된다.
- ◆ 격변화: who(주격), whose(소유격, 소유대명사), whom(목적격)
- ◆ whom이 문두에 오면 m을 생략하고 who로 쓰는 경우가 많다.

Who is he? <주격> 그 사람 누구니?
  - **He** is Mr. Smith, our science teacher. 우리 과학 선생님인 스미스 선생님이셔.
Whose idea was the original design? <소유격> 원래 디자인은 누구 아이디어였니?
Whose is this umbrella? <소유대명사> 이 우산 누구의 것이지?
Whom[Who] do you like the most? <목적격> 너는 누구를 가장 좋아하니?
Who(m) do you agree *with*? <전치사의 목적어> 넌 누구에게 동의하니?
  = *With* **whom** do you agree?
  * 의문대명사가 전치사의 목적어일 때는 전치사를 그 앞에 둘 수 있는데, 그런 경우는 반드시 whom을 쓴다.

B. What의 용법

◆ '무엇'이라는 뜻으로 소유격은 없고 주격과 목적격으로만 쓰인다.
◆ 사람에 쓰일 경우에는 직업이나 국적을 묻는 말이 된다.
◆ '무슨 ~, 어떤 ~'의 뜻으로 명사를 수식하는 의문형용사로도 쓰인다.

What is he? <주격-직업> 그는 뭐하는 사람이니?(=What does he do?)
- He is a lawyer. 그는 변호사야.
What did you do last Sunday? <목적격> 지난 일요일에 뭘 했니?
What *time* is it? <의문형용사: time을 수식> 몇 시입니까?
What *fruit* do you like best? <의문형용사: fruit을 수식> 너는 어떤 과일을 제일 좋아하니?

C. Which의 용법

◆ '어느 것, 어느 사람'의 뜻으로 소유격이 없고 주격과 목적격으로만 쓰인다.
◆ what, who는 불특정의 것을 물을 때 쓰이지만, which는 한정된 것들 내에서 물을 때 쓰인다.
◆ '어느 ~'의 뜻으로 명사를 수식하는 의문형용사로도 쓰인다.

Which is better as a pet, a puppy or a kitten? <주격>
애완동물로 뭐가 더 좋니? 강아지 아니면 고양이?
Which do you like better, tea or coffee? <목적격>
차와 커피 중 어느 것을 더 좋아합니까?
Which *season* do you like best? <의문형용사: season을 수식>
어느 계절을 가장 좋아합니까?

① **Which** fruit do you like better, apples or oranges?
사과와 오렌지 중 어느 과일을 더 좋아하니?
② **What** fruit do you like best? 어떤 과일을 제일 좋아하니?

＊①은 한정된 것(사과와 오렌지) 내에서 묻기 때문에 which를 쓰고, ②는 한정되어 있지 않은 불특정의 것 중에서 물으므로 what을 쓴다.

Review Test

A. 다음 ( )안에 들어갈 말을 알맞은 형태로 고치시오.

1. The man was very kind to (we).
2. I have a big dog. (It) name is Max.
3. Please give (I) something to drink.
4. Is that Tom's bicycle? - Yes, it's (he).
5. My bicycle is old but (she) is new.
6. I happened to meet a friend of (I) on my way home.
7. You said that (you) grandparents live in New York, right? How often do you visit (they)?
8. Nick is good-humored and funny. Generally, I like (he) a lot, but sometimes (he) jokes can get annoying.
9. Wait a minute, (who) pie is this? If no one wants it, I'll have some.
10. My sister will have (she) salad with a light dressing. I'll take (I) with grilled tuna on the side.

B. 다음 ( )에 들어갈 알맞은 단어를 고르시오.

1. I bought a new cell phone yesterday, but I lost (it / one).
2. If you need a pencil, I will lend you (it / one).
3. Nancy has a black cat. She likes (it / one) very much.
4. "Do you have a knife?" - "Yes, I have (it / one)".
5. This computer works fine, but that (it / one) over there is not working.

C. 다음 문장의 밑줄 친 말과 용법이 같은 것을 고르시오.

1. When we arrived there, <u>it</u> began to rain.
   ① This is your cell phone, isn't <u>it</u>?
   ② <u>It</u> is difficult to read this book.
   ③ What a fine day <u>it</u> is!
   ④ <u>It</u> was my sister that I met in the park yesterday.
   ⑤ I make <u>it</u> a rule to take a walk every morning.

2. Teresa hurt <u>herself</u> by playing with matches near the fireplace.

① Do not hide and show <u>yourself</u>.

② I talked to the queen of England <u>herself</u>.

③ I want to see your sister <u>herself</u>.

④ I wrote the report <u>myself</u>, without anyone's help.

⑤ Why didn't you answer the phone <u>yourself</u>?

D. 다음 ( )안에 들어갈 알맞은 말을 고르시오.

1. I have three more empty bags. Please use this (it/one/that).

2. I want some oranges. Give me these big (one/them/some/ones).

3. I have two cats; one has black fur and (one/another/the other) has white fur.

4. This hat is very small for me. Show me (one/other/another).

5. Do you have (some/any) friends in Seoul?

6. I want (some/any) bread and milk.

E. 다음 **A, B**의 대화가 자연스럽게 연결되도록 _____ 에 알맞은 단어를 쓰시오.

1. A: _____ did you give the money to?

   B: I gave the money to my brother.

2. A: _____ do you like better, tennis or baseball?

   B: I like tennis better than baseball.

3. A: _____ did Tom give you?

   B: He gave me a picture.

4. A: _____ broke the window?

   B: Tom did.

5. A: Do you know _____ bag this is?

   B: Yes. It's Ann's.

F. 괄호 안의 단어를 적절히 변형하고 배열하여 영작하시오.

1. 이 매운 음식을 먹는 것은 아주 어렵다. (it/difficult/eat/hot/food)

   _____

2. 그는 크레용으로 자기 몸에 낙서하기를 즐겼다. (enjoy/crayon/draw/himself)

   _____

3. 너는 네 친구 누구든지 초대해도 좋다. (you/may/invite/any/your/friend)

   _____

4. 네 언니의 침대는 크고, 네 것은 편안하고, 아기의 것은 귀엽다.
   (your/sister/large/comfortable/cute)

   _____

5. 올해 여름은 작년 여름보다 더 덥다. (The summer/this year/than/warmer/last year)

   _____

6. 그는 그의 고등학교 친구 하나를 우연히 만났다.
   (meet/a/his/classmate/by chance/from high school)

   _____

G. 다음을 영작하시오.

1. 오늘은 날씨가 좋지만, 어제는 흐렸다.

   _____

2. 여기에서 서울역까지 얼마나 멉니까?

   _____

3. 그는 자기 혼자 힘으로 이 집을 지었다.

   _____

4. 이것들은 누구의 열쇠인가요?

   _____

5. 그 형제는 둘 다 죽었다.

   _____

6. 우리가 그것들 전부를 다 훔친 건 아닙니다.

   _____

Chapter 14 형용사

▶ 형용사: 사람이나 생물·무생물의 성질, 상태, 모양, 색깔, 크기 등을 나타내는 말
▶ 형용사의 역할: 명사 수식, 보어(주격보어, 목적격 보어)

1. 형용사의 종류
2. 형용사의 용법
3. 고유형용사
4. 수사(기수, 서수, 배수)
5. 숫자 읽기와 표현법
6. 부정수량 형용사
7. 형용사의 위치

1 형용사의 종류

A. 성상형용사 : 사람이나 사물의 모양·성질·상태·종류 등을 나타내는 형용사

1. 본래 형용사인 것 : big, pretty, hot, old 등

2. 고유형용사 : 고유명사가 변형되어 형용사로 쓰이는 것

　　French food (프랑스 음식), **European** culture (유럽의 문화) 등

3. 물질형용사 : 물질명사가 다른 명사를 수식하여 형용사 역할을 하는 것

　　A **gold** watch (금시계), A **stone** bridge (돌다리)

4. 현재분사나 과거분사가 형용사로 쓰이는 경우

　　현재분사 : a **sleeping** baby (잠자는 아기)
　　과거분사 : the **lost** sheep (잃어버린 양)

B. 수량형용사 : 수나 양을 나타내는 형용사

1. 수사

　　기수 : one, two, three, four……
　　서수 : first, second, third, fourth……
　　배수 : half(절반의), double(2배의), twice(2배의)……

2. 부정수량형용사 : 막연한 수나 양을 나타내는 형용사

　　지시형용사 : this, that, these, those
　　의문형용사 : what, which
　　부정형용사 : all, each, every, some, any 등

2 형용사의 용법

A. 한정용법과 서술 용법

1. 한정용법 : 형용사가 명사 앞이나 뒤에서 그 명사를 직접 수식한다.

Baseball is a very **interesting** *sports*. <앞에서 수식>

야구는 매우 재미있는 스포츠다.

What **else** can we do to save the Earth? <뒤에서 수식>

지구를 구하기 위해서 그 밖에 할 수 있는 것은 무엇일까?

* else(다른, 그 밖의)는 항상 명사 뒤에 와서 그 명사를 수식한다.

2. 서술용법 : 주격보어(주어의 상태를 나타냄), 목적보어(목적어의 상태를 나타냄)로 쓰인다.

The king became **angry**. <주격보어> 왕은 화가 났다.

I found *her lecture* very **interesting**. <목적보어> 그녀의 강의가 매우 흥미롭다는 걸 알았어.

B. 한정용법으로만 쓰이는 형용사와 서술용법으로만 쓰이는 형용사 : 대부분의 형용사는 두 가지 용법으로 모두 쓰이지만, 한 가지 용법으로만 쓰이는 것들이 있다.

1. 한정용법에만 쓰이는 형용사

- ◆ 부정수량형용사 : this, that, what, which, some, any, all, each, every 등
- ◆ -en, -er로 끝나는 형용사 : wooden, golden, drunken, inner, upper 등
- ◆ mere(단지), very(바로, 딱 맞는), only(유일한) 등

Do you have **any** *questions*? 무슨 질문이 있습니까?

┌ This box is **wooden**. (X)
└ This is a **wooden** *box*. (O) 이것은 나무상자이다.

It is **mere** *waste* of time to talk to him. 그에게 말하는 건 단지 시간낭비에 불과해.

He was the **very** *man* for such a position. 그는 그런 자리에 딱 맞는 사람이었다.

2. 서술용법에만 쓰이는 형용사 : 대부분「a-」로 시작되는 형용사이다.

alive(살아있는), afraid(무서워하는), alone(혼자의), asleep(잠든), awake(깨어있는)

There was a tortoise, and it was **alive**. (O) 거북이가 한 마리 있었는데, 살아있었어.
⎡ There was an **alive** tortoise. (X)
⎣ There was a **living** tortoise. (O) <한정용법에는 living을 씀>
Don't be **afraid** of what you are. 현재의 자기 모습에 대해 두려워하지 말아요.
We are not **alone** in thinking that. 그 일을 생각하고 있는 것은 우리만이 아니다.

C. 한정용법과 서술용법에서 뜻이 달라지는 형용사

◆ Certain ⎡ 한정용법 : 어떤, 특정한
　　　　　 ⎣ 서술용법 : 확실한

◆ Present ⎡ 한정용법 : 현재의
　　　　　 ⎣ 서술용법 : 참석한

⎡ Maybe, in a **certain** *sense*, what he says is correct. <한정용법: 어떤>
⎢ 어떤 의미에서는 그가 한 말이 옳을지도 모른다.
⎢ Americans have **certain** *duties* to their community. <한정용법: 특정한>
⎢ 미국인들은 그들 사회에 해야 하는 특정한 의무들이 있다.
⎣ I was **certain** that I'd dropped my wallet around here. <서술용법: 확실한>
　 틀림없이 지갑을 이 부근에서 잃어 버렸는데.

⎡ This museum moved to its **present** *location* in 1939. <한정용법: 현재의>
⎢ 이 박물관은 1939년에 현재 위치로 이전해 왔습니다.
⎣ I was not **present** at the meeting yesterday. <서술용법: 참석한>
　 나는 어제 회의에 참석하지 않았다.

3. 고유형용사

▶ 정의 : 주로 국가명을 나타내는 고유명사가 변형된 것들이다.
▶ 고유형용사는 그 나라 언어(한국어), 그 나라 사람(한국인)을 뜻하기도 한다.
▶ 예 : **Korea**(한국) → **Korean**(한국의, 한국인의, 한국어, 한국인)

고유명사 (국가명)	고유형용사(~의) 고유명사(~어)	국민		
		한 사람	여러 사람	국민전체
Korea (한국)	Korean (한국의, 한국어)	a Korean (한국인)	Koreans (한국인들)	the Koreans (한국 국민)
America(미국)	American (언어는 English)	an American	Americans	the Americans
China(중국)	Chinese	a Chinese	Chinese	the Chinese
Germany(독일)	German	a German	Germans	the Germans
Italy(이태리)	Italian	an Italian	Italians	the Italians
Japan(일본)	Japanese	a Japanese	Japanese	the Japanese

In **Korea**, smoking is a serious problem among **Korean** teens.
한국에서, 흡연은 한국의 청소년들 사이의 심각한 문제이다.

Let's hope many people in the world will learn **Korean**.
세계의 많은 사람들이 한국어를 배우기를 기대합시다.

Doesn't he look like **a Korean**? 그 분 한국인처럼 보이지 않나요?

Koreans often shake hands with bowing.
한국인들은 종종 머리를 숙이면서 악수를 한다.

The Koreans got over the economic crisis. 한국국민은 경제 위기를 극복했다.

4 수사(기수, 서수, 배수)

A. 기수와 서수

- 기수 : 하나, 둘, 열, 스물… 등과 같이 숫자 자체나 어떤 것의 개수를 나타낸다.
- 서수 : 첫째, 둘째, 셋째… 등과 같이 차례를 나타낸다. 보통 앞에 the가 붙는다.

B. 서수 만드는 법 : 몇 가지를 제외하고는 기수에 「-th」를 붙이면 서수가 된다.

- 「기수+th ⇨ 서수」: four→fourth, ten→tenth, nineteen→nineteenth……
- 「-ty ⇨ -tieth」: twenty→twentieth, thirty→thirtieth, forty→fortieth…
- 철자가 약간 바뀌는 것 : five→fifth, nine→ninth, twelve→twelfth
- 1~3은 서수의 형태가 각각 다름 : one→first, two→second, three→third
- 21이상의 서수 : 십의 자리까지는 기수로 쓰고 일의 자리만 서수로 쓴다.
  21→twenty-first, 157→one hundred and fifty-seventh.

[기수·서수표]

수	기 수	서수(순서로 표시할때)		수	기 수	서수(수로 표시할 때)	
1	one	first	(1st)	14	fourteen	fourteenth	(14th)
2	two	second	(2nd)	15	fifteen	fifteenth	(15th)
3	three	third	(3rd)	16	sixteen	sixteenth	(16th)
4	four	fourth	(4th)	17	seventeen	seventeenth	(17th)
5	five	*fifth	(5th)	18	eighteen	eighteenth	(18th)
6	six	sixth	(6th)	19	nineteen	nineteenth	(19th)
7	seven	seventh	(7th)	20	twenty	*twentieth	(20th)
8	eight	*eighth	(8th)	21	twenty-one	twenty-first	(21th)
9	nine	*ninth	(9th)	30	thirty	*thirtieth	(30th)
10	ten	tenth	(10th)	40	*forty	*fortieth	(40th)
11	eleven	eleventh	(11th)	50	fifty	fiftieth	(50th)
12	twelve	*twelfth	(12th)	100	hundred	hundredth	(100th)
13	thirteen	thirteenth	(13th)	1000	thousand	thousandth	(1000th)

* 표가 있는 것은 철자에 유의할 것

C. 배수

- ◆ 절반(1/2) ⇨ half
- ◆ 2배 ⇨ twice 또는 double
- ◆ 4배 이상 ⇨「기수 + times」: four times(4배), five times(5배) …
- ◆ 1배 ⇨ as~ as …
- ◆ 3배 ⇨ thrice 또는 three times.

His room is **as** large **as** mine. <1배> 그의 방은 내 방과 크기가 같다.

This bag is ⎡ half / twice / **three times[thrice]** / four times ⎤ as heavy as that one.

이 가방은 저 가방 무게의 절반[두 배, 세 배, 네 배]이다.

He has **twice** *as* many books *as* I have.

그는 나보다 두 배 많은 책을 가지고 있다.

5 숫자 읽기와 표현법

A. 정수 읽는 법

1. 기본 단위

100 ⇨ hundred, 1,000 ⇨ thousand, 10,000 ⇨ ten thousand
100,000 ⇨ hundred thousand, 100만 ⇨ million, 10억 ⇨ billion

2. Hundred와 십의 자리 사이에는 and를 쓰고(가끔 생략), 십의 자리와 일의 자리 사이에는 하이픈(-)을 쓴다.

743 ⇨ seven hundred (and) forty-three

3. 4자리 이상의 숫자는 뒤에서부터 세 자리씩 끊어서 thousand, million, billion 등의 기본 단위를 사용하여 읽는다.

35,428,971,602 ⇨ thirty-five billion, four hundred and twenty-eight million, nine hundred and seventy-one thousand, six hundred and two.

Check Point

※ **hundred, thousand, million, billion** 등의 복수형: 이들 앞에 특정 숫자가 오면 **-s**를 안 붙이지만 막연히 '수백의, 수천의'와 같은 뜻으로 쓰일 때는 **-s**를 붙인다.

- three hundreds (X)
- *three* **hundred** (O)

- *five* **thousand** (O) 5천
- **thousands** of (O) 수천의

This website has more than *ten* **million** members.
이 웹사이트는 회원이 천만 명이 넘는다.

Millions of people watched the game on TV.
수백만의 사람들이 그 경기를 TV로 보았다

Chapter 14

B. 분수 읽는 법

◆ 분자는 기수로 먼저 읽은 다음 분모를 서수로 읽는다.

◆ 분자가 2이상인 경우에는 분모 뒤에 '-s'를 붙여 복수로 만든다.

1/2 ⇨ a half 또는 one half   1/4 ⇨ one fourth 또는 a quarter
1/5 ⇨ one-fifth   2/5 ⇨ two-fifths
3 4/7 ⇨ three and four-sevenths

C. 소수 읽는 법 : 소수점은 "point"로 읽고, 소수점 이하는 한 자리씩 읽는다.

4.15 ⇨ four point one five
32.72 ⇨ thirty-two point seven two

D. 연도 읽는 법

1. 두 자리씩 끊어서 읽는다. 예를 들면 1992년은 19와 92로 나누어 읽는다.

1992년 ⇨ nineteen ninety-two
2017년 ⇨ twenty seventeen
1800년 ⇨ eighteen hundred

2. 십의 자리에 '0'이 올 때 : 다음과 같이 세 가지로 읽을 수 있다.

1905년 ⇨ nineteen five / nineteen hundred and five / nineteen O[발음 ou] five

3. 2000 ~ 2009년

2000년 ⇨ two thousand,   2002년 ⇨ two thousand two

E. 날짜 읽기 : 「월+(the)+날짜의 서수」 또는 「the+날짜의 서수+of+월」 순서로 말하고, 연도를 쓸 때는 Comma(,)를 찍고 그 뒤에 쓴다.

7월 4일 ⇨ July (the) fourth 또는 the fourth of July
1945년 8월 15일 ⇨ ┌ August (the) fifteenth, nineteen forty-five
                  └ The fifteenth of August, nineteen forty-five

F. 시간 말하기

1. 정각일 때 : 「시간 + o'clock」

11:00 ⇨ eleven o'clock, 6:00 ⇨ six o'clock

2. 시간과 분을 순서대로 말하는 방법

11:25 a.m. ⇨ eleven twenty-five a.m.
4:37 p.m. ⇨ four thirty-seven p.m.

3. 「분 + past·after·to + 시간」 형태로 말하는 방법

11:40 ⇨ forty past[after] eleven (11에서 40분 지난 시간)
twenty to twelve (12시 20분 전)

4. 30분은 half, 15분은 quarter로 표현할 수 있음

10:15 ⇨ quarter past ten   10:45 ⇨ quarter to eleven
5:30 ⇨ half to five / half past five

G. 전화번호 읽기 : 한 자리씩 끊어 읽으며 0은 zero 또는 O[발음 ou]로 읽는다.

752-3406 ⇨ seven five two, three four zero[ou] six

H. 기타 숫자 읽기

$22.50(22달러 50센트) ⇨ twenty-two (and) fifty (cents)
No.7(7번) ⇨ Number seven
Lesson 9(제9과) ⇨ Lesson nine / The ninth lesson
p.16(16페이지) ⇨ Page sixteen / The sixteenth page
Room 307(307호실) ⇨ Room three, zero[ou], seven
Henry VII(헨리 7세) ⇨ Henry the seventh
World War II(제 2차 세계대전) = World War Two / The Second World War.

6 부정수량 형용사

막연한 수나 양을 나타내는 형용사를 부정수량형용사라 한다. 부정수량형용사에는 다음과 같이 세 가지로 나눌 수 있다.

> ▶ 수에만 쓰이는 것: few, a few, many, a great number of 등
> ▶ 양에만 쓰이는 것: little, a little, much, a great deal of 등
> ▶ 수·양 둘 다 쓰이는 것: some, any, all, no, enough, a lot of, lots of, plenty of

A. Few, a few, little, a little의 용법

- ◆ 수 : few(거의 없는), a few(약간 있는) + 복수 명사
- ◆ 양 : little(거의 없는), a little(약간 있는) + 단수 명사
- ◆ Not[quite] + a few, a little : '꽤 많은, 상당히 많은'의 뜻이 됨

Few *students* took umbrellas with them. 우산을 가지고 간 학생들은 거의 없었다.
A few *pages* of this report are missing. 보고서의 몇 페이지가 빠져 있다.

There is **little** *hope* of her recovery. 그녀가 회복될 가망은 거의 없다.
I gained **a little** *weight* over the last week. 지난 주 동안 살이 약간 쪘어.

Not[quite] a few *people* were present at the meeting. <수>
  꽤 많은 사람들이 그 회의에 참여했다.
It has caused me **not[quite] a little** *anxiety*. <양> 그로 인해 나는 꽤 걱정이 되었다.

B. 「많은」의 뜻을 갖는 표현들

- ◆ 수 : many, a good[great] many, a number of, a great[large] number of + 복수명사
- ◆ 양 : much, a good[great] deal of + 단수명사
- ◆ 수·양 공통 : a lot of, lots of, plenty of + 단수명사·복수명사

Many *people* witnessed the accident. 많은 사람들이 그 사고를 목격했다.
I've known her for **a good[great] many** *years*. 그녀를 안 지 매우 많은 해가 되었다.
Switzerland has **a large[great] number of** lakes. 스위스에는 호수가 많습니다.
I didn't have **much** *difficulty* in finding her house.
  그녀의 집을 찾는데 그다지 어렵지 않았다.

She spent **a great[good] deal of** *money* on dress. 그녀는 옷을 사는데 많은 돈을 썼다.

Lots of[A lot of] *African children* labor under poverty.

많은 아프리카 어린이들이 굶주림으로 고생한다.

This car uses **a lot of[lots of]** *gas*. 이 차는 휘발유를 많이 소모한다.

You may think you have **plenty of** *time* in your life.

아마 여러분은 여러분 인생에 시간이 충분하다고 생각할 것입니다.

We have **plenty of** *opportunities* to communicate with people face to face.

우리는 사람들과 직접 만나 대화할 기회가 많다.

7 형용사의 위치

하나의 명사를 수식하는 말이 여럿일 때, 그 어순은 다음과 같이 정리할 수 있다.

```
⎡ all    ⎤     ⎡ 관사(a, an, the)           ⎤
⎢ both   ⎥  +  ⎢ 지시형용사(this, that…)    ⎥  + 부사 + 형용사 + 명사
⎣ double ⎦     ⎣ 소유격(my, our, Tom's)     ⎦
```

A. All, both, double : 대부분의 형용사는 관사, 지시형용사, 소유격 뒤에 위치하지만, **all, both, double** 등은 그 앞에 위치한다.

I read **all the** *articles* in the newspapers. 나는 신문의 모든 기사를 읽었다.

Both her *children* did jigsaw puzzles easily.

그녀의 아이들 둘 다 조각그림 퍼즐을 쉽게 맞췄다.

Last month's snowfall was **double the** *average*. 지난달의 강설량은 평균의 두 배였다.

B. 부사 : 형용사를 수식하는 부사는 형용사 앞에 온다.

This is a **very important** *deal*. 이것은 매우 중요한 거래예요.

Harry Potter was a **highly unusual** *boy* in many ways.

해리포터는 여러 면에서 매우 특이한 소년이다.

C. 명사를 수식하는 형용사가 여럿일 때

◆ 지시 + 수(서수+기수) + 성상(크기+형태+신·구+재료)

1.「지시형용사 + 수사 + 성상형용사」순서

Those two big *issues* are energy and technology.
그 두 가지 큰 이슈는 에너지와 테크놀로지이다.

2. 기수와 서수가 올 때 :「서수+기수」순서

I can only remember the **first two** *lines* of that song. <서수+기수>
난 그 노래 가사가 첫 두 줄밖에 생각이 안 나.

3. 성상형용사가 여럿일 때 :「크기 + 형태 +신·구+ 재료」순서

My focus turned toward the two **large old wooden** *doors*.
나의 관심은 그 두 개의 커다란 낡은 나무로 된 문으로 향했다.

D.「~thing」으로 끝나는 명사 : something, anything, everything, nothing 등과 같이 ~thing으로 끝나는 명사를 수식하는 형용사는 그 명사의 뒤에 온다.

I just want **something light** for lunch.
점심은 그냥 간단한 걸로 하고 싶어.

There was **nothing significant** in what he said.
그가 말한 내용 중에 중요한 것이 없었다.

Review Test

A. 다음 문장을 <보기>와 같이 바꿔 쓰시오.

> <보기>   This is a pretty flower.
> → This flower is pretty.

1. This is not a long pencil.
   → _____

2. They are very kind girls.
   → _____

3. These are not very useful books.
   → _____

4. Are those very interesting stories?
   → _____

B. A : B의 관계와 C : D의 관계가 같아지도록 D에 알맞은 단어를 쓰시오.

번호	A	B	C	D
1	France	French	China	
2	seven	seventy	four	
3	three	third	nine	
4	one	once	two	

C. 다음을 영어로 표현하시오.

1. 365 →

2. 47.2 →

3. $2\frac{3}{5}$ →

4. 1920년 7월 17일 →

5. 1945년 12월 10일 →

6. (전화번호) 010-752-4036 →

7. $ 1.40 →

8. 제 3과 →

9. (시간) 6:40 →

10. George III →

D. 다음 ( )안에 들어갈 알맞은 말을 고르시오.

1. He has (many/much) books in his room.
2. How (many/much) time do you need?
3. There is (a few/a little) water in the bottle.
4. There are (a few/a little) students in the theater.
5. How (many/some/any/much) money do you have now?
6. Did it take (many/few/much) days to make your chair?
7. I could find a (few/little/many/much) coins in my pocket.
8. There is not so much water in the dam, because we had (few/much/little) rain this summer.

E. 다음 ( )안에 있는 형용사가 들어갈 알맞은 위치를 고르시오.

1. Have you (1) heard (2) anything (3) recently? (interesting)
2. He (1) grasped (2) my (3) hands (4) with his own. (both)
3. I will give you (1) the (2) money (3) I have. (all)
4. Due to the rain, I paid (1) the (2) price (3) for the vegetables. (double)

F. 괄호 안의 단어를 적절히 변형하고 배열하여 영작하시오.

1. 나에게는 너의 나쁜행동에 대해 베풀 인내심이 거의 없다. (little/have/patience/behavior)

2. 식당에는 좌석이 몇 개나 있나요? (seat/how/restaurant/many)

3. 수만 명의 사람들이 그 소식을 라디오로 들었다. (thousands/tens/hear/radio)

4. 마당에 뭔가 이상한 것이 있었다. (strange/something/in the yard)

5. 저 두 대의 낡은 자동차는 더 이상 운행할 수 없다.
   (cars/old/those/drive/no longer/drive/can)

G. 다음을 영작하시오.

1. LA에는 많은 한국인이 있다.
   _____

2. 이 방의 넓이는 저 방의 네 배다.
   _____

3. 저 늙고 살찐 고양이를 봐.
   _____

4. 그들은 난방에 쓰이는 돈의 절반을 절약했다.
   _____

5. 우리는 설탕이 거의 없어서 약간 샀다.
   _____

Chapter 15 부사

부사는 동사, 형용사, 다른 부사 또는 문장전체를 수식하여 그 동작이나 상태를 더욱 분명히 설명하여 주는 역할을 한다.

1. 부사의 형태
2. 부사의 기능
3. 부사의 위치
4. 부사의 어순
5. 중요한 부사의 용법

1 부사의 형태

A. 형용사를 부사로 만드는 방법: 형용사에 'ly'를 붙이면 부사가 된다.

형용사형	부사형	변형의 예
일반적인 형용사	형용사+ly	slow(느린) → slow**ly**(느리게) quick(빠른) → quick**ly**(빠르게) glad(기쁜) → glad**ly**(기쁘게) careful(주의 깊은) → careful**ly**(주의 깊게)
y로 끝나는 형용사	y → ily	happy(행복한) → happ**ily**(행복하게) easy(쉬운) → eas**ily**(쉽게)

le로 끝나는 형용사	le → ly	able(유능한) → ab**ly**(유능하게)
		gentle(정중한) → gent**ly**(정중하게)
		* 예외
		   sole(단독의) → sole**ly**(단독으로)
		   whole(전체의) → whol**ly**(완전히)

ue로 끝나는 형용사	ue → uly	true(진실의) → tru**ly**(진실하게)

Check Point

※ 「명사+ly」 ⇨ 형용사: 명사에 'ly'가 붙으면 부사가 아니라 형용사가 된다.

friend(친구) → friendly(친한), love(사랑) → lovely(사랑스러운)

Chapter 15

B. 형용사와 형태가 동일한 부사: 다음 단어들은 형태 변화 없이 형용사(a.)로도 쓰이고 부사(ad.)로도 쓰인다.

- early
  - a. 이른
  - ad. 일찍
- fast
  - a. 빠른
  - ad. 빨리
- long
  - a. 긴
  - ad. 오래
- pretty
  - a. 예쁜
  - ad. 꽤, 상당히
- only
  - a. 유일한
  - ad. 오직, 단지
- well
  - a. 건강한
  - ad. 잘, 능숙하게
- enough
  - a. 충분한
  - ad. 충분히

- He had an **early** breakfast. <형용사> 그는 이른 조반을 먹었다.
- Please come as **early** as you can. <부사> 되도록 일찍 오너라.

- Ferrari is a company that makes very **fast** sports cars in Italy. <형용사>
  페라리는 이탈리아에서 매우 빠른 스포츠카를 생산하는 회사다.
- Ice in the North Pole is melting very **fast**. <부사>
  북극의 빙하가 매우 빠르게 녹고 있다.

- A **long** tail helps the cheetah to keep its balance. <형용사>
  긴 꼬리는 치타가 균형을 유지하는데 도움이 된다.
- I burned the bread because I toasted it for too **long**. <부사>
  빵을 너무 오랫동안 구워서 태우고 말았다.

- Korea is the **only** divided country in the world. <형용사>
  한국은 세계에서 유일한 분단국가이다.
- He had **only** two dollars. <부사> 그는 단지 2달러 밖에 가지고 있지 않았다.

- I hope you will get **well** soon. <형용사> 빨리 낫길 바랄게.
- I don't think I did very **well** on my exams. <부사> 시험을 잘 본 것 같지는 않아.

- He has **enough** money to buy an expensive car. <형용사>
  그는 비싼 차를 살 만큼 충분한 돈이 있다.
- That ladder looks long **enough** to reach to the roof. <부사>
  저 사다리는 지붕에 닿을 만큼 긴 것 같다.

- Their new house is **pretty** like a picture. <형용사> 그들의 새 집은 그림처럼 예쁘다.
- It is **pretty** chilly in the morning. <부사> 아침에는 꽤 쌀쌀하다.
- The living room was **prettily** decorated. <형용사 pretty에 「ly」가 붙은 부사>
  거실은 예쁘게 꾸며져 있었다.

C. 「-ly」가 붙으면 다른 뜻이 되는 부사

- hard: 부지런한(a), 열심히(ad)
- hardly: 거의 ~않는(ad)
- high: 높은(a), 높이(ad)
- highly: 매우(ad)

- late: 늦은(a), 늦게(ad)
- lately: 최근에(ad)
- near: 가까운(a), 가까이(ad)
- nearly: 거의(ad)

- He is a **hard** worker. <형용사> 그는 부지런한 사람이다.
- He worked **hard** on his farm. <부사> 그는 그의 농장에서 열심히 일했다
- I've **hardly** slept in three days. <부사> 나는 삼일 동안 거의 잠을 자지 못했다.

- There is a **high** mountain in the island. <형용사> 그 섬에는 높은 산이 있다.
- Dolphins can jump very **high**. <부사> 돌고래는 매우 높이 뛸 수 있다.
- Teens are **highly** concerned about their looks. <부사>
  십대들은 외모에 신경을 매우 많이 쓴다.

- I was **late** for school yesterday. <형용사> 나는 어제 학교에 늦었다.
- I went to bed **late** last night. <부사> 난 어젯밤 늦게 잠자리에 들었어.
- Have you seen a public pay phone **lately**? <부사> 최근에 공중전화를 본 적 있니?

- In the **near** future, this may be possible. <형용사>
  가까운 미래에, 이것이 가능할 수도 있다.
- The exams are drawing **near**. <부사> 시험이 다가오고 있다.
- It took me **nearly** a week to finish the report. <부사>
  그 리포트를 끝내는데 거의 일주일이 걸렸다.

2 부사의 기능

▶ **일반적 기능:** 동사, 형용사, 다른 부사를 수식
▶ **특별한 경우:** 명사, 대명사, 구, 절, 문장전체를 수식

A. 일반적 기능: 동사, 형용사, 다른 부사 수식

He *speaks* English **well**. <동사 수식> 그는 영어를 잘한다.
This flower is **very** *beautiful*. <형용사 수식> 이 꽃은 매우 아름답다.
She even sings **very** *well*, too. <다른 부사 수식> 그녀는 노래도 참 잘해.

B. 특수한 경우: 명사, 대명사, 구, 절, 문장전체 수식

Even *a child* knows that. <명사수식> 어린애조차도 그것은 안다.
It began to rain **just** *at that time*. <구 수식> 바로 그때 비가 오기 시작했다.
I like him **simply** *because he is honest*. <절 수식>
나는 단지 그가 정직하기 때문에 좋아해.

⎡ **Happily** *he did not die*. <문장전체 수식> 다행히도 그는 죽지 않았다.
⎣ He did not *die* **happily**. <동사 수식> 그는 행복하게 죽지는 못했다.

3 부사의 위치

A. 형용사, 부사, 명사, 구, 절을 수식할 때: 수식받는 말 앞에 놓임

Baseball is a **very** *interesting* sports. <형용사 수식> 야구는 매우 흥미로운 스포츠다.

I didn't sleep **very** *well* last night. <부사 수식> 지난밤에 잠을 잘 못 잤어.

Only *you* can view your data. <명사 수식> 당신 데이터는 당신만 볼 수 있습니다.

The freezing winter is **just** *around the corner*. <구 수식>
추운 겨울이 바로 눈앞에 다가왔다.

He phoned on Tuesday, **just** *before you came*. <절 수식>
그는 화요일에, 당신이 오기 직전에 전화를 했다.

B. 동사를 수식할 때

◆ 자동사를 수식할 때는 동사 뒤에 놓인다. 즉, 「자동사+부사」

◆ 타동사를 수식할 때는 동사 앞 또는 목적어 뒤에 놓이지만, 목적어가 긴 경우는 타동사와 목적어 사이에 놓인다.

```
┌ 부사+V+O
│ V+O+부사
└ V+부사+O(긴 목적어)
```

He *works* **hard**. <자동사 수식> 그는 열심히 일한다.

She **gladly** *accepted* my invitation. <부사+V+O>
그녀는 나의 초대를 기꺼이 받아들였다.

He *explained* it **clearly**. <V+O+부사> 그는 그것을 명확하게 설명했다.

He *explained* **clearly** what he had done. <V+부사+O(긴 목적어)>
그는 그가 했던 것을 명확하게 설명했다.

C. 빈도부사

- ◆ 의미: 어떤 일이 얼마나 자주(빈번하게) 일어나는가를 나타내는 부사
- ◆ 예: always(항상), usually(일반적으로), often(종종), sometimes(가끔), ever(지금까지), never(결코~않다) 등
- ◆ 위치: 일반동사의 앞, be동사·조동사 뒤에 위치한다.

  - 빈도부사 + 일반동사
  - be동사 + 빈도부사
  - 조동사+ 빈도부사 + 본동사

They **often** *play* baseball. <일반동사> 그들은 자주 야구를 한다.
My father *is* **always** busy. <be동사> 아버지는 항상 바쁘시다.
You *should* **always** be punctual. <조동사> 항상 시간을 잘 지켜야 한다.

D. 문장전체를 수식하는 부사: 문장의 맨 앞 또는 동사 앞.

Certainly he will come. <문장의 맨 앞> 분명히 그는 올 것이다.
I **really** must go now. <동사 앞> 정말 이제는 가야 한다.

E. 특정시간을 나타내는 부사: 문장의 맨 앞 또는 끝.

Yesterday I saw her. 어제 그녀를 보았다.
→ I saw her **yesterday**.

F. else(그 밖에): 수식받는 말 뒤에 놓임.

He wanted to see *someone* **else**. 그는 다른 사람을 만나고 싶어 했다.
What **else** is Belgium famous for? 벨기에는 또 무엇으로 유명할까?

Check Point

※ **2어 동사(Two-word Verb)의 목적어 위치**

◆ 2어 동사: 「타동사+부사」 형태로 이루어져 새로운 뜻의 숙어처럼 쓰이는 타동사를 '2어 동사'라 한다. 이때의 부사는 대부분 전치사가 뜻이 달라져 부사로 사용되는 것들이다.

◆ 예: put on(입다), take off(벗다), turn on(켜다), turn off(끄다) 등

◆ 목적어의 위치: 부사 앞과 뒤에 모두 올 수 있지만, 대명사가 목적어인 경우는 반드시 부사 앞에 온다.

```
┌ V+O(명사)+부사 (○)        ┌ V+O(대명사)+부사 (○)
└ V+부사+O(명사) (○)        └ V+부사+O(대명사) (×)
```

┌ He *took* **his cap** *off*. (○) 그는 모자를 벗었다.
└ He *took off* **his hat**. (○)

┌ He *took* **it** *off*. (○) 그는 그것을 벗었다.
└ He *took off* **it**. (×)

┌ She *laughed* at **his new hair style**. (○) 그녀는 그의 새 머리 스타일을 비웃었다.
└ She *laughed* at **him**. (○) 그녀는 그를 비웃었다.

  * 'laughed'는 자동사이고 의미도 그대로이기 때문에, 'laugh at'은 2어 동사가 아니다. 이런 경우 'at'은 부사가 아니라 전치사이므로, 목적어는 항상 그 뒤에 놓인다.

4 부사의 어순

▶ 여러 개의 부사가 함께 쓰일 때: 「장소+방법·양태+시간」 순서
▶ 시간·장소 부사의 배열: 「작은 단위 → 큰 단위」, 「좁은 장소 → 넓은 장소」 순

He arrived **here safely yesterday**. <장소+방법·양태+시간>
그는 어제 여기에 안전하게 도착했다.

He was born on the **14th of July, 2017**. <작은 단위→큰 단위>
그는 2017년 7월 14일에 태어났다.

The address of Seoul City Hall is **110 Sejong-daero, Jung-gu, Seoul**. <좁은장소→넓은장소>
서울시청 주소는 서울시 중구 세종대로 110번지이다.

5 중요한 부사의 용법

A. Very, Much: 「대단히, 매우」란 뜻으로, 수식하는 말은 다음과 같이 구분된다.
- ◆ very: 형용사·부사의 원급, 현재분사, 형용사화된 (주로 감정을 나타내는) 과거분사 수식
- ◆ much: 비교급, 과거분사, 동사 수식

1. Very: 형용사·부사의 원급, 현재분사, 과거분사 중 형용사로 굳어진 것들(tired, interested, excited, surprised, pleased처럼 감정을 나타내는 것들이 많음)을 수식한다.

The lake was **very** *beautiful*. <형용사의 원급> 그 호수는 매우 아름다웠다.
The ship was sinking **very** *fast*. <부사의 원급> 그 배는 매우 빠르게 침몰하고 있었다.
This book is **very** *interesting*. <현재분사> 이 책은 매우 재미있다.
I was **very** *surprised* at the news. <형용사화된 과거분사>
나는 그 소식을 듣고 매우 놀랐다.

2. Much의 용법: 비교급, 과거분사, 동사를 수식한다. 동사를 수식할 때는 'very much' 형태로 자주 쓰인다.

I like coffee **much** *better* than tea. <비교급 수식>
나는 차보다 커피를 훨씬 더 좋아한다.
The picture has been **much** *discussed*. <과거분사 수식>
그 그림은 대단한 논의의 대상이었다.
He *likes* Korean pop songs **very much**. <동사 수식>
그는 한국 대중가요를 매우 좋아한다.

B. Ago, Before

1. Ago
- ◆ 뜻: 현재를 기준으로 '~전에'
- ◆ 용법: 과거시제에는 쓰지만 현재완료에는 쓰지 않음.

I met her a few days **ago**. (○) <과거> 며칠 전에 그녀를 만났다
I *have met* her a few days **ago**. (×) <현재완료>

2. Before

- ◆ 뜻 ─ 현재를 기준으로 '지금까지, 이전에'
  - 과거·미래를 기준으로 '그 이전에, 그 ~전에'
- ◆ 용법: 현재완료, 과거, 과거완료, 미래에 쓰인다.

I *have seen* him **before**. <현재완료> 나는 전에 그를 만나 본 적이 있다.

Such a thing never *happened* **before**. <과거> 그런 일은 지금까지 일어난 적이 없다.

I *had met* her two years **before**. <과거완료>
　나는 그(과거의 특정 시점)보다 2년 전에 그녀를 만난 적이 있었다.

I'*ll* be there a few days **before**. <미래>
　그(미래의 특정 시점)보다 2,3일 전에 거기 가 있겠다.

C. Already, Yet

- ◆ already: 긍정문에 「이미, 벌써」의 뜻으로 쓰임.
- ◆ yet: 부정문(아직), 의문문(아직, 벌써)에 쓰임.
- ◆ 의문문에는 보통 'yet'을 쓰지만, 'already'가 쓰이면 뜻밖의 놀라움을 나타냄.

They **already** know the answer. <긍정문> 그들은 이미 답을 알고 있다.

Is it November **already**? <의문문> 벌써 11월이란 말이야?

The train has not arrived **yet**. <부정문> 기차는 아직 도착하지 않았다

Aren't you ready **yet**? <의문문> 아직 준비가 안 되었니?

┌ Has he come home **yet**? 그가 벌써 집에 왔니?
└ Has he come home **already**? <뜻밖의 놀라움>그가 벌써 집에 왔단 말이니?

D. Too, Either

- ◆ 「또한, 역시」의 뜻으로, 문장전체를 수식한다.
- ◆ too는 긍정문에, either는 부정문에 쓰인다.

Many other animals close their eyes when they sleep, **too**.
　많은 다른 동물들 역시 잠잘 때 눈을 감습니다.

If you don't come, she won't come, **either**.
　당신이 오지 않는다면 그녀도 오지 않을 것이다.

Review Test

A. 다음 단어를 부사로 고쳐 쓰시오.

1. careful → _____
2. easy → _____
3. sole → _____
4. true → _____
5. bad → _____
6. gentle → _____

B. 다음 ( )안에 들어갈 알맞은 말을 고르시오.

1. I'm so tired that I can (hard/hardly) walk.
2. We arrived (late/lately) in the evening.
3. He rings Joanne (near/nearly) every day.
4. This story is (very/much) interesting to me.
5. I know his mother very (well/much).
6. She likes oranges very (well/much).
7. Tom can't play the guitar. I can't play it, (too/either).
8. Tom said that he had seen Jane a week (ago/before).
9. I have not read today's paper (already/yet/still).
10. He is (already/yet/still) alive.
11. Have you talked to Joanne (late/lately)?
12. The furniture looked (pretty/prettily) old.

C. 다음 밑줄 친 단어가 형용사인지 부사인지 쓰시오.

1. The soldier was away at sea for a <u>long</u> period of time.
2. Don't talk too <u>long</u> on the phone.
3. They arrived <u>early</u> for departure, only to be told their plane had been delayed.
4. The dinner guests enjoyed an <u>early</u> meal and a fantastic show afterwards.
5. The woman <u>only</u> had few change to spare, but she gave it to the beggar.
6. As the <u>only</u> girl in the house, I often had extra chores to do.

D. 다음 ( )안에 있는 말을 바른 순서로 배열하시오.

1. She can (very/swim/well).
   _____

2. His dog (always/hungry/is).
   _____

3. They (wash/often/don't) their hands.
   _____

4. I (for/usually/leave) school at 8:00.
   _____

5. I didn't (on/put/it) overnight.
   _____

6. I came (by bus/here/two hours ago).
   _____

E. 다음을 영작하시오.

1. 아버지는 아침식사 후에 곧 서울로 출발하셨다.
   _____

2. 나의 비서는 항상 오전 7시에 도착한다.
   _____

3. 벌써 그 책을 다 읽었니?
   _____

4. 나는 수학보다 과학을 훨씬 더 좋아한다.
   _____

5. 나는 뜨거운 음식도 싫어하고 찬 음식도 싫어한다.
   _____

Chapter 16 비교급, 최상급

형용사나 부사는 다른 것과의 비교를 나타낼 때, 「원급-비교급-최상급」으로 그 어형이 변화하는데, 규칙변화와 불규칙변화가 있다. 이들은 또한 각기 특정 문장 형태를 가지고 비교를 표현한다.

1. 「원급-비교급-최상급」의 규칙변화
2. 「원급-비교급-최상급」의 불규칙 변화
3. 원급의 용법
4. 비교급의 용법
5. 최상급의 용법

1 「원급-비교급-최상급」의 규칙변화

규칙변화는 다음 표와 같이 비교급과 최상급을 만들기 위해 원급에 '-er, -est'를 붙이거나, 원급 앞에 'more, most'를 쓴다.

원급(~한, ~하게)	비교급(더~한, 더~하게)	최상급(가장~한, 가장~하게)
2음절 이하	원급에 -er를 붙임	원급에 -est를 붙임
3음절이상이거나 접미사가 붙은 단어	more + 원급	most + 원급

A. 2음절 이하의 단어

1. 대부분의 경우 원급에 '-er, -est'를 붙인다.

원급	비교급	최상급
tall 키가 큰	tall**er**	tall**est**
young 젊은	young**er**	young**est**
clever 영리한	clever**er**	clever**est**

2. 「-e」로 끝나는 단어: '-r, -st'만 붙인다.

원급	비교급	최상급
large 큰	larg**er**	larg**est**
wide 넓은	wid**er**	wid**est**

3. 「자음+y」로 끝나는 단어: y를 i로 고치고 '-er, -est'를 붙인다.

원급	비교급	최상급
easy 쉬운	easi**er**	easi**est**
early 일찍	earli**er**	earli**est**
happy 행복한	happi**er**	happi**est**

Chapter 16

4. 「단모음+단자음」으로 끝나는 단어: 끝의 자음을 하나 더 겹쳐 쓰고 '-er, -est'를 붙인다.

원급	비교급	최상급
big 큰	bigger	biggest
hot 뜨거운	hotter	hottest

B. 3음절 이상이거나, 특정 접미사로 끝나는 단어: 앞에 'more, most'를 쓴다.

1. 3음절 이상의 단어

원급	비교급	최상급
excellent 우수한	more excellent	most excellent
difficult 어려운	more difficult	most difficult

2. -ful, -less, -ish, -ous, -ive 등의 접미사로 끝나는 단어

원급	비교급	최상급
useful 유용한	more useful	most useful
careless 부주의한	more careless	most careless
famous 유명한	more famous	most famous
friendly 우호적인	more friendly	most friendly
quickly 빨리	more quickly	most quickly

2. 「원급-비교급-최상급」의 불규칙 변화

A. 「원급-비교급-최상급」 형태가 불규칙적으로 변하는 것

원급	비교급	최상급
good (좋은)	better	best
well (건강한, 잘)		
bad (나쁜)	worse	worst
ill (병든)		
badly (나쁘게)		
many (수가 많은)	more	most
much (양이 많은)		
little (양이 적은)	less	least

B. 뜻에 따라 비교급과 최상급의 형태가 다른 단어들

원급	뜻	비교급	최상급
old	나이든, 낡은	older	oldest
	손위의	elder	eldest
far	(거리)먼, 멀리	farther	farthest
	(정도) 훨씬	further	farthest
late	(시간)늦은	later	latest (최근의)
	(순서)늦은	latter	last (마지막, 지난)

3 원급의 용법

A. 동등비교

A … as + 원급 + as … B = A는 B만큼 ~하다.

Tom is **as tall as** his brother (is tall). 톰은 그의 형만큼 키가 크다.
  * as 뒤에 오는 is tall은 반복되므로 보통 생략한다.

He can run **as fast as** you. 그는 너만큼 빨리 달릴 수 있다.

⎡ *He* is **as strong as** *me*. (×) 그는 나만큼 힘이 세다.
⎣ *He* is **as strong as** *I* (am strong.) (○)
  * 비교되는 두 가지 대상은 문법적으로 대등한 형태를 가져야 한다. 따라서 앞에 주격(He)이 쓰였으므로 뒤에도 주격(I)을 써야 한다.

⎡ *I* love you **as much as** *he* (loves you) <주격 I와 he를 비교>
⎢   그가 당신을 사랑하는 만큼 나도 당신을 사랑합니다.
⎣ I love *you* **as much as** (I love) *her*. <목적격 you와 her를 비교>
    나는 그녀를 사랑하는 만큼 당신을 사랑합니다.

B. 열등비교

A … not so [as] + 원급 + as … B = A는 B만큼 ~하지 않다.

Tom is **not as[so] tall as** his brother (is tall). 톰은 그의 형만큼 키가 크지 않다.
  * 열등 비교(부정문)에서는 앞에 쓰인 as 대신 so를 쓸 수 있다.

Mt. Halla is **not so high as** Mt. Paekdu. 한라산은 백두산만큼 높지 않다.

C. 원급비교의 관용적 표현들

**1. as + 원급 + as + ┌ S + can : 최대한 ~하게, 더할 나위 없이 ~한
　　　　　　　　 └ possible**

He ran **as fast as** ┌ **he could**. 그는 최대한 빨리 뛰었다.
　　　　　　　　　　└ **possible**.

I'll come **as soon as** ┌ **I can**. 가능한 한 빨리 오겠다.
　　　　　　　　　　　└ **possible**.

She was **as happy as she could be**. 그녀는 더할 나위 없이 행복했다.

2. as + 원급 + as any + 단수명사 : 누구 못지않게 ~한

He is **as brave as any man** in the world. 그는 이 세상 누구 못지않게 용감하다.

She is **as faithful as any girl** in her school. 그녀는 그녀의 학교 어떤 소녀 못지않게 성실하다.

4 비교급의 용법

A. 우등비교와 열등비교

- ◆ A ... 비교급 + than B: A는 B보다 더 ~하다 <우등비교>
- ◆ A ... less + 원급 + than B: A는 B보다 덜 ~하다 <열등비교>

Dogs are **cleverer than** cats. <우등비교> 개는 고양이보다 더 영리하다.
= Cats are **less clever than** dogs. <열등비교> 고양이는 개보다 덜 영리하다.

He is two years older than **me**. (X) 그는 나보다 두 살 더 많다.
He is two years older than **I** (am). (O)

* 비교되는 두 대상(He와 I)은 서로 문법상 같은 형태여야 하므로, 앞에 나온 대상이 주격(He)이므로 than 뒤에 오는 대상도 주격(I)이어야 한다.

① *The population of Seoul* is larger than **Busan**. (X)
② *The population of Seoul* is larger than **that**(=the population) **of Busan**. (O)
   서울의 인구는 부산의 인구보다 많다.

* ①은 '서울의 인구'와 '부산'이 비교되고 있으므로 안 된다. 'than' 뒤의 비교대상도 '부산의 인구'란 뜻이어야 하므로 'the population'을 대신하는 대명사 'that'을 써서 'that of Busan'으로 써 주어야 한다.

Your internet connection is **faster than** mine.
너의 인터넷 접속 속도는 내 것보다 더 빠르다.

B. 동일인·동일물의 비교: 서로 다른 두 개체를 비교하지 않고, 동일인 또는 동일물이 가지고 있는 서로 다른 성질을 비교할 때는 형용사의 음절이나 형태에 관계없이 항상「more+원급+than」을 쓴다.

① He was **braver** than his brother. (O) <두 개체의 비교> 그는 그의 형보다 용감했다.
② He was **braver** than *strong*. (X) <동일인의 서로 다른 성질 비교>
③ He was **more brave** than *strong*. (O) 그는 강하다기 보다는 용감했다.

* ①은 다른 두 개체(He, his brother)를 비교하므로 'braver'를 쓰지만, ②는 한사람이 가지고 있는 성질을 비교하고 있으므로 비교급을 'braver' 대신, ③처럼 'more brave'를 써야 한다.

It is **more hot** than *warm*. 날씨가 따뜻하다기보다는 무더운 편이다.
These shoes are **more pretty** than *comfortable*. 이 신발은 편안하다기 보다는 예쁜 편이다.

C. 「the+비교급」: 다음과 같은 경우에는 비교급 앞에 **the**를 붙인다.

- ◆ of the two (둘 중에서), of A and B(A와 B중에서)등의 어구가 있을 때.
- ◆ because, for 등과 같이 이유나 원인을 나타내는 부사구나 절이 있을 때

This car is **the better** *of the two*. 둘 중에서 이 차가 더 좋다.
Bill is **the taller** *of the two* (boys). 둘 중에서 빌이 더 크다.
He worked **the harder**, *because* his teacher praised him.
그의 선생님이 그를 칭찬해 주셨기 때문에 그는 더 열심히 공부했다.
I like him all **the better** *for* his kindness.
그가 친절하기 때문에 나는 더욱 더 그를 좋아한다.

D. 비교급을 수식하는 부사: 「much, even, still, far, by far」등은 비교급 앞에 쓰여 '훨씬, 한층'의 뜻으로 비교급을 강조한다. **very**는 비교급을 수식하지 못한다.

⎡ He is **very** *taller* than his father. (X) <very는 비교급을 수식할 수 없음>
⎣ He is **much** *taller* than his father. (O) 그는 그의 아버지보다 훨씬 더 크다.
This flower is **even** *prettier* than that. 이 꽃은 저 꽃보다 훨씬 더 아름답다.
The sun is **still** *larger* than the moon. 태양은 달보다 훨씬 더 크다.
Iron is **far** *heavier* than water. 철은 물보다 훨씬 더 무겁다.
It is **much** *colder* today than yesterday. 어제보다 오늘이 훨씬 더 춥다.

E. 비교급이 포함된 관용적 표현

- ◆ the + 비교급 ~, the + 비교급 -- : ~하면 할수록 더욱 --하다.
- ◆ 「비교급 + 비교급」: 점점 더 ~하는

The more one has, **the more** he wants. 사람은 가지면 가질수록 더 많은 것을 원한다.
The higher we climb, **the colder** it becomes. 높이 올라가면 올라갈수록 더 추워진다.
The older you get, **the more** difficult it becomes to find a job.
나이가 들면 들수록 일자리를 구하기가 더 어려워진다.
The sooner, the better. 빠르면 빠를수록 더 좋다.
The bus went **slower and slower,** and people became **more and more impatient**.
버스는 점점 더 느려졌고, 그러자 사람들은 점점 더 참을성을 잃어갔다.

Check Point

* **no more than** = only : 단지 ~밖에(적다는 느낌)
* **no less than** = as many[much] as: ~만큼이나(많다는 느낌)
* **not more than** = at most: 기껏해야, 고작

She has **no more than** two children. 그녀는 자녀가 둘 밖에 없다.
She has **no less than** two children. 그녀는 자녀가 둘이나 된다.
He has **not more than** ten dollars. 그는 기껏해야 10달러 밖에 없다.

5 최상급의 용법

▶ 최상급은 셋 이상의 것 중에서 성질이나 상태가 가장 뛰어난 것을 표현할 때 쓰인다.
▶ 형용사의 최상급 앞에는 **the**를 쓰지만 부사의 최상급에는 쓰지 않는다.

A. 최상급 문장의 기본형태

- S ... + the + 최상급 + ┌ of + 복수명사(비교대상) ┐ = S는 ~(중)에서 가장 --하다.
  └ in + 단수명사(비교범위) ┘

① Paul is **the tallest** *of* all the students. <비교대상> 폴은 전교생 중에서 가장 키가 크다.
② Paul is **the tallest (boy)** *in* the class. <비교범위> 폴은 학급에서 제일 크다.

Ann is **the youngest** of the three. 앤은 셋 중에서 가장 나이가 적다.

He runs **fastest** of all. <부사의 최상급: the가 붙지 않음>

그는 모두들 중에서 가장 빨리 달린다.

I like dogs **best** of all animals.

나는 모든 동물 중에서 개를 가장 좋아한다.

What is **the quickest** way for you to get to work?

당신이 출근하는데 가장 빠른 방법(교통편)은 무엇입니까?

He is **one of the most famous actors** in the world.

그는 세계에서 가장 유명한 배우 중의 하나이다.

*「one of the+최상급+복수명사」 = 가장~한 사람[것] 중의 하나.

B. 최상급 앞에 **the**를 쓰지 않는 경우

- 부사의 최상급
- 최상급 앞에 소유격이 올 때: 「소유격+최상급」 형태
- 동일물 또는 동일인 내의 성질이나 상태를 비교할 때

In my family, Mom drive **(the) most carefully**. <부사의 최상급>

나의 가족 중에는 어머니가 가장 조심스럽게 운전하신다.

* 미국영어에서는 부사의 최상급일지라도 the를 생략하지 않을 때가 있다.

This is **his best** work. <소유격+최상급> 이것이 그의 최고의 작품이다.

① She was **the happiest** in her family. <다른 대상과 비교>

  그녀의 가족 중에서 그녀가 가장 행복했다.

② She was **happiest** when she was with her children. <동일인 내의 비교>

  그녀는 자신의 아이들과 함께 있을 때가 가장 행복했다.

* ①은 그녀의 가족들과 비교하고 있으므로 최상급에 the를 쓰지만, ②는 그녀 자신이 가지는 여러 시간들 중에서 아이들과 함께 있는 시간이 가장 행복하다는 의미이므로 최상급이라도 the를 쓰지 않는다.

C. 원급·비교급을 통한 최상급 의미 표현: 다음의 표현들은, 형태는 원급·비교급이지만 최상급의 의미를 지닌다.

부정주어 + V + as[so] + 원급 + as... : 어떤 –도 ...만큼 ~하지는 않다

= 부정주어 + V + 비교급 + than... : 어떤 –도 ...보다 ~하지는 않다

= S + V + 비교급 + than any other + 단수명사 : –은 다른 어떤 ...보다 더 ~하다

= S + V + 비교급 + than all the other + 복수명사 : –은 다른 모든 ...보다 더 ~하다

He is **the tallest** boy in the class. <최상급> 그는 학급에서 가장 크다.

= **No (other) boy** in the class is **as[so] tall as** he.

  그 학급의 어느 누구도 그만큼 크지는 않다.

= **No (other) boy** in the class is **taller than** he.

  그 학급의 어느 누구도 그보다 크지는 않다.

= He is **taller than any other boy** in the class.

  그는 그 학급의 어느 누구보다도 더 크다.

= He is **taller than all the other boys** in the class.

  그는 그 학급의 다른 모든 소년들보다 더 크다.

Time is **the most precious** thing. 시간이 가장 소중한 것이다.

= **Nothing** is **so[as] precious as** time.

= **Nothing** is **more precious than** time.

= Time is **more precious than any other thing**.

= Time is **more precious than all the other things**.

D. 최상급이 포함된 관용적 표현

- ◆ at least = not less than: 적어도, 최소한
- ◆ at most = not more than: 많아야, 기껏해야(수, 양)
- ◆ at best: 기껏해야, 잘해봐야(정도, 성질)

You should **at least** apologize. 적어도 사과정도는 해야 한다.
There were **at most** fifty people in the hall. <수> 홀에는 기껏해야 50명밖에 없었다.
He is **at best** a second-rate writer. <정도> 그는 기껏해야 이류작가에 불과하다.

Check Point

※ **Most의 다양한 뜻:** most는 최상급이외에 다음과 같은 뜻으로도 쓰인다.
- ◆ 대부분(의)
  - most + 명사 : 대부분의 ~
  - most of + 명사 : ~중의 대부분

Most *people* think so. 대부분의 사람들이 그렇게 생각한다.
Most *of my friends* are married. 내 친구들 중 대부분은 결혼했다.

Review Test

A. 다음 ( )안에 있는 말을 ___ 에 알맞은 형태로 바꾸시오.

1. My car is the _____ of them all. (big)
2. My mother gets up _____ in my family. (early)
3. I like summer _____ than winter. (well)
4. My sister didn't walk as _____ as I. (fast)
5. She is the _____ singer in my class. (good)
6. This is the _____ dictionary of the three. (useful)
7. Your brain is _____ than any computer ever built. (powerful)
8. Alice reads _____ of the thirty students in her class. (well)
9. Michael is one of the _____ singers in the world. (famous)
10. In the family, my baby sister talks _____ . (rapidly)

B. 다음 ( )안에 들어갈 알맞은 말을 고르시오.

1. Please call me back as soon as you (can/possible).
2. She is as (tall/taller/tallest) as her sister.
3. Mt. Halla is (high/higher/highest) than any other mountain in South Korea.
4. The young challenger is (very/even) stronger than the reigning champion.
5. Though you posses no useful skills, you should at (least/most) try to learn.
6. She was (more smart/smarter) than wise.

C. 다음 두 문장이 같은 뜻이 되도록 ___ 에 알맞은 말을 쓰시오.

1. Tom can swim faster than I.
   = I _____ swim as _____ as Tom.
2. In-su speaks English better than Yu-mi.
   = Yu-mi doesn't speak English as _____ as In-su.
3. Tom is older than Betty.
   = Betty is _____ than Tom.
4. Mt. Everest is higher than any other mountain in the world.
   = _____ in the world is as high as Mt. Everest.

D. 다음 ( )의 단어를 변형하고 배열하여 영작하시오.

1. 이 라디오는 존의 것보다 더 낡았다. (This radio/than/John's/old)
   _____

2. 네가 그 다섯 명 가운데 가장 나이가 어리니? (young/five/the/of)
   _____

3. 그 극장에는 기껏해야 10명밖에 없었다. (there/theater/most/people)
   _____

4. 내 친구들 중 대부분은 대학교를 다니지만 일부는 직장을 다닌다.
   (most/attend/college/job/some)
   _____

5. 나는 너만큼 빨리 먹을 수 있다. (fast/eat/as)
   _____

6. 밥의 열량은 햄버거 열량만큼 높지 않다. (rice calorie/high/that of/hamburger)
   _____

E. 다음을 영작하시오.

1. 밤이 점점 더 짧아지고 있다.
   _____

2. 그녀는 몸무게가 기껏해야 45kg 밖에 나가지 않는다.
   _____

3. 이 책이 그 서점에서 가장 비싸다.
   _____

4. 둘 중에서 이 음식이 더 낫다.
   _____

5. 나는 친한 친구들과 함께 식사할 때가 가장 행복하다.
   _____

6. 우리가 그것을 빨리 끝낼수록 집에 더 빨리 갈 수 있어.
   _____

Chapter 17 전치사

전치사는 명사, 대명사, 명사구 앞에 와서 이들과 그 앞에 오는 말을 연결하는 기능을 한다.

1. 전치사의 기능과 성격
2. 장소, 위치, 운동, 방향을 나타내는 전치사
3. 시간을 나타내는 전치사
4. 기타 중요한 전치사들

1 전치사의 기능과 성격

A. 전치사의 목적어: 전치사 다음에 오는 말을 전치사의 목적어라고 하는데 명사, 대명사(목적격), 동명사, 명사절 등이 온다.

I majored *in* **theater** *in* **college**. <명사> 난 대학에서는 연극을 전공했다.
I went to the park *with* **him**. <대명사> 나는 그와 함께 공원에 갔다.
Thank you *for* **listening** to me. <동명사> 들어주셔서 고맙습니다.
The trip was perfect *except* **that it was too short**. <명사절>
여행이 너무 짧았던 점을 제외하면 더할 나위 없이 좋았다.

B. 전치사의 위치: 전치사는 목적어 앞에 놓여「전치사+목적어」형태로 쓰이는 것이 원칙이지만 다음과 같은 경우에는 목적어와 분리되어 사용된다.

1. 의문사가 전치사의 목적어일 때

What does she look **like**? <like의 목적어: What> 그녀는 어떻게 생겼니?
What are you looking **for**? <for의 목적어: What> 무엇을 찾고 있나요?

2. 관계대명사가 전치사의 목적어일 때

You're just the person **that** I was looking **for**. <for의 목적어: that>
당신이 바로 내가 찾고 있었던 사람이야.
That's **what** I'm worried **about**. <about의 목적어: what> 그게 내가 염려하는 바야.

3.「부정사+전치사」가 명사를 수식하는 형용사적 용법으로 쓰일 때

This is a boring *place* **to live in**. <in의 목적어: place> 이곳은 살기 지루한 곳이야.
She needs other *children* **to play with**. <with의 목적어: children>
그녀에겐 같이 놀 다른 아이들이 필요해.

4. 전치사를 포함한 동사구가 수동형으로 쓰이는 경우

A child **was run over** by a car. <over의 목적어: A child> 한 어린이가 차에 치었다.
→ A car **ran over** *a child*. <능동태>

He **was laughed at** by everybody. <at의 목적어: He> 그는 모두의 웃음거리가 되었다.
  → Everybody **laughed at** *him*. <능동태>

C. 전치사구의 역할: 「전치사+목적어」를 전치사구라고 하며, 문장에서 형용사구와 부사구로 쓰인다.

  1. 형용사구: 명사를 수식(한정용법)하거나 보어(서술용법)로 쓰인다.

  Who's <u>*the man*</u> **in the funny hat** over there? <명사 수식: 한정용법>

  저기 웃긴 모자를 쓴 사람 누구니?
  It's **out of question**. <보어: 서술용법> 그것은 확실해.

  2. 부사구: 동사, 형용사, 부사, 문장전체를 수식한다.

  He *left* **in a hurry**. <동사 수식> 그는 황급히 떠났다.
  Mary is *good* **at cooking**. <형용사 수식> 메리는 요리를 잘 한다.
  In the end, we had to give up our plan. <문장전체 수식> 결국, 우리는 계획을 포기해야만 했다.

D. 군전치사: 전치사가 다른 단어와 결합하여 하나의 전치사 역할을 하는 것들이 있는데, 이것들은 숙어처럼 외워두는 것이 좋다.

- according to ~: ~에 의하면
- by means of ~: ~에 의해
- in spite of ~: ~에도 불구하고(= despite ~)
- instead of ~: ~대신에
- owing to ~: ~ 때문에(= due to ~)
- because of ~: ~ 때문에
- in front of ~: ~ 앞에
- in the middle of ~: ~중앙에
- thanks to ~: ~덕분에

  According to *a local newspaper*, the game was canceled.
  지역 신문에 의하면 그 경기는 취소되었다.
  I can't read the book anymore **because of** *my headache*.
  두통 때문에 책을 더 이상 읽을 수가 없다.
  In spite of *their quarrel*, they remain best friends.
  그들은 다투기는 했지만 여전히 가장 친한 친구이다.
  Thanks to *his invention*, many people live better lives.
  그의 발명 덕분에 많은 사람들이 더 나은 생활을 하고 있다.

2. 장소, 위치, 운동, 방향을 나타내는 전치사

A. In, At, On: ~에, ~에서

1. In: 도시나 국가처럼 넓은 범위의 장소

He lives **in** *London*. 그는 런던에 산다.
She traveled **in** *Italy*. 그녀는 이태리를 여행했다.
What is the largest animal **in** *the world*? 세계에서 가장 큰 동물이 무엇이지?

2. At: 지도상의 한 점처럼 비교적 좁은 지점

He arrived **at** *the top of the hill*. 그는 언덕 꼭대기에 도착했다.
He stood **at** *the bus stop*. 그는 버스 정류장에 서 있었다.
The hotel is **at** *24 Ellington Avenue*. 그 호텔은 엘링턴 에버뉴가 24번지에 있다.

3. On: 선이나 면의 형태로 인식되는 장소

A theater **on** *Seventh street* 7번가의 극장
A cottage **on** *the beach* 해변 가의 작은 별장
A gas station **on** *the highway* 고속도로변의 주유소

B. On-Beneath, Over-Under, Above-Below, Up-Down.

- ◆ **on:** ~에(위뿐 아니라 아래나 옆에 접촉된 상태)
- ◆ **beneath:** ~밑에
- ◆ **over:** ~(바로) 위에 ⎤ 전체를 뒤덮은 상태
- ◆ **under:** ~(바로) 아래에 ⎦
- ◆ **above:** ~보다 높은 곳에 ⎤ 다른 것과 비교해서
- ◆ **below:** ~보다 낮은 곳에 ⎦
- ◆ **up:** ~의 위쪽으로 ⎤ 움직임
- ◆ **down:** ~의 아래쪽으로 ⎦

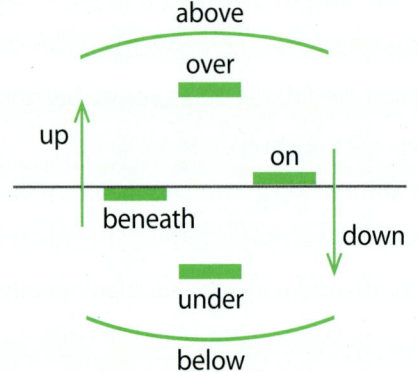

Chapter 17

⌐ They are putting posters **on** *the wall*. 그들은 벽에 포스터를 붙이고 있다.
└ She hid the letter **beneath** *a pile of papers*. 그녀는 그 편지를 서류더미 밑에 숨겼다.

⌐ Please hold an umbrella **over** *the baby*. 아기에게 우산을 받쳐 줘요.
└ He stopped to rest **under** *a tree*. 그는 나무 아래서 쉬려고 멈춰 섰다.

⌐ The moon is rising **above** *the horizon*. 달이 지평선 위에 떠오르고 있다.
└ Amsterdam is 4 meters **below** *sea level*. 암스테르담은 해수면보다 4미터 아래에 위치하고 있다.

⌐ The cat ran **up** *a tree*. 고양이는 나무 위로 도망쳤다.
└ The stone rolled **down** *the hill*. 그 돌이 언덕 아래로 굴러 내려갔다.

C. Before, Behind, After

- ◆ before: ~앞에(= in front of)
- ◆ behind: ~뒤에
- ◆ after: ~ 뒤에(순서), ~을 뒤쫓아

He was brought **before** *the judge*. 그는 판사 앞에 끌려갔다.

The person **behind** *me* kept kicking my seat.
내 뒤에 앉은 사람이 계속해서 내 의자를 발로 찼다.

⌐ Put the object **after** *the verb*. 동사 뒤에 목적어를 두어라.
└ The policeman ran **after** *the thief*. 경찰관이 그 도둑을 뒤쫓아 갔다.

D. Between, Among

- ◆ between: (둘) 사이에
- ◆ among: (셋 이상) 사이에

The river runs **between** *the two countries*. 그 강은 두 나라 사이를 흐르고 있다.
He hid himself **among** *the trees*. 그는 나무 사이로 숨었다.

E. By, Beside, Near

- ◆ by, beside: ~곁에, ~옆에 (beside의 뜻이 더 강함)
- ◆ near: ~근처에 (지리적인 장소에 주로 사용함)

He sat **by[beside]** *the stove*. 그는 난로 곁에 앉았다.
I parked my car **near** *the station*. 나는 역 근처에 차를 세워 두었다.

F. About, Round, Around

- about: ~주위에 –막연히 흩어져 있는 상태
- round, around: ~주위에(위치), ~주변을(운동) –원형을 이룰 때

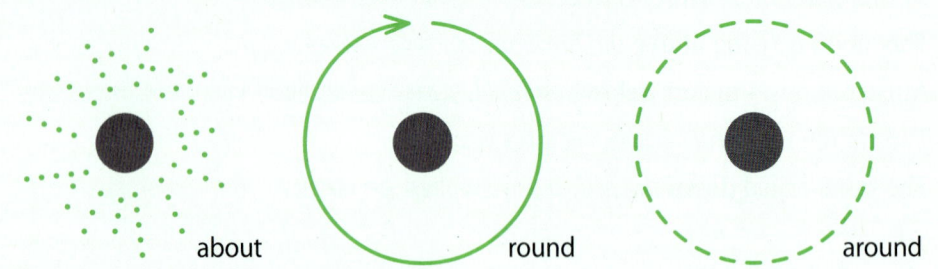

◆ 운동을 나타낼 때는 round, 위치를 나타낼 때는 around를 쓰는 것이 원칙이지만, 요즘은 엄격히 구분되지 않고 사용된다.

He walked **about** *the garden*. 그는 정원을 이리저리 걸었다.

The Earth moves **round[around]** *the sun*. <운동> 지구는 태양을 돈다.
The children sat **around** *their mom*. <상태> 아이들은 엄마 주위에 둘러앉았다.

G. In, Into, Out of

- ◆ in: ~안에(정지상태)
- ◆ into: ~안으로(운동)
- ◆ out of: ~밖으로(운동)

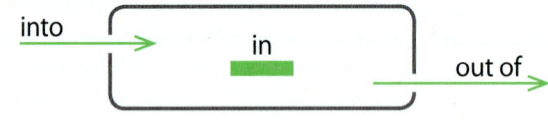

Every single corner was clean **in** *the house*. 집안 구석구석이 모두 깨끗했다.
They went **into** *the department store*. 그들은 백화점으로 들어갔다.
Get **out of** *the building* as soon as possible. 그 건물에서 최대한 빨리 나가라.

H. Along, Across, Through

- **along**: ~을 따라서(좁고 긴 것의 안쪽 또는 바깥쪽으로 나란히)
- **across**: ~을 가로질러, 건너서 (한쪽에서 다른 한쪽으로)
- **through**: ~을 통해서(관통하는 경우)

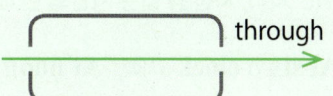

⎡ We walked **along** *the shore*. 우리는 해변을 따라 걸었다.
⎣ Brick houses range **along** *the road*. 벽돌집이 도로가에 죽 늘어서 있다.

⎡ He is able to swam **across** *the river*. 그는 강을 헤엄쳐 건널 수 있다.
⎣ His office is **across** *the street*. 그의 사무실은 길 건너편에 있다.

The river runs **through** *the city*. 강이 시내를 통과하여 흐르고 있다.

I. From, To, For, Toward(s)

- **from**: ~로부터(출발지점)
- **to**: ~로, ~에(도착지점) –go, come 등과 함께 쓰임.
- **for**: ~를 향하여(출발할 때의 목적지를 나타냄) –leave, start 등과 함께 쓰임.
- **toward(s)**: ~쪽으로(운동의 방향, to와는 달리 도착의 뜻은 없음.)

He traveled **from** *London* **to** *Paris*. 그는 런던에서 파리까지 여행했다.

They have left **for** *New York* to see the musical.
그들은 그 뮤지컬을 보려고 뉴욕으로 떠났다.

I walked a few steps **toward(s)** *the fence*. 나는 담장을 향해서 몇 걸음 걸어갔다.

3 시간을 나타내는 전치사

A. At, On, In: ~에

1. At: 시각, 시점 등 짧은 시간의 한 때 (몇 시, 몇 분, 정오, 밤, 새벽, 절기 등)

At six o'clock 6시에, At noon 정오에, At night 밤에, At midnight 한밤중에,
At dawn 새벽에, At sunset 해질 무렵에, At Christmas 성탄절에

2. On: 일정한 날짜, 요일, 특정한 날의 아침, 오후, 저녁

On August 15 8월 15일에, On Sunday 일요일에, On the weekend 주말에,
On the morning of May 5 5월 5일 아침에,
On Christmas Day 성탄절 날 <Christmas에 Day가 붙으면 on, 없으면 at을 씀.>

3. In: 년, 월, 계절, 세기 등 긴 시간. 「in the~」의 형태로 아침, 오후, 저녁

In 1492 1492년에, In April 4월에, In winter 겨울에,
In the 20th century 20세기에, In my schooldays 학창시절에
In the morning[afternoon, evening] 아침[오후, 저녁]에, In my life 내 평생에

Check Point

※ 특정한 날의 아침, 오후, 저녁에는 on을 쓰지만 보통 '아침에, 오후에, 저녁에'라고 할 때는 「in the~」로 쓴다.

┌ **On the evening of December 24** 12월 24일 저녁에
└ **In the evening** 저녁에

B. In, Within, After, Before

- in: (앞으로) ~이 지나면(예상되는 일)
- after: ~후에(이미 일어난 일)
- before: ~전에
- within: ~이내에

I'll be back **in** *a month*. 한 달 후면 올 거야.

The fighting ended **after** *a few hours*. 싸움은 몇 시간 뒤에 끝났다.

You can come by anytime **before** *noon*. 정오 전에 아무 때나 들르세요.

The work can be finished **within** *a week*. 그 일은 일주일 이내에 끝마쳐질 거야.

C. Till, Until, By

- till · until: ~까지(계속)
- by: ~까지는(완료되는 기한)

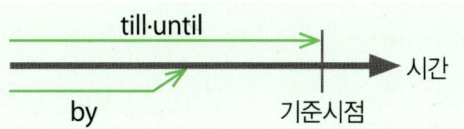

He asked you to wait for him **until[till]** 3:00.
그가 당신에게 3시까지 기다려 달라고 부탁했어요.

It should be fixed **by** tomorrow. 그것은 내일까지는 고쳐져야 합니다.

D. From, Since

- from: ~부터(어떤 일이 시작되는 시점, 계속의 뜻 없음)
- since: ~이래 줄곧(시작되어 계속되고 있음을 의미. 주로 완료시제와 같이 쓰임.)

The festival will be held **from** April 22 to 29.
그 축제는 4월 22일부터 29일까지 열릴 예정입이다.

It has been raining **since** last night. 어젯밤부터 죽 비가 오고 있다.

E. For, During, Through(out)

♦ for: ~동안(시간의 길이) –숫자, some, few 등의 앞에 쓰임

♦ during: ~중에(어떤 일이 지속되고 있는 특정기간이나 시기)

♦ through(out): ~동안 줄곧, 내내(어떤 기간의 처음부터 끝까지 모두)

I've been married **for** *ten years*. 전 결혼한 지 10년 됐어요.

Please do not eat **during** *the performance*.
 공연 중에는 음식을 먹는 행위를 삼가 주시기 바랍니다.

The museum is open daily **through(out)** *the year*.
 그 박물관은 연중 내내 매일 문을 연다.

4 기타 중요한 전치사들

A. 목적을 나타내는 전치사

- for: ~을 위해서, ~을 바라고
- on: ~용무로

I took vitamins **for** *skin problems*. 나는 피부병을 고치려고 비타민을 먹었다.
I have been to Tokyo **on business** for a month. <on business : 사업차>
사업상의 용무로 도쿄에 한 달 간 출장 갔다 왔어.

B. 재료, 원료, 상태의 변화를 나타내는 전치사

- of + 재료: ~으로부터(물리적 변화 – 형태만 변하고 성질은 변하지 않음)
  <A be made of B = A는 B로 만들어진다.>
- from + 원료: ~으로부터(화학적 변화 – 형태와 성질 모두 변함)
  <A be made from B = A는 B로 만들어진다.>
- into + 변화된 결과: ~으로 (되다)
  <B(재료) be made into A(제품)=B가 A로 되다>

The house was made **of** *stone*. <물리적 변화> 그 집은 돌로 지어졌다.
Wine is made **from** *grapes*. <화학적 변화> 포도주는 포도로 만들어진다.
Nylon is made **into** *shirts, stockings and others*. <재료가 주어>
나일론으로 셔츠, 양말 그 밖의 것들을 만든다.
Then suddenly they turned **into** *monsters*.
그러자 갑자기 그것들이 괴물로 변했다.

Review Test

A. 다음 영문의 ( )안에 들어갈 알맞은 전치사를 <보기>에서 고르시오.

<보기>
① on ② with ③ for ④ over ⑤ in

1. We played football (   ) Saturday afternoon.
2. Don't cut your bread (   ) a knife.
3. I was born (   ) the morning of July 24, 2011.
4. The program was viewed (   ) television in millions of homes.
5. There is a small bridge (   ) the river.
6. Whenever Oliver went to work, he had to take his younger brother (   ) him.
7. I'm very grateful for everything you do (   ) me.

B. 다음 ( )안에 들어갈 알맞은 말을 고르시오.

1. Return home (by/from/till) six o'clock.
2. Please have a seat and wait (by/since/until) I call your name.
3. Everybody in this community comes (in/from/of) a rural part of Kansas.
4. We guarantee to deliver your goods (before/till/within) a week.
5. We traveled across Europe (by/on/with) train.
6. It has been for sale (during/for/through) almost six months.

C. 다음 문장에서 잘못 쓰인 단어를 찾아 바르게 고치시오.

1. He lives on New York.
2. We had lunch on noon.
3. Stars can be seen in night.
4. I was born in April 19.
5. He gets up in six every morning.
6. He has stayed here from last year.

D. ( ) 안의 단어를 적절히 변형하고 배열하여 영작하시오.

1. 만약 도로 대신 이 숲을 통과해서 간다면 너는 좀 더 일찍 도착할 수 있어.
   (if/pass/road/forest/earlier/arrive)

2. 갑작스럽게 내리는 비 때문에 소풍은 연기 되었다.
   (due to/rainfall/unexpected/delay/field trip)

3. 우리 할머니의 학창시절에는 교실에 TV나 컴퓨터도 없었다.
   (grandmother's school-days/television/computers/the classroom)

4. 그 기자는 옆 사람에게 필기구를 빌려달라고 부탁했다.
   (reporter/the person/ask/for/next/something/write)

5. 캐나다에서 온 그 가족은 2000년 이래 계속 한국에서 살고 있다.
   (family/live/Canada/year 2000/Korea)

E. 다음을 영작하시오.

1. 우리는 이 일을 5시까지는 끝내야 한다.

2. 그는 고등학교 때부터 나의 제일 친한 친구다.

3. 치즈는 우유로 만들어진다.

4. 도서관 앞에는 큰 나무가 있다.

5. 그들의 노력에도 불구하고, 그들은 상을 타는데 실패했다.

Chapter 18 접속사

접속사는 단어와 단어, 구와 구, 절과 절을 연결하는 기능을 하는 말로, 다음과 같이 분류할 수 있다.

▶ 등위접속사: 문법상 대등한 관계에 있는 단어와 단어, 구와 구, 절과 절을 연결한다.
　　　　　　(and, or, but, so, therefore, for 등)
▶ 종속접속사: 종속절(명사절, 부사절)을 이끌며 그것을 주절과 연결시킨다.
　　┌ 명사절을 이끄는 것: that, if, whether 등
　　└ 부사절을 이끄는 것: when, while, because, as, if, before, after 등

1. 등위 접속사의 용법
2. 명사절을 이끄는 종속 접속사
3. 부사절을 이끄는 종속 접속사

1 등위 접속사의 용법

A. And, Or, But

1. And: ~와, 그리고, 그러자, 그러면(명령문 다음)

He **and** *I are old friends.* <~와> (그와 나는 오랜 친구다.)
They said goodbye **and** *went their ways.* <그리고>
그들은 작별 인사를 하고 그들의 길을 갔다.
He agreed to the plan, **and** *all the rest followed him.* <그러자>
그는 계획에 동의했다. 그러자 나머지 사람들도 모두 그를 따랐다.

2. Or: 또는, ~이나, 즉, 다시 말하면, 그렇지 않으면(명령문 다음)

You **or** *I will be chosen.* <또는> 너 또는 내가 뽑히게 될 것이다.
Which one would you like better, coffee **or** *tea?* <~이나> 커피 드실래요, 차 드실래요?
They are searching for living creatures, or aliens. <즉, 다시 말하면>
그들은 생명체, 즉 외계인을 찾고 있다.

3. But: ~하지만, 그러나

This job is tiring **but** *rewarding.* 이 일은 힘들지만 보수는 괜찮다.
I tried to explain the situation to her, **but** *she wouldn't listen.*
그녀에게 그 상황을 설명하려 했지만, 그녀는 들으려 하지 않았다.
What I want is **not** *money* **but** *time.* <not A but B: A가 아니라 B다>
내가 원하는 것은 돈이 아니라 시간이다.

4. 명령문 + and, or

◆ 명령문~, and… : ~하라, 그러면 …할 것이다 (=If you~, then…)
◆ 명령문~, or… : ~하라, 그렇지 않으면 …할 것이다 (=If you not~, … =Unless you~, …)

Work hard, **and** *you will pass the examination.* 열심히 공부해라 그러면 시험에 합격할 것이다.
  = *If you work hard, then you will pass the examination.*

Hurry up, **or** you will be late. 서둘러라, 그렇지 않으면 늦을 것이다.
= *If* you *don't* hurry up, you will be late.
= *Unless* you hurry up, you will be late.

B. For, So, Therefore의 용법: 우리말로 해석하면 이유와 결과를 나타내는 종속접속사처럼 보이나 두개의 대등절을 연결하는 등위접속사이다.

1. For: '왜냐하면, ~하니까', for가 이끄는 절은 문두에 올 수 없다.

I decided to stop and have lunch, **for** I was hungry. (O)
For I was hungry, I decided to stop and have lunch. (X)
나는 멈추고 점심을 먹기로 결정했다. 왜냐면 배가 고팠으니까.

* because는 객관적 원인을 직접 말하므로 종속접속사이지만, for는 말하는 근거를 덧붙인 것에 불과하므로 등위접속사이다.

2. So, Therefore : 그러므로, 그래서

I've never seen him, **so[therefore]** I don't know much about him.
그를 만난 적이 없으니 잘 모른다.

C. 등위상관접속사: 접속사가 분리되어서 대등한 관계에 있는 어구를 연결하는 것을 등위상관접속사라 한다. 등위상관접속사에 의해 연결된 어구가 주어로 쓰일 때는 동사를 어느 쪽 어구에 일치시켜야 하는지 주의해야 한다.

- not only A but also B : A뿐만 아니라 B도 역시(동사는 B에 일치시킴)
  B as well as A
- both A and B: A와 B 둘 다(양자긍정-복수취급)
- either A or B: A와 B 둘 중 하나(양자택일 –동사는 B에 일치시킴)
- neither A nor B : A도 B도 둘 다 ~않다
  not ~ either A or B <양자부정 –동사는 B에 일치시킴>

Not only you **but also** *I* am guilty. <동사는 I에 일치>
= *I* **as well** as you am guilty. <I와 you의 순서가 바뀜에 유의> 당신 뿐 아니라 내게도 죄가 있어요.
She can speak **not only** *English* **but also** *French*. 그녀는 영어뿐 아니라 불어도 할 줄 안다.
= She can speak *French* **as well as** *English*.
Both *Iran* **and** *Nigeria* are major oil suppliers. 이란과 나이지리아는 둘 다 주요 석유 공급국이다.

Doing so is **both** *costly* **and** *time consuming*.
　그렇게 하는 것은 비용도 많이 들고 시간 소모도 크다.

Either you **or** he is wrong. <동사는 he에 일치> 너든 그든 둘 중 하나가 잘못이야.

Cheerleaders can be **either** *boys* **or** *girls*. 치어리더는 남학생도 될 수 있고 여학생도 될 수 있다.

Neither *she* **nor** I don't have any plan for the weekend. <동사는 I에 일치>
　그녀도 나도 주말에 아무런 계획이 없다.

He **neither** *drinks* **nor** *smokes*. 그는 술도 안마시고 담배도 안 피운다.
　= He **doen't either** *drink* **or** *smoke*.

2 명사절을 이끄는 종속 접속사

A. That: 「~라는 것」이란 뜻으로 주어절, 목적절, 보어절, 동격절을 이끈다.

That a pet can be a good friend is true. 애완동물이 좋은 친구가 될 수 있다는 것은 사실이다.
→ *It* is true **that a pet can be a good friend**.
　가주어　　　　　　　진주어

Do you believe (**that**) **it can happen**? <목적어> 당신은 그것이 일어날 수 있다고 생각하십니까?
　* 목적절을 이끄는 that은 생략 가능.

The truth is **that she doesn't need to work**. <보어>
　진실은 그녀가 일할 필요 없다는 것이야.

No one can deny *the fact* **that he is guilty**. <the fact의 동격절>
　그가 유죄라는 것은 아무도 부인할 수 없다.

B. If, whether ~ (or not): 「~인지 아닌지」

I don't know **if[whether]** they are safe (or not).

⎡ **If they can help us** is not certain.(✗) <if절은 주어절로는 쓰이지 않음>
⎣ **Whether they can help us** is not certain.(O)
→ *It* is not certain **whether they can help us**.
　가주어　　　　　　　　　　진주어
　그들이 우리를 도울 수 있을지의 여부는 확실치 않다.

3 부사절을 이끄는 종속접속사

A. 시간을 나타내는 접속사

1. When(~할 때), While(~하는 동안에)

When it rains, she usually stays at home. 비가 올 때엔 그녀는 대개 집에 있다.
Make hay **while** the sun shines. 빛이 있는 동안에 건초를 만들어라.(= 기회를 놓치지 마라.)

2. As: ~하고 있을 때, ~하면서

My mother was crying **as** I waved goodbye to her.
내가 손을 흔들며 작별 인사를 할 때 어머니께서는 울고 계셨다.
You can enjoy the scenery **as** you run or exercise.
당신은 뛰거나 운동을 하면서 경치를 즐길 수 있다.

3. After(~한 후에), Before(~하기 전에)

I'll tell you about it **after** I finish reading it. 그걸 다 읽은 후에 말해줄게.
I want to take a trip around the world **before** I die. 죽기 전에 세계 일주 여행을 하고 싶다

4. Till, Until: ~할 때까지

People do not know the value of health **till[until]** they lose it.
사람들은 그들이 건강을 잃을 때까지 그것의 가치를 모른다.

5. Since: ~한 이래로 계속 (완료시제의 주절이 올 때가 많음)

I *have known* her ever **since** she was a child. 그녀를 어렸을 때부터 죽 알고 있다.

6. Whenever: ~할 때마다 (= every time)

Whenever [Every time] we go on a picnic, it rains. 소풍을 갈 때마다 항상 비가 온다.

7. As soon as: ~하자마자

I usually turn on my computer **as soon as** I get home.
나는 보통 집에 오자마자 컴퓨터를 켠다.

8. As long as: ~하는 한, ~하는 동안은

I will continue modeling **as long as** designers want me.
나는 디자이너들이 나를 원하는 한 계속해서 모델 일을 할 거예요.

B. 장소를 나타내는 접속사

1. Where: ~하는 곳에

We camped **where** there was enough water. 우리는 물이 충분한 곳에서 야영을 했다.

2. Wherever: ~하는 곳은 어디든지

Hard-working people are welcomed **wherever** they go.
부지런한 사람은 어딜 가든지 환영받는다.

C. 원인·이유(~ 때문에)를 나타내는 접속사: 인과관계의 강도가 강한 것부터 소개하면 「because > since > as > for」 등이 있는데, **for**는 종속접속사가 등위접속사임에 유의해야 한다.

접속사	사용되는 내용	위 치	종 류
because	논리적 또는 직접적원인	문두, 문장중간	종속
since	사실을 전제하거나 자명한 이유	문두, 문장중간	종속
as	간접적인 이유	문두, 문장중간	종속
for	말하는 근거	문장중간	등위

I couldn't arrive on time **because** I missed the bus. 버스를 놓쳐서 정각에 올 수가 없었어.
   = **Because** I missed the bus, I couldn't arrive on time.
She was mad **since** he tried to skate over the issue.
그가 그 문제를 회피하려고 해서 그녀는 화가 났다.
As it was getting dark, we soon turned back. 어두워지고 있어서 우리는 곧 되돌아 왔다.

D. 조건을 나타내는 접속사

1. If: 만약 ~한다면

If you miss it, you'll regret it. <조건> 놓치면 후회할거야.

2. Unless: 만약 ~하지 않는다면(= if ~ not)

I will close this meeting **unless** you have further questions.
= I will close this meeting **if** you do**n't** have further questions.
더 이상 질문이 없으시면 회의를 끝내겠습니다.

E. 양보를 나타내는 접속사

1. Though, Although: 비록 ~이지만

Though[Although] summer is a fun season, I can't stand the heat.
여름은 신나는 계절이기는 하지만, 더위는 참을 수가 없어.

2. Even if, Even though: 비록 ~라 할지라도

You must do it **even if[though]** you don't like it. 그것이 싫더라도 해야 한다.

F. 목적을 나타내는 접속사

◆ ┌ so that ┐ + S + may[can]~ : ~하기 위하여
　└ in order that ┘

She swims every day ┌ **so that** ┐ she **may[can]** stay healthy.
　　　　　　　　　　└ **in order that** ┘
그녀는 건강을 유지하기 위해 매일 수영을 한다.

I got up early ┌ **so that** ┐ I **might [could]** catch the first train.
　　　　　　　└ **in order that** ┘
나는 첫 열차를 타려고 일찍 일어났다.

G. 결과를 나타내는 것

- ┌ so + 형용사·부사 + that ~   ┐ 매우 …해서 ~하다
- └ such + (관사) + 형용사 + 명사 + that ~ ┘

It was **so** *cold* **that** he was shivering. 어찌나 춥던지 그는 와들와들 떨고 있었다.

He looked **such** a mess **that** his mom was ashamed of her.
그의 모습이 너무 엉망이어서 그의 어머니는 창피했다.

Review Test

A. 다음 ( )안에 들어갈 알맞은 말을 고르시오.

1. Which do you like better, summer (but/and/or) winter?
2. (Because/But/Though) I was busy, I helped my mother.
3. He learned how to ski (so/that/when/because) he was only six years old.
4. I went to bed early (because/though/so/if) I was so tired.
5. Please be quiet (because/but/while/so) I'm talking to you.
6. James (and/or/but/as) I come from the same village in England.
7. The child is very skinny and short, (but/and/so/because) he has the strength of an ox.
8. (Whether/That/Since) you can be part of our team remains uncertain.

B. 다음 문장의 _____에 들어갈 알맞은 접속사를 보기에서 찾아 쓰시오.

<보기> and, as, even if, since, that, till, when

1. He was so busy _____ he couldn't read newspaper.
2. Nobody has visited us _____ we came to live here.
3. Please wait here _____ he arrives.
4. This radio station is both educational _____ entertaining.
5. _____ soon as you get home, please call me on my cell phone.
6. _____ I met the actor, I don't think I would get very excited.

C. 괄호 안의 단어를 적절히 변형하고 배열하여 영작하시오.

1. 내가 돌아올 때까지 나를 기억해 주시겠습니까? (will/until/return/remember)

   _____

2. 도움이 필요할 때에는 언제든지 나에게 연락을 주세요.
   (whenever/need/help/contact)

   _____

3. 뉴욕에 있는 동안, 우리는 몇 번의 만남을 가졌다. (New York/several/meeting)

   _____

4. 나와 나의 남편 둘 다 담배를 피우지 않는다. (neither/husband/smoke)
_____

5. 그가 성실한 사람이라고 믿습니까? (diligent/believe)
_____

D. 다음을 영작하시오.

1. 국수와 밥 중에 어느 것을 드시겠습니까?
_____

2. 서둘러라, 그렇지 않으면 학교에 지각할 것이다.
_____

3. 그가 행복해 보여서 나는 그에게 진실을 말하지 않았다.
_____

4. 그녀는 집을 청소하면서 노래 연습을 한다.
_____

5. 나는 제 시간에 도착하려고 버스 대신에 지하철을 탔다.
_____

6. Tom은 영어와 한국어 둘 다 한다.
_____

Chapter 19 관계대명사, 관계부사

▶ 관계대명사의 역할: 두 문장을 하나로 연결시켜 주는 접속사의 역할을 하면서 동시에 대명사 역할까지 겸한다.

▶ 관계대명사의 종류: who, whose, whom, which, that, what

▶ 관계부사의 기능: 두 문장을 하나로 연결시켜 주는 접속사의 역할을 하면서 동시에 부사 역할까지 겸한다.

▶ 관계부사의 종류: where, when, why, how, that

1. 관계대명사의 기능과 종류
2. Who, Whose, Whom의 용법
3. Which, Of which의 용법
4. That의 용법
5. What의 용법
6. 관계대명사의 생략
7. 한정적 용법과 계속적 용법
8. 관계부사의 용법

1 관계대명사의 기능과 종류

A. 관계대명사의 기능: 관계대명사는 접속사와 대명사의 기능을 동시에 한다. 즉, 접속사로서 두 문장을 하나로 연결시켜 주는 동시에, 대명사로서 주어, 목적어, 소유격 대명사의 기능을 한다.

① I know the man. He speaks French well. <두 문장>
→ ② I know the man **and he** speaks French well. <접속사: 문장 연결>
→ ③ I know *the man* **who** speaks French well. <관계대명사: 접속사+대명사>
             선행사   형용사절

나는 불어를 잘 하는 사람을 알고 있다.

* ②번 문장과 비교하면, ③번 문장의 관계대명사 who는 두 문장을 하나로 연결하는 접속사 and와 대명사 he의 역할을 동시에 수행한다.
* 선행사: 관계대명사가 대명사로서 대신하는 본래의 명사를 선행사라 한다. ③번 문장에서 who는 the man을 가리키는 대명사 he를 대신하므로 who의 선행사는 the man이다. 선행사는 보통 관계대명사 바로 앞에 놓이며, 관계대명사절은 그 선행사를 수식하는 형용사절이 된다.

B. 관계대명사의 종류: 관계대명사는 선행사가 사람인가, 사물인가, 동물인가에 따라, 그리고 역할 (주격, 소유격, 목적격)에 따라 다음과 같이 분류된다.

선행사	주격	소유격	목적격
사람	who	whose	whom
동물·사물	which	of which, whose	which
사람·동물·사물	that	-	that
사물(선행사 포함)	what	-	what

2 Who, Whose, Whom의 용법

> ▶ 선행사가 사람인 경우에 사용. (단, whose는 사물인 경우에도 쓰임)
> ▶ 자신이 속한 절에서 ┌ 주어 역할을 하면 → who
> 　　　　　　　　　　├ 목적어 역할을 하면 → whom
> 　　　　　　　　　　└ 소유격 역할을 하면 → whose

A. Who: 선행사가 사람일 때 주격으로 쓰인다. 주격관계대명사 뒤에 오는 동사는 선행사에 일치시킨다.

He is *the boy*. + He broke the window.
→ He is *the boy* **who** broke the window. 그가 창문을 깬 소년이다.

① I have *a friend* **who** *lives* in Busan. 나는 부산에 사는 친구가 있다.
② I have *two friends* **who** *live* in Busan. 나는 부산에 사는 친구가 둘 있다.

* ①은 선행사가 단수(a friend)이므로 lives, ②는 선행사가 복수(two friends)이므로 live가 된다.

B. Whom: 선행사가 사람이고, 타동사나 전치사의 목적어 역할을 한다. 전치사의 목적어로 쓰일 때는 전치사를 관계대명사 앞에 둘 수 있다.

He is *the man*. + I can trust *him*.
→ He is *the man* I can trust **whom**. (X) <관계대명사는 선행사(the man) 뒤에 둔다.>
→ He is *the man* **whom** I can trust. (O) 그는 내가 믿을 수 있는 사람이다.

* whom은 trust의 목적어 역할을 하며, 선행사 the man을 대신하고 있다.

I know *the girl*. + They are looking for her.
→ ① I know *the girl* **whom** they are looking for. (O)
→ ② I know *the girl* **for whom** they are looking. (O) 나는 그들이 찾고 있는 소녀를 안다.

* 관계대명사가 전치사의 목적어로 쓰일 때는 전치사를 본래의 위치(①)에 둘 수도 있고, 관계대명사 앞(②)에 둘 수도 있다.

C. Whose: 소유격 역할을 하며, 선행사가 사람이거나 사물인 경우 모두 쓰인다.

There was *a king*. + *His* name was Midas.
→ There was *a king* **whose** name was Midas. 이름이 마이다스인 왕이 있었다.

I'm looking for *a building*. + *Its* walls are made of glass.
→ I'm looking for a building **whose** walls are made of glass.
　나는 벽이 유리로 된 건물을 찾고 있다.

3 Which, Of which의 용법

▶ 선행사가 동물이거나 사물인 경우에 쓰인다.
▶ 주격, 목적격 → which
▶ 소유격 → of which (of which 대신에 whose를 쓸 수도 있음.)

A. Which: 선행사가 동물 또는 사물인 경우, 주격과 목적격으로 쓰인다.

There are many *issues*. + *They* threaten world peace.
→ There are many *issues* **which** threaten world peace. <주격>
　세계 평화를 위협하는 문제들이 많다.

The car was stolen. + He bought *it* recently.
→ The car **which he bought recently** was stolen. <동사의 목적어>
　그가 최근에 산 차는 도난당했다.
* 관계대명사절(which he bought recently)은 선행사 바로 뒤에 놓인다.

This is *the pen*. + He wrote the novel **with it**.
→ This is the pen **which** he wrote the novel **with**. (○) <전치사의 목적어>
→ This is the pen **with which** he wrote the novel. (○)
　이것은 그가 그 소설을 쓰는 데 사용한 펜이다.
* 관계대명사가 전치사의 목적어일 때는 전치사를 관계대명사 앞에 둘 수 있다.

B. Of which

◆ 선행사가 동물 또는 사물인 경우, 소유격으로 쓰임.
◆ of which 대신에 whose를 쓸 수 있음.

①*Books* sell well. + ②The authors *of them* are famous.
　　　　　　　　　　　③*Their* authors are famous.

①+②→④ *Books* **of which** the authors are famous sell well.
①+③→⑤ *Books* **whose** authors are famous sell well.
　　　　　유명한 작가의 책은 잘 팔린다.
* ②의 them은 ①의 books를 대신하고 of의 목적격이므로, which를 써서 두 문장을 합치면 ④와 같이 된다. 이 때 'of which'는 그 전체를 하나로 묶어서 선행사(Books) 뒤에 놓는다.
* whose를 이용하여 ①과 ③을 합치면 ⑤와 같은 문장이 된다.

She lives in that *house* **of which** the roof is blue.
= She lives in that *house* **whose** roof is blue. 그녀는 지붕이 빨간 저 집에 살아요.

4 That의 용법

> ▶ 선행사는 사람, 동물, 사물 모두 가능하다.
> ▶ 소유격은 없고 주격과 목적격으로만 쓰인다.
> ▶ who, whom, which 대신 쓸 수 있지만, 반드시 that만 써야 하는 경우가 있다.
> ▶ 전치사의 목적어로 쓰인 경우, 전치사는 that 앞에 올 수 없다.
> ▶ 한정적 용법에만 쓰이고 계속적 용법으로는 쓰이지 않는다.

A. Who, Whom, Which 대신 쓰이는 That: who대신 that을 사용하는 경우는 드물지만, whom이나 which보다는 that을 더 즐겨 사용한다.

Do you know the man **that** is running here? <주격: who대신>
이리 뛰어오고 있는 사람을 아니?

He is the doctor **that** [whom] I met yesterday. <목적격: whom대신>
그는 내가 어제 만났던 의사다.

The wallet is mine. + It is on the table.
→ The wallet **that** is **on the table** is mine. <주격: which대신>
테이블 위에 있는 지갑은 내 거야.

This is the perfume **that** I have chosen. <목적격: which대신> 이것이 내가 고른 향수야.

The ring is in the drawer. + You are looking for *it*.
→ The ring **that[which] you are looking for** is in the drawer. (O)
→ The ring **for which you are looking** is in the drawer. (O)
→ The ring **for that you are looking** is in the drawer. (X)
네가 찾고 있는 반지는 서랍 안에 있다.

＊that이 전치사의 목적어로 쓰일 때는 그 앞에 전치사를 둘 수 없다.

B. 반드시 that을 써야 하는 경우

◆ all, every, any, some, no, the only, the very, the same, 서수사, 최상급 등이 선행사를 수식할 때
◆ 「사람과 동물」 또는 「사람과 사물」이 동시에 선행사일 경우
◆ 의문대명사(who, what, which)나 부정대명사(all, much, little)가 선행사일 때

This is *all* the money **that** I have. <all이 선행사 수식> 이게 내가 가진 돈의 전부다.
Is there *any* table **that** you prefer? <any가 선행사 수식> 선호하는 좌석 있으세요?
You're *the only* one **that** really understands me. <the only가 선행사 수식>
나를 진정으로 이해해주는 사람은 너뿐이다

┌ This is *the same* watch **that** I lost. <동일물> 이것은 내가 잃어버린 바로 그 시계다.
└ This is *the same* watch **as** I lost. <동일 종류> 이것은 내가 잃어버린 것과 같은 종류의 시계다

　　* the same이 선행사를 수식하면 that과 as 모두 올 수 있는데, that을 쓰면 동일물 , as를 쓰면 종류가 같다는 의미이다.

Tom was *the first* boy **that** solved the problem. <서수가 선행사 수식>
탐이 그 문제를 푼 최초의 소년이었다.

Love is the *greatest* energy **that** moves people. <최상급이 선행사 수식>
사랑은 사람들을 움직이는 가장 위대한 에너지입니다.

Look at *the boy* and *the dog* **that** are crossing the street. <사람과 동물이 동시에 선행사인 경우>
길을 건너고 있는 소년과 개를 보아라.

Who **that** has common sense can believe it? <의문대명사가 선행사>
상식이 있는 사람이라면 누가 그것을 믿겠는가?

All **that** glitters is not gold. <부정대명사가 선행사> 반짝인다고 모든 것이 금은 아니다.

5 What의 용법

▶ 「선행사+관계대명사」의 기능을 동시에 하고 있어, 선행사가 따로 없다.
▶ what이 이끄는 관계대명사절은 주어, 보어, 목적어 역할을 하는 명사절이다.
▶ 의미 ┌ **the thing(s) which~** = ~하는 것(들)
　　　 └ **anything which~** = ~하는 것은 무엇이든지

I will send *the thing*. + *It* was promised.
　→ I will send **the thing which** was promised.
　→ I will send **what** was promised. 약속한 것을 보내겠다.

What I really need is a telephone. 내가 정말로 필요한 것은 전화이다.

I don't care **what** you say. 네가 뭐라 말하든 난 상관 안 해.

You can do **what** you will. 무엇이든 하고 싶은 것을 해도 좋다.

6 관계대명사의 생략

> ▶ 관계대명사가 타동사나 전치사의 **목적어**일 때 생략할 수 있다.
> ▶ 현재분사, 과거분사, 형용사구 앞에 쓰인 「주격관계대명사+be동사」는 관계대명사와 be동사를 동시에 생략할 수 있다.

The lady **(whom, that)** you *met* is a dentist. <met의 목적어> 네가 만난 부인은 치과의사다.

① This is the restaurant **(which, that)** I first met her **in**.
　이곳이 내가 그녀를 처음 만난 레스토랑이다.
② This is the restaurant **in which** I first met her.

* 관계대명사가 전치사의 목적어로 쓰였을 때, ①처럼 전치사와 관계대명사가 분리되어 있을 때는 생략할 수 있지만, ②처럼 「전치사+관계대명사」의 형태에서는 생략할 수 없다.

Do you know the man **(who is)** *standing* by the door? <현재분사 앞>
문 옆에 서 있는 사람을 아니?

I received a letter **(which was)** *written* in English. <과거분사 앞>
나는 영어로 쓰인 편지 한 통을 받았다.

The piano **(which is)** *in the room* is my sister's. <형용사구 앞>
방 안에 있는 피아노는 나의 누나 것이다.

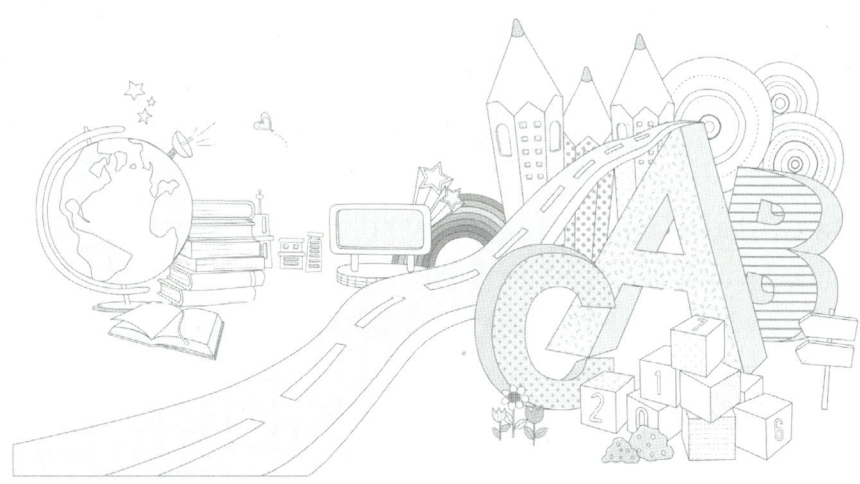

7 한정적 용법과 계속적 용법

관계대명사의 용법은 한정적(제한적) 용법과 계속적 용법으로 나누어진다. who, whose, whom, which는 두 가지 용법에 다 쓰이지만, **that**과 **what**은 한정적 용법으로만 쓰인다.

A. 한정적(제한적) 용법

- ◆ 관계대명사 앞에 콤마(,)가 없다.
- ◆ 관계대명사절은 선행사를 한정(제한, 수식)하는 형용사절이 된다.
- ◆ 해석할 때는 관계대명사절을 먼저 한다.

He has *two sons* **who** became singers.
  ↑_____|

그는 가수가 된 두 아들이 있다. (가수가 아닌 다른 아들이 있을 수 있음)

B. 계속적 용법

- ◆ 관계대명사 앞에 콤마(,)가 있다.
- ◆ 관계대명사절은 선행사에 대한 부연(보충) 설명이다.
- ◆ 해석은 앞에서부터 말 순서대로 해 나간다.
- ◆ that, what은 계속적 용법으로는 쓰이지 않는다.

He had *two sons*, **who** became singers.
  그는 두 아들이 있었는데, 그들은 의사가 되었다. (아들은 둘 뿐임).

C. 계속적 용법의 관계대명사 → 접속사+대명사: 계속적 용법으로 쓰인 관계대명사는 문장의 앞뒤 관계에 알맞게 「접속사(and, but, for, though)+대명사」로 바꾸어 쓸 수 있다.

I met Becky, **who** told me the news. 베키를 만났는데, 그녀가 그 소식을 말해 주었어.
→ I met Becky, **and she** told me the news.

They discovered a well, **which** was dry. 그들은 우물을 발견했지만 그것은 말라 있었다.
→ They discovered a well, **but it** was dry.

I like Ann, **who** is very considerate. 난 앤을 좋아하는데, 매우 사려 깊기 때문이야.
→ I like Ann, **for she** is very considerate.

Uncle Tom, **who** is poor, is honest. 탐 아저씨는 비록 가난하지만 정직하다.
→ Uncle Tom, **though he** is poor, is honest.

8 관계부사의 용법

A. 관계부사의 특징과 종류

- ◆ 「접속사+부사」역할: 두 문장을 연결하는 접속사 역할과 부사 역할을 함.
- ◆ 모두 that으로 바꾸어 쓸 수 있다.
- ◆ 적절한 전치사를 사용하여 「전치사+관계대명사」 형태로 바꾸어 쓸 수 있다.

[관계부사의 종류]

선행사	관계부사	전치사 + 관계대명사
장소(the place)	where	at·in·on + which
시간(the time)	when	at·in·on + which
이유(the reason)	why	for + which
방법(the way)	how	in + which

B. Where의 용법

- ◆ 선행사 : the place, city, town, house 등 장소를 나타내는 명사
- ◆ 「at·in·on + which (전치사+관계대명사)」 형태로 바꾸어 쓸 수 있다.

① This is *the town*.　　② I was born *in it*.
　　　　　　　　　　　　③ I was born *there*.

①+② → ④ This is *the town* **which[that]** I was born **in**. <관계대명사>
　　　→ ⑤ This is *the town* **in which** I was born. <전치사+관계대명사>
①+③ → ⑥ This is *the town* **where** I was born. <관계부사>
　　　　⑦ This is *the town* (**that**) I was born. <that: where 대신>

* ④와 ⑤는 관계대명사를 써서 바꾼 문장.
* ⑥은 ①과 ③을 합친 문장인데, where는 두 문장을 연결하는 접속사 기능과 there를 대신하는 부사 기능을 동시에 함.
* ⑤와 ⑥을 비교하면 where는 「전치사+관계대명사(in which)」를 대신하고 있음.
* ⑦의 that은 where를 대신하는 관계부사이며, 생략하는 경우가 많음.

This is the bridge **where[on which]** I first met her. 이곳이 그녀를 처음 만났던 다리다.

C. When의 용법

- ◆ 선행사: the time, day, month, year 등 시간을 나타내는 명사
- ◆ 「at·in· on + which」 형태로 바꾸어 쓸 수 있다.

2002 was *the year*. + I was born **in the year**.
  → 2002 was *the year* **in which** I was born. <전치사+관계대명사>
  → 2002 was *the year* **when** I was born. <관계부사>
  → 2002 was *the year* (**that**) I was born. <that: when 대신>
    2002년은 내가 태어난 해다.

Let me know *the time* **when[at which]** the singer will arrive.
가수가 도착할 시간을 알려 주세요.

D. Why의 용법

- ◆ 선행사: 이유를 나타내는 명사(the reason)
- ◆ 「for + which」로 바꾸어 쓸 수 있다.

This is *the reason*. + I am here for **it**.
  → This is *the reason* **for which** I am here. <전치사+관계대명사>
  → This is *the reason* **why** I am here. <관계부사>
  → This is *the reason* (**that**) I am here. <that: why 대신>
    이것이 내가 여기 온 이유다.

I'd like to know *the reason* **why[for which]** you're so late.
네가 왜 그렇게 늦었는지 이유를 알고 싶어.

E. How의 용법

- ◆ 선행사: 방법을 나타내는 명사(the way)
- ◆ 「in which」로 바꾸어 쓸 수 있다.

That is *the way*. + The system works **in the way**.
  → ① That is **the way in which** the system works.(O) <전치사+관계대명사>
  → ② That is **the way how** the system works.(X)
  → ③ That is **the way that** the system works.(O) <that: how 대신>
  → ④ That is **the way** the system works.(O)
  → ⑤ That is **how** the system works.(O) 그것이 그 시스템이 작동하는 방식이다.

* how는 다른 관계부사와는 달리 ②처럼 선행사 the way와 함께 쓸 수 없다. 즉, 「the way how~」형태는 쓰지 않고 둘 중 하나는 생략한다. 단, ③처럼 that은 the way와 함께 쓸 수 있다.

He told me **the way in which** he escaped the danger.
→ He told me **the way** he escaped the danger.
→ He told me **how he escaped the danger**.
그는 어떻게 그 위험을 벗어났는지 나에게 말해주었다.

F. 관계부사와 선행사의 생략

◆ 관계부사는 모두 생략할 수 있다.
◆ 관계부사를 생략하지 않고, 그 선행사를 생략할 수도 있다. 단, 선행사가 일반적인 것(the place, the time, the reason, the way)일 때 생략 가능하지만, 구체적인 것일 때는 생략하지 않는다.

① Tell me (**the time**) (**when**) he will arrive. 그가 도착할 시간을 말해 다오.
② That is (**the reason**) (**why**) she was late. 그것이 그녀가 늦은 이유다.
③ Tell me (**the place**) (**where**) you met her. 그녀를 어디에서 만났는지 말해다오.

* ①, ②, ③은 선행사가 일반적인 것이므로, 관계부사와 선행사 둘 중 하나를 생략할 수 있다.

This is *the theater* (**where**) I met her. 이곳이 내가 그녀를 만난 극장이다.

* the theater는 구체적인 장소(선행사)이므로 생략 불가능.

G. 관계부사의 계속적 용법

◆ where, when은 계속적용법으로 쓰이지만, why, how는 쓰이지 않는다.
◆ 형태: 관계부사 앞에 comma(,)가 있다.
◆ 「접속사+부사」형태로 바꿀 수 있음: where→and there, when→and then

They went to Paris, **where** they fell in love with each other.
→ They went to Paris, **and there** they fell in love with each other.
그들은 파리로 갔는데, 거기에서 서로 사랑에 빠졌다.

I was born in 2002, **when** the World Cup was held in Korea.
→ I was born in 2002, **and then** the World Cup was held in Korea.
나는 2002년에 태어났는데, 그 때 월드컵이 한국에서 개최되었다.

Review Test

A. 다음 ____ 에 who, whose, whom, which 중에 알맞은 것을 쓰시오.

1. The man _____ you saw yesterday is my uncle.
2. They have a son _____ name is Michael.
3. I have a friend _____ can speak english very well.
4. Look at that girl _____ hair is very long.
5. There is a young man _____ wants to see you.
6. The picture _____ we saw yesterday wasn't good.

B. 다음 두 문장을 알맞은 관계대명사를 사용해서 연결하시오.

1. This is the girl. + She has a talent for golf.
   → _____

2. She is an artist. + Her paintings are exceptionally colorful.
   → _____

3. Is that the doctor? + He visited your home yesterday.
   → _____

4. There are many children. + He must take care of them.
   → _____

5. This is the watch. + I bought it yesterday.
   → _____

6. There are a variety of trees. + Their leaves become tinted in autumn.
   → _____

C. 다음 ____ 에 들어갈 알맞은 말을 고르시오.

1. He was the first man (who/whom/whose/that) flew over the Atlantic.
2. He has some horses (which/what/how) run very fast.
3. I couldn't understand (that/what/which) he said.
4. This is the best book (that/what/which/whom) I have ever read.
5. Fortunately, the wounded soldier soon ran into a man (which/whose/who/what) knew how to apply first aid.

6. The employer aimed to hire a secretary (that/which/whom/what) can speak French.
7. My friend has three brothers, all of (whom/whose/what/which) live in the state of Florida.
8. The witness saw the missing child (of which/whom/whose/which) the police are looking for.

D. 다음 문장의 밑줄 친 부분을 바르게 고치시오.

1. Gloria is a co-worker <u>I respect whom</u>.
2. The wallet <u>for that</u> you are looking can be found in the lost-and-found box.
3. This is <u>the way how</u> I solved the difficult equation problem.
4. The Smiths live in a town <u>which the citizens of</u> are kind.

E. 다음 밑줄 친 말이 생략 가능한지, 생략 불가능한지 구분하시오.

1. This is the old car <u>which</u> I want to buy.
2. The man <u>whom</u> we saw yesterday was Mr. Smith.
3. That is the girl <u>who</u> showed me the way to the lake.
4. Will you show me the pictures <u>that</u> you took in London?
5. I have a camera <u>which</u> I bought in Japan.
6. He is not the man <u>that</u> was 10 years ago.
7. I bought a book yesterday, <u>which</u> I haven't read yet.
8. This is the house in <u>which</u> we are going to live.

F. 다음 문장의 _____ 에 where, when, why, how 중 알맞은 것을 쓰시오.

1. April 10 is the day _____ my son was born.
2. This is the reason _____ I didn't go to the party.
3. Jane came to the town _____ Jim lived.
4. I don't know the reason _____ she is crying.
5. I remembered the time _____ he first called on me.

G. ( )안에 있는 말을 적절히 변형하고 배열하여 영작하시오.

1. 에머슨은 내가 가장 존경하는 미국 시인이다. (Emerson/that/respect/poet)

   _____

2. 어제 오래 된 친구를 만났는데, 그가 다른 친구들의 근황을 알려 주었다.
   (yesterday/friend/meet/current situation/other)

   _____

3. Lincoln은 비록 정식 교육을 못 받았지만 변호사 시험에 합격했다.
   (receive/formal education/bar exam/though/pass)

   _____

4. 서랍 안에 있는 물건은 나의 룸메이트의 것이다. (drawer/item/roommate/which)

   _____

5. 내가 장학금을 준 학생은 그 학교의 우등생이었다. (scholarship/award/to/outstanding)

   _____

6. 이 코트를 구입한 가게를 말해주겠니? (tell/will/coat/store/buy/where)

   _____

H. 다음을 영작하시오.

1. Mary는 스페인에 사는 사촌이 하나 있다.

   _____

2. 바로 이 사람이 렘브란트(Rembrandt)의 그림을 훔쳐간 도둑이다.

   _____

3. 이 은행계좌에 있는 금액이 내가 가진 전 재산이다.

   _____

4. 스미스 형사가 처음으로 현장에 도착한 사람이었다.

   _____

5. 이 스테이크는 이제까지 내가 먹은 것 중 가장 맛있는 식사다.

   _____

6. 당신이 찾고 있는 여자는 이미 유럽으로 떠났다.

   _____

Chapter 20 가정법

실제 사실을 있는 그대로 표현하는 것을 직설법, 상상 또는 실제의 사실과 반대의 상황을 가정하여 표현하는 것을 가정법이라 한다.

가정법 문장은 보통 「조건절(if절) + 귀결절(주절)」로 이루어지며, 가정법 과거, 가정법 과거완료 등이 있다.

▶ 현재사실과 반대되는 일 가정 → 가정법 과거
▶ 과거사실과 반대되는 일 가정 → 가정법 과거완료

가정법 표현의 핵심은 동사에 있으므로, 가정법의 종류에 따라 쓰이는 동사의 형태(시제)에 유의해서 익혀 두어야 한다.

1. 가정법 과거
2. 가정법 과거완료
3. If의 생략
4. If절이 없는 가정법

1 가정법 과거

▶ 현재사실과 반대되는 상황을 가정
▶ 시제는 과거라도 현재의 일이므로 직설법으로 고치면 현재시제가 된다.
▶ 조건절(if절)에는 과거동사를 쓴다. be동사인 경우는 <u>1,3인칭 단수에도 were</u>를 써야 하나, 요즘은 was를 쓰기도 한다.

> If + S + [과거동사 / were[was]] ~, S + [would, should / could, might] + 동사원형 …
> (만약 ~라면 …할 텐데)

If I **were[was]** a bird, I **could fly** to you. 내가 새라면 당신에게 날아갈 텐데.
 → As I **am not** a bird, I **cannot fly** to you. <직설법: 현재시제>
   새가 아니어서 당신에게 날아갈 수가 없다.

If I **had** enough money, I **could buy** a new car. 돈이 충분하면 새 차를 살 수 있을 텐데.
 → As I **don't have** enough money, I **cannot buy** a new car.
   돈이 충분치 않아서 새 차를 살 수가 없다.

If I **were[was]** rich, I **would spend** all my time travelling.
 내가 부자라면 항상 여행만 하며 지낼 텐데.

What **would** you **do** if you **lost** your job? 만약 직장을 잃으면 무엇을 하시겠어요?

2 가정법 과거완료

▶ 과거사실과 반대되는 상황을 가정.
▶ 시제는 과거완료일지라고 과거의 일이므로 직설법으로 고치면 과거시제가 된다.

> If + S + had + p.p~, S + ┌ would, should ┐ + have + p.p…
> 　　　　　　　　　　　　└ could, might ┘
> (만약 ~ 했더라면 …했을 텐데.)

If you **had not helped** me, I **might have been** in trouble.
만약 네가 도와주지 않았더라면 난 곤란에 처했을 거야.
　→ As you **helped** me, I **was not** in trouble. 네가 도와주어서 나는 곤란에 처하지 않았어.
I **would have said** hello if I **had seen** you. 당신을 봤다면 인사를 했겠죠.
　→ I **didn't say** hello as I **didn't see** you. 당신을 보지 못해서 인사를 못 했어요.

Check Point

※ 가정법 현재와 조건 부사절

　조건 부사절(if절)에서는 미래의 일이라도 현재시제로 표현한다. 미래 일을 가정하여 현재시제로 표현하므로, 이것을 "가정법 현재"로 설명하기도 한다. 하지만, 그렇게 복잡하게 구분하기 보다는, 시간·조건 부사절에서는 미래의 일이라도 현재시제로 표현한다(Chapter 4. 시제)고 알아두면 된다.

　If it **rains** tomorrow, I will stay home. 내일 비가 오면 나는 집에 있을 거예요.

3. If의 생략

▶ If절에 **were, had** 등의 동사가 있으면 **if**는 생략이 가능하다.
▶ **If**를 생략할 때는 주어, 동사의 순서가 바뀌어, 「V+S」가 된다.

$$\text{If} + S + \begin{bmatrix} \text{were} \sim \\ \text{had} \sim \end{bmatrix} \rightarrow \begin{bmatrix} \text{Were} \\ \text{Had} \end{bmatrix} + S \sim$$

If I were rich, I would travel around the world.
내가 부자라면 세계 일주 여행을 할 텐데.
→ **Were I** rich, I would travel around the world.

If you had run all the way, you'd have gotten there in time.
네가 줄곧 달려갔더라면 제시간에 그곳에 도착했을 텐데.
→ **Had you** run all the way, you'd have gotten there in time.

4. If절이 없는 가정법

A. 주절에 If절의 역할을 하는 어구가 포함된 경우: 주절에 있는 주어, 부사(구), 부정사, 분사 등이 **if**절의 의미를 대신하는 경우, **if**절은 생략되고 주절만 쓰인다.

A wise man *would not say so*. <주어> 현명한 사람이라면 그렇게 말하지 않을 텐데.
= If he were a wise man, he would not say so.

Ten years ago, I *could have done* it with ease. <부사구>
= If it had been ten years ago, I could have done it with ease.
십년 전이었으면 그 일은 쉽게 해냈을 거야.

I *would be* happy **to go with you**. <부정사> 당신과 함께 갈 수 있으면 좋을 텐데.
= I would be happy if I could go with you.

The same man, **living in this country**, *would be* a hero. <분사구문>
= If the same man lived in this country, he would be a hero.
똑같은 사람이 이 나라에 살면 영웅이 될 텐데.

B. I wish + 가정법: 이룰 수 없는 소망이나 하지 못한 일에 대한 후회를 나타낸다.

◆ I wish ┌ S + 과거동사 ~ : 가정법 과거 (~하면 좋을 텐데)
         └ S + had + p.p ~ : 가정법 과거완료 (~하였더라면 좋았을 텐데)

I **wish** I **had** a smart phone. <가정법 과거> 스마트폰이 있으면 좋겠는데.
= I am sorry I don't have a smart phone. <직설법 현재> 스마트폰이 없어서 아쉬워.

I **wish** I **had saved** some money beforehand. <가정법 과거완료>
미리 저축을 좀 해 두었으면 좋았을 텐데.
= I am sorry I **didn't save** some money beforehand. <직설법 과거>
미리 저축을 해 두지 않았던 것이 유감이다.

C. As if[though] + 가정법: '마치 ~인 것처럼, 마치 ~했던 것처럼'

◆ as if[though] + ┌ S + 과거동사 ~: 가정법과거 (마치 ~인 것처럼)
                   └ S + had + p.p ~: 가정법 과거완료 (마치 ~했던 것처럼)

She talks **as if[though]** she **knew** all about it. <가정법 과거>
그녀는 그것에 관해 마치 모든 것을 아는 것처럼 말한다.(실제로는 모르면서)

He talks **as if[though]** he **had been** to Africa. <가정법 과거완료>
그는 마치 아프리카에 가본 것처럼 이야기한다.(실제로는 가보지 않았으면서)

D. But for ~, Without ~: ~이 없다면, ~이 없었다면

◆ But for ~ ┐   ┌ If it were not for ~: ~이 없다면 <가정법과거>
   Without ~ ┘ → └ If it had not been for ~: ~이 없었다면 <가정법 과거완료>

But for[Without] rules, we **would live** in a state of chaos. <가정법 과거>
→ **If it were not for** rules, we would live in a state of chaos.
규칙이 없다면 우리는 혼란 상태에서 살 것이다.

But for[Without] your help, I **would have failed**. <가정법 과거완료>
→ **If it had not been for** your help, I **would have failed**.
네 도움이 없었다면 나는 실패했을 거야.

Review Test

A. 다음 ( )안의 단어를 알맞은 형태로 바꾸시오.

1. If I (be) a bird, I could fly to you.
2. If he (work) harder, he would have succeeded.
3. (Be) I rich, I could help the poor.
4. I wish I (have) enough money.

B. 다음 두 문장이 같은 뜻이 되도록 빈칸에 알맞은 말을 쓰시오.

1. As I am not rich, I can't buy it.
   → If I were rich, I _____ buy it.
2. If she had not been ill, she might have come here.
   → As she _____ ill, she didn't come here.
3. If it were not for air, nothing could live.
   → _____ _____ air, nothing could live.
4. If he had not worked hard, he would not have passed the exam.
   → He worked hard, so he _____ the exam.
5. An honest man would not tell a lie.
   → If he _____ an honest man, he would not tell a lie.
6. He should be very glad to meet you.
   → He should be very glad if he _____ meet you.

C. 다음 문장에서 틀린 부분을 찾아 고쳐 쓰시오.

1. I wish I can meet her.
2. He talks as if he sees the movie.
3. You look as if you have been very ill.
4. If it were not for your help, I can't get out of there.

Chapter 20

D. 괄호 안의 단어를 적절히 변형하고 배열하여 영작하시오.

1. 사랑이 없다면 우리는 행복하게 살 수 없을 것이다.
   (if/it/not/love/could/live/happily)
   _____

2. 너의 조언이 없었다면 나는 삐뚤어진 길을 갔을 것이다. (if/be/advice/wrong path/go)
   _____

3. 친구가 많이 있으면 좋으련만. (wish/many/friend)
   _____

4. 네가 집안일을 도와주면 좋을 텐데.
   (it/nice/would/if/help/with/the housework/me)
   _____

E. 다음을 영작하시오.

1. 만약 그를 더 일찍 만났더라면 나의 인생은 달라졌을 텐데.
   _____

2. 좀 더 일찍 그 책을 읽었으면 좋을 것을.
   _____

3. 성숙한 사람이라면 그렇게 말하지 않을 텐데.
   _____

4. 내가 그 사실을 알았더라면, 이 일은 일어나지 않았을 텐데.
   _____

5. 그녀는 마치 그 배우에 대하여 모든 것을 다 아는 것처럼 말한다.
   _____

Chapter 21 일치와 화법

　일치란 문장 안에서 서로 관련된 말을 일관되게 표현하는 것을 말하는데, 수의 일치(주어와 동사의 일치)와 시제의 일치가 있다.
　화법이란 어떤 사람이 말한 것을 다른 사람에게 전달하는 표현방법을 말하며, 들은 말을 그대로 인용하여 전달하는 직접화법과, 전달하는 사람의 입장에 맞는 표현으로 바꾸어 전달하는 간접화법이 있다.

1. 주어와 동사의 일치
2. 시제의 일치
3. 화법의 종류와 전환
4. 평서문의 화법전환
5. 의문문의 화법전환
6. 명령문의 화법전환
7. 감탄문의 화법전환

1 주어와 동사의 일치

▶ 주어가 단수이면 단수동사, 복수이면 복수동사를 써서 일치시킨다.

A. A and B: 복수동사를 쓰는 것이 원칙이지만 둘이 묶여서 하나의 개체가 되는 경우에는 단수 동사를 쓴다.

Korea and Turkey **are** good friends. 한국과 터키는 좋은 친구 사이다.

- *The poet and the professor* **were** dead. <시인과 교수 두 사람>
  그 시인과 그 교수는 죽었다.
- *The poet and professor* **was** dead. <시인이자 교수인 한사람>
  시인이자 교수인 그 사람이 죽었다.

  * 관사가 양쪽에 다 있을 때는 다른 두 사람이고, 관사가 앞쪽에만 있을 때는 동일인이다.

- A *black and a white cat* **live** together. <두 마리>
  검은 고양이와 흰 고양이가 함께 산다.
- A *black and white cat* **lives** is in the old house. <한 마리>
  검은색과 흰색의 털을 가진 고양이 한 마리가 그 낡은 집에 산다.

Bread and butter **is** my daily breakfast. <단일품목>
버터 바른 빵이 나의 매일 아침식사이다.

  * bread and butter (버터 바른 빵), a watch and chain(줄 달린 시계), a needle and thread (실을 꿴 바늘) 등은 단수 취급한다.

B. 상관 접속사로 연결된 주어

- ◆ A or B : A 또는 B
- ◆ Either A or B : A와 B 둘 중 하나
- ◆ Neither A or B : A도 B도 ~않다
- ◆ Not only A but also B : A뿐만 아니라 B도

→ B(후자)에 일치시킨다.

- ◆ A as well as B: B뿐만 아니라 A도 → A(전자)에 일치시킨다.

I think that *you or I* **am** in the wrong seat. 당신 아니면 내가 자리를 잘못 앉은 것 같습니다.
Either you or she **has** to do it. 너 아니면 그녀가 그것을 해야만 한다.

Neither he nor I **have** heard of it. 그도 나도 그것을 듣지 못했다.
Not only she but also I **have** been invited.
= *I as well as she* **have** been invited. 그녀뿐만 아니라 나도 초대를 받았다.

C. Many~, Many a ~

- many + 복수명사 → 복수동사
- many a + 단수명사 → 단수동사

Many students **use** their cell phones in class. 많은 학생들이 수업 중에 휴대전화를 사용한다.
Many a man **has** made the same mistake. 많은 사람이 같은 실수를 한다.

D. A number of ~, The number of ~

- a number of + 복수명사 (많은~) → 복수동사
- the number of + 복수명사 (~의 숫자) → 단수동사

These days a *number of students* **have** part-time jobs.
요즘 많은 학생들이 파트타임 일을 한다.
The number of newborn babies **is** decreasing in Korea.
한국에서는 신생아의 수가 감소하고 있습니다.

E. 뒤에 오는 명사의 수에 의해 단수, 복수가 결정되는 어구

⎡ half(절반), part(부분), most(대부분) ⎤ +(of)+ ⎡ 복수명사 → 복수동사
⎣ the rest(나머지), all(모두), some(몇몇) ⎦   ⎣ 단수명사 → 단수동사

⎡ *Most of my books* **are** novels. 내 책의 대부분은 소설이다.
⎣ *Most of my time* **is** spent in reading. 내 시간의 대부분은 독서로 보낸다.
⎡ *All of the seats* **are** empty. 모든 좌석이 비어있다.
⎣ *All of the milk* **was** spilt. 우유가 전부 쏟아졌다.

F. Each(각각의), **Every**(모든): 어떤 집단에 속한 구성원 전체를 낱낱의 개별적인 관점에서 지칭하므로 단수로 취급한다.

◆ each, every + 단수명사 → 단수동사

Each country **has** a different way of celebrating New Year's Day.
나라마다 새해 첫날을 기념하는 각자의 방식을 가지고 있다.

Every bedroom **has** its own private bathroom.
모든 방에는 각기 개인 화장실이 있다.

G. 시간, 거리, 금액 등을 나타내는 복수명사 → 단수 취급

Ten years **is** not a short period. <시간> 10년은 짧은 기간은 아니다.
Five miles **is** a long way for an old woman to walk. <거리>
5마일은 나이든 여성이 걷기에는 먼 길이다.
Ten thousand dollars **is** nothing to somebody as rich as he is. <금액>
그 사람처럼 부자인 사람에게 만 달러는 아무것도 아니다.

Check Point

※ 복수형태로 보이는 국가명, 학과명: 복수동사를 쓰지 않도록 주의해야 한다.

- 국가명: The United States, The Philippines, The Netherlands 등
- 학과명: mathematics(수학), physics(물리학), economics(경제학) 등

The United States (of America) **has** the new president.
미합중국은 새로운 대통령을 갖게 되었다.

Mathematics **is** the study of numbers, sizes, and shapes.
수학은 수, 크기, 모양을 연구하는 학문입니다.

2 시제의 일치

A. 시제 일치: 주절시제에 따라 종속절의 시제를 일치시키는 것

- 주절이 현재일 때 → 종속절에는 모든 시제가 가능함.
- 주절이 과거일 때 → 종속절에는 과거, 과거완료, 과거진행형이 가능함.

I **think** that Santa **is** real. 난 산타가 진짜라고 생각해.
→ I **thought** that Santa **was** real. 난 산타가 진짜라고 생각했어.
I **think** that **was** a terrible decision. 그건 끔찍한 결정이었다고 생각한다.
→ I **thought** that **had been** a terrible decision. 그건 끔찍한 결정이었었다고 생각했다.
I **don't** know where she **is** going. 그녀가 어디로 가는지 모른다.
→ I **didn't** know where she **was** going. 그녀가 어디로 가는지 몰랐다.

B. 주절시제와 상관없이 항상 일정한 시제를 쓰는 경우

- 불변의 진리, 속담, 현재의 습관, 성질, 직업 → 항상 현재형
- 역사적 사실 → 항상 과거형
- 가정법, must → 주절의 시제가 바뀌어도 불변

We *were* taught that the Earth **is** round. <불변의 진리> 우리는 지구가 둥글다고 배웠다.
He *told* me that he **goes** to school by bus. <현재의 습관>
그는 버스를 타고 학교에 다닌다고 나에게 말했다.
Did you know that Columbus **discovered** America in 1492? <역사적 사실>
콜럼버스가 1492년에 미대륙을 발견했다는 것을 알고 있었니?

⎡ She *says* that if she **had** wings she **would fly** to me. <가정법 과거>
⎢ 그녀는 날개가 있으면 나에게 날아올 거라고 말한다.
⎣ She *said* that if she **had** wings she **would fly** to me. <가정법 과거>
 그녀는 날개가 있으면 나에게 날아올 거라고 말했다.

⎡ He *says* that we **must[has to]** reduce taxes. <must> 그는 우리가 세금을 줄여야 한다고 말한다.
⎣ He *said* that we **must[had to]** reduce taxes. <must> 그는 우리가 세금을 줄여야 한다고 말했다.

* must 대신 'have to'를 쓸 때는 과거형 'had to'를 쓴다.

3 화법의 종류와 전환

어떤 사람이 말한 것을 다른 사람에게 전달하는 표현방법을 화법이라고 한다. 화법에는 <u>들은 말을 그대로 인용하여 전달하는 직접화법</u>과 <u>들은 사람의 입장에 맞는 표현으로 바꾸어 전달하는 간접화법</u>이 있다.

A. 직접화법: 들은 말을 그대로 인용하여 다른 사람에게 전달하는 표현방법.

<u>Bill</u> <u>said to</u> me, <u>"It is a good idea."</u>
주어 전달동사   피전달문

◆ 「주어 + 전달동사 ~ , "피전달문"」 형태
◆ 전달동사: 어떤 사람이 그 말을 했는지 나타내는 동사
◆ 피전달문(전달되는 말): 그 앞에 comma(,)를 찍고, 인용부호(" ")로 묶는다.

B. 간접화법: 들은 말을 전달할 때, 시간, 장소, 전달받는 대상 등 바뀐 상황에 맞게 고쳐서 전달하는 표현방법

<u>Bill</u> <u>told me</u> <u>(that)</u> <u>it was a good idea.</u>
주어 전달동사 연결사   피전달문

◆ 「주어 + 전달동사 + 연결사 + 피전달문」 형태
◆ 연결사: 주절과 피전달문을 연결하는 접속사

C. 직접화법을 간접화법으로 전환하는 방법과 순서

① 전달동사를 피전달문의 종류에 따라 적당히 바꾼다.
② Comma(,) 와 인용부호(" ")를 없애고 피전달문 앞에 연결사를 쓴다.
③ 전달하는 사람의 입장에 맞게 피전달문의 인칭대명사를 바꾼다.
④ 피전달문의 시제를 전달동사의 시제에 일치시킨다.
⑤ 지시사나 부사(구)를 전달하는 상황에 맞게 고친다.

1. 전달동사의 전환: 피전달문의 종류에 따라 다음과 같이 전환한다.

피 전 달 문	전달동사 (직접화법 → 간접화법)
평 서 문	say → say, say to → tell
의 문 문	say to → ask
명 령 문	say to → tell, advise, order, ask
감 탄 문	say → cry, shout, exclaim

2. 연결사: 피전달문의 종류에 따라 다음과 같이 사용된다.

피 전 달 문	연 결 사
평 서 문	that(생략가능)
의 문 문	① 의문사가 없는 의문문 → if, whether ② 의문사 있는 의문문 → 의문사 자신이 연결사
명 령 문	to부정사 (부정명령문은 not to부정사)
감 탄 문	감탄문 어순을 쓸 때 → what, how 평서문으로 바꾸어 쓸 때 → that

3. 지시사와 부사(구)의 전환: 상황에 따라 다르지만, 일반적으로 다음과 같이 바뀐다.

this → that
now → then
today → that day
yesterday → the day before, the previous day
tomorrow → the next day, the following day
next week → the next week, the following week
next year → the next year, the following year
last night → the night before, the previous night
last year → the year before, the previous year
here → there
~ ago → ~ before

4 평서문의 화법전환

▶ 전달동사: say → say, said → said, say to → tell, said to → told
▶ 연결사: that(생략가능)

- She *said*, "**I'm lucky this year**." 그녀는, "난 올해 운이 좋아"라고 말했다.
- She *said* (**that**) **she was lucky that year**. 그녀는 그 해에 운이 좋았다고 말했다.

- He *said* to me, "**I read this book yesterday**".
  그는 내게 말했다, "난 어제 이 책 읽었어"라고.
- He *told* me (**that**) **he had read that book the day before**.
  그는 그 전날 그 책을 다 읽었다고 내게 말했다.

- Tom *said to* them, "**I will start early tomorrow morning**."
  톰이 그들에게 말했다, "난 내일 아침 일찍 떠날 거야"라고.
- Tom *told* them (**that**) **he would start early the next morning**.
  톰은 그들에게 그 다음날 아침 일찍 떠날 거라고 말했다.

5 의문문의 화법전환

▶ 전달동사: **ask**
▶ 연결사 ┌ 의문사 없는 의문문 → **if, whether**
         └ 의문사 있는 의문문 → 의문사 자체가 연결사로 쓰임
▶ 간접화법의 피전달문은 간접의문문 어순(주어+동사)이 된다.

A. 의문사 없는 의문문: 「if[whether] + S +V」

┌ Mom *said to* me, "**Are you ready for the test?**"
│   엄마는 내게 말했다. "시험준비는 했니"라고.
└ Mom *asked* me **if[whether] I was ready for the test**.
    엄마는 내게 시험 준비가 되었는지의 여부를 물었다.

┌ She *said to* him, "**Have you caught a cold?**"
│   그녀는 그에게 말했다, "감기에 걸렸습니까?"라고.
└ She *asked* him **if he had caught a cold**.
    그녀는 그에게 감기에 걸렸느냐고 물었다.

B. 의문사 있는 의문문: 「의문사 + S + V」

┌ I *said to* her, "**Where do you learn to dance?**"
│   나는 그녀에게 말했다, "어디서 춤을 배우나요?"라고.
└ I *asked* her **where she learned to dance**.
    나는 그녀에게 어디서 춤을 배우느냐고 물었다.

┌ She *said to* me, "**Why did you drink so much?**"
│   그녀가 나에게 말했다. "왠 술을 이렇게 마셨어요?"라고.
└ She *asked* me **why I had drunk so much.**.
    그녀는 나에게 왠 술을 그리 많이 마셨느냐고 물었다.

6 명령문의 화법전환

▶ 전달동사 ┌ 명령일 때 → **tell, order**
　　　　　├ 충고일 때 → **advise**
　　　　　└ 부탁일 때 → **ask**
▶ 연결사　 ┌ 긍정명령문 → **to 부정사**
　　　　　└ 부정부령문 → **not to 부정사**

A. 긍정 명령문 → to부정사

┌ He *said to* me, "**Open the door.**" <명령>
│　그는 나에게 말했다, "문 열어"라고.
└ He *told* me **to open the door**. 그는 내게 문을 열라고 말했다.

┌ He *said to* his men, "**Stay where you are.**" <명령>
│　그는 부하들에게 말했다, "현 위치에 그대로 있어"라고.
└ He *ordered* his men **to stay where they were**.
　그는 부하들에게 현 위치에 그대로 있으라고 명령했다.

B. 부정 명령문 → not to부정사

┌ She *said to* me, "**Don't be disappointed.**" <충고>
│　그녀는 나에게 말했다, "실망하지 마"라고.
└ She *advised* me **not to be disappointed**.
　그녀는 나에게 실망하지 말라고 충고했다.

┌ I *said to* them, "**Don't interrupt me please.**" <부탁>
│　나는 그들에게 말했다, "방해하지 말아주세요."라고.
└ I *asked* them **not to interrupt me**.
　나는 그들에게 방해하지 말아달라고 부탁했다.

감탄문의 화법전환

▶ 달동사: **cry, shout, exclaim**
▶ 연결사 ┌ 감탄문 어순을 그대로 쓸 때: **what, how**
　　　　 └ 평서문 어순을 쓸 때: **that**(생략가능)

A. 감탄사가 없는 경우

She *said*, "**What a nice car it is!**"
"정말 멋진 차군!"이라고 그녀는 말했다.
　→ She *cried out* **what a nice car it was**.
　→ She *said* (**that**) **it was a very nice car**.

She *said to* me, "**How happy I am!**"
"정말 행복해!"라고 그녀는 내게 말했다.
　→ She *told* me **how happy she was**.
　→ She *exclaimed* **that she was very happy**.

B. 감탄사가 있는 경우: 감탄사는 거기에 담긴 감정에 맞게 **with joy**(기뻐서), **with delight**(기뻐서), **with a sigh**(한숨지으며), **with regret**(애석해 하며) 등의 부사구로 바꾸어 표현한다.

He *said*, "**Hurrah! I have passed!**"
그는 "야호! 난 합격했어!"라고 말했다.
　→ He *exclaimed* **with delight that he had passed**.
　　그는 합격했다고 기뻐서 외쳤다.

He *said*, "**Alas, she is gone!**"
그는 "아, 그녀가 가버리다니!"라고 말했다.
　→ He *exclaimed* **with a sigh that she was gone**.
　　그는 그녀가 가버렸다고 한숨지으며 외쳤다.

Review Test

A. 다음 문장에서 틀린 부분을 바르게 고쳐 쓰시오.

1. A red-haired and a blond girl lives together in this house.
2. Not only my brother but also I are taught by that teacher.
3. Mary as well as her parents see the value of a good education.
4. Many a public officer were present at the meeting.
5. The number of single parents have greatly increased over the years.
6. All of the concert tickets was sold out.
7. Every employee were nervously waiting for what would happen next.

B. 다음 ( )안에 들어갈 알맞은 말을 고르시오.

1. I didn't know that you (are/were) lazy.
2. He said that the sun (is/was) the center of the solar system.
3. Either you or she (have/has) to do the work.
4. We were taught that Columbus (discover/discovered) America in 1492.
5. Most of my time (is/are) spent in reading.
6. Physics (is/are) not so easy to study.
7. Kevin said that he (has/had) been to New York.
8. Harry said that if he had the money he (will/would) lend it to me.

C. 다음 문장을 간접화법으로 바꾸시오.

1. The mother said to her daughter, "Are you tired?"
   → _____

2. I said to her, "Have you ever been to Korea?"
   → _____

3. She said to me, "What do you want for dinner?"
   → _____

4. The policeman said to him, "Don't move."
   → _____

5. She said, "What an amazing view this is!"
   → _____

6. The detective said to him, "It is better to confess now."
   → _____

7. The woman said, "I am satisfied that everyone has heard my story."
   → _____

D. 다음 문장을 직접화법으로 바꾸시오.

1. He told me that he had dreamed about me.
   → _____

2. Tom asked her if she had heard the name 'Simon.'
   → _____

3. She asked me why I hadn't come there.
   → _____

4. The teacher told me to open the windows and aerate the room.
   → _____

E. 괄호 안의 단어를 적절히 변형하고 배열하여 영작하시오.

1. 설탕뿐만 아니라 소금도 당신과 같은 환자에겐 매우 안 좋아요. (as well as/patient/bad)
   _____

2. 내 책들의 대부분은 소설과 시집이다. (most of/novels/poems)
   _____

3. 내 여동생뿐만 아니라 나도 부모님에게 거짓말을 했다. (Not only/lie/parents)
   _____

4. 너는 바이킹 족이 영국을 오랫동안 침략한 것을 알고 있었니? (the Vikings/invade/Britain)
   _____

5. 여자와 남자는 서로를 자주 오해한다. (each/often/misunderstand/each other)
   _____

F. 다음을 영작하시오.

1. David은 나에게 그 다음날 올 수 있다고 말했다.
   _____

2. 그는 전철을 타고 학교에 다닌다고 선생님께 이야기했다.
   _____

3. 프랑스 역사와 경제학 중 하나가 내 전공이 될 것이다.
   _____

4. 그 아이는 부모님에게 학교 프로젝트를 완성했다고 거짓말했다.
   _____

5. 세 시간은 그 작은 방안에서 앉아있기에는 긴 시간이다.
   _____

Step by Step

핵심 쏙 실력 쑥

기초영어

정답 및 해설

저자 **권순복**

답답함을 풀어주는 시원한 정리
쉽게 이해되는 명료한 설명
활용으로 이어지는 실용적인 예문
확인학습과 내신을 대비하는 실전문제

책읽는 사람들

Chapter 1 품사, 요소, 구, 절   pp.18~19

A. 다음 밑줄 친 부분의 품사를 쓰시오.

1. drove - 동사, fast - 부사   2. clever - 형용사, tricked - 동사
3. but - 접속사, very - 부사   4. lie - 명사, alas - 감탄사
5. They - 대명사, race - 명사   6. usually - 부사, at - 전치사
7. while - 접속사, sun - 명사   8. with - 전치사, Jim - 명사

1. 그는 자동차를 매우 빨리 운전했다.
2. 영리한 여우는 사냥꾼을 속였다.
3. 그는 젊진 않지만 매우 강하다.
4. 그 소년은 결코 거짓말을 안했다.
   하지만, 아~ 아무도 그를 믿어주지 않았다!
5. 그들은 경주를 곧 시작할 것이다.
6. 그녀는 보통 밤에 책을 읽는다.
7. 햇빛이 있을 때 건초를 만들어라(기회를 놓치지 마라).
8. 나는 조지, 클린턴 그리고 짐과 함께 갔다.

B. 다음 밑줄 친 부분의 문장 요소(주어, 동사, 보어, 목적어, 목적보어)를 쓰시오.

1. Many boys - 주어
2. me - 목적어(간접목적어), some oranges - 목적어(직접목적어)
3. looked - 동사, tired - 주격보어
4. was - 동사, rude - 주격보어
5. You - 주어, clean - 목적보어
6. dancing - 목적어
7. you - 목적어, a great man - 목적보어
8. an unsuccessful actor - 주격보어, talented - 목적보어
9. Learning a new sport - 주어, difficult - 주격보어

1. 많은 소년들이 이곳 합창단에서 노래한다.
2. 그는 나에게 오렌지를 좀 주었다.
3. 그녀는 조금 피곤해 보였다.
   * tired는 주어 'She'의 상태를 나타내므로 주격보어.
4. 그 남자는 친절했지만, 그의 아내는 무례했다.
   * rude는 주어 'his wife'의 상태를 나타내므로 주격보어.
5. 네 방을 청결하게 유지해야 해.
   * clean은 목적어 'your room'의 상태를 나타내므로 목적보어.
6. 난 친구들과 춤추기를 즐겼다.
7. 돈이 너를 위대한 사람으로 만들어주진 않아.
   * a great man은 목적어 'you'의 상태를 나타내므로 목적보어.

8. 내 친구는 성공적인 배우는 아니지만 난 그가 재능이 있다고 생각한다.
   * 'an unsuccessful actor'는 주어 'My friend'의 상태를 나타내고 있으므로 주격보어. talented는 목적어 'him'의 상태를 나타내므로 목적보어.
9. 새로운 운동을 배우는 건 내겐 어렵다.

C. 다음 밑줄 친 부분이 명사구, 형용사구, 부사구 중 어떤 것인지 쓰시오.

1. 부사구   2. 명사구   3. 형용사구

1. 중국어는 말하기는 쉽지만, 쓰기에는 어렵다.
   * 두 단어(to write)가 모여서 앞에 있는 형용사 'difficult'를 수식하는 부사 역할을 함.
2. 컴퓨터 프로그래밍을 배우는 건 내 일에 유용하다.
   * 네 단어(To learn computer programming)가 모여서 명사처럼 주어로 쓰이고 있음.
3. 마실 거 좀 가져다줄까?
   * 두 단어(to drink)가 모여서 앞에 있는 명사 'something'을 수식하는 형용사 역할을 함.

D. 다음 밑줄 친 부분이 명사절, 형용사절, 부사절 중에 어떤 것인지 쓰시오.

1. 부사절   2. 명사절   3. 형용사절   4. 부사절

1. 너무 졸려서 더 이상 영화를 볼 수 없겠어.
   * 앞에 있는 주절을 수식(보조)하고 있음.
2. 내가 너에게 정말로 바라는 것은 진실이다.
   * 동사 'is'의 주어로서 명사역할을 함.
3. 저곳이 우리가 이사 갈 집이다.
   * 앞에 있는 명사 'the house'를 수식하는 형용사 역할을 함.
4. 눈이 내리면 이웃들이 함께 모여 모닥불을 피웠다.
   * 뒤에 나오는 주절을 수식(보조)하고 있음.

Chapter 2 문장의 기본형식 pp.30~31

A. 다음 <보기>에서 형식이 같은 문장을 골라 그 기호를 쓰시오.

1. ④   2. ③   3. ①   4. ②   5. ⑤

<보기>
① 디자이너는 그 방을 푸르게 장식했다. <5형식>
② 일찍 일어나는 새가 벌레를 잡는다. <3형식>
③ 우리 마을에는 아름다운 강이 있다. <1형식>
④ 웨이트리스가 당신에게 커피를 좀 만들어줄 거예요. <4형식>
⑤ 어머니는 무척 행복해 보였다. <2형식>

1. 집주인은 나에게 경고를 주었다. <4형식>
2. 왕비는 우아하게 웃었다. <1형식>
3. 톰은 담장을 희게 칠했다. <5형식>
4. 그녀는 자기 차를 매주 토요일 세차한다. <3형식>
5. 그는 귀신을 보고 창백해졌다. <2형식>

B. 다음 문장의 밑줄 친 부분을 바르게 고쳐 쓰시오.

1. sweetly → sweet   2. to → for
3. waited → waited for   4. redecorate → redecorated

1. 케이크 맛이 달다. <taste 뒤에는 형용사가 와야 한다.>
2. 아침식사를 해 줄게.
   * 'I'll make you some breakfast.'를 3형식으로 바꾼 문장인데, 동사가 make인 4형식 문장을 3형식으로 바꿀 때는 간접목적어 앞에 전치사 for를 쓴다.
3. 그들은 기차를 두 시간 기다렸다.
   * wait는 자동사이기 때문에 목적어(the train)를 취할 때는 for가 있어야 한다.
4. 집주인은 집을 다시 장식했다.
   * 목적어(the house)와 목적보어가 의미상 수동(장식됨)의 관계이기 때문에 목적보어로 과거분사가 와야 한다.

C. 다음 문장을 3형식으로 바꾸시오.

1. Bill showed her passport to the official.
2. Dad told a story about the war to me.
3. Can I ask a favor of you?
4. Will you get a ticket for me?
5. Mother bought a baseball glove for me.

1. Bill은 그 공무원에게 여권을 보여주었다.
2. 아빠는 나에게 전쟁에 관한 이야기를 해주셨다.
3. 부탁 하나 들어주실래요?
4. 티켓 하나 구해다 주겠니?
5. 엄마는 나에게 야구글러브를 사주셨다.

D. 다음 문장에 있는 수식어는 모두 ( )를 하고 해석하시오.

1. (Every morning) he walks (in the park) (before breakfast).
   그는 매일 아침, 아침을 먹기 전에 공원에서 걷는다.
2. The meeting ended (at three) (in the afternoon).
   그 회의는 오후 3시에 끝났다.
3. It snowed (heavily) (in the northern provinces).
   북쪽 지방에 눈이 많이 내렸다.
4. New York is (still) a mess (after hurricane Sandy).
   허리케인 Sandy가 지나간 뒤 New York은 아직도 엉망이다.

E. 다음 문장에서 주어, 목적어, 보어 중 지시된 문장요소를 찾아 밑줄을 긋고 해석하시오.

1. His dream is <u>to become a singer.</u> <보어>
   그의 꿈은 가수가 되는 것이다.
2. You will soon realize <u>that London is a very old place.</u>
   <목적어>
   런던은 매우 오래된 곳임을 곧 알게 될 거야.
3. <u>To learn from everything</u> is my only objective in life.
   <주어>
   모든 것으로부터 배우는 것이 내 인생의 유일한 목표다.
4. My sister taught me <u>how to fold paper into a crane.</u>
   <직접목적어>
   누나는 나에게 종이로 학 접는 방법을 가르쳐 주었다.

F. 다음 ( ) 안의 말을 알맞게 변형하고 배열하여 영작하시오.

1. I lent my dictionary to him.
2. My future plan is to become a president of this university.
3. There is my old diary on the desk.
4. Sue showed the witness his picture. 또는 Sue showed his picture to the witness
5. The field mice and birds made a beautiful dress for Cinderella.

Chapter 3 문장의 종류 pp.41~43

A. 다음 문장을 부정문으로 바꿀 경우 _____ 에 들어갈 알맞은 말을 쓰시오.

1. is not[isn't]
2. cannot[can't] walk
3. do not[don't] like
4. does not[doesn't] wash
5. did not[didn't] play

B. 다음 문장을 의문문으로 바꿀 경우 _____ 에 들어갈 알맞은 말을 쓰시오.

1. Was he
2. Can't she play
3. Do you play
4. Does Mark play
5. Did you get up
6. Didn't he go

C. 다음 대화가 어울리도록 ____ 에 들어갈 알맞은 단어를 쓰시오.

1. When did
2. Who is
3. Which, do, or
4. not
5. can not

D. 다음 _____ 에 부가의문문을 쓰시오.

1. doesn't he?
2. did she?
3. won't he?
4. can she?
5. didn't you?
6. aren't you?

E. <보기>와 같이 두 문장을 한 문장으로 고치시오.

1. Do you know where she lives?
2. I don't know who that lady is.
3. Tell me what he said.
4. I don't know when he came back.
5. Do the child's parents know what the child wants?

F. 다음 문장의 잘못된 부분을 바르게 고쳐 쓰시오.

1. playing → play
2. where does Joanne live → where Joanne lives
3. How → What
4. What → How
5. met → meet

1. 우리 야구하자. <Let's 다음에는 동사원형이 와야 함.>
2. Joanne이 어디 사는지 아니?
   <간접의문문이므로 'S+V' 어순을 써야 한다.>
3. 그는 정말 솜씨 좋은 요리사야!
   * 명사(chef)가 들어있는 감탄 표현이므로 'What'이 쓰여야 한다.
4. 저 산 정말로 높군!
   * 명사가 없이 형용사(high)만 들어간 감탄표현이므로 'How'가 쓰여야 한다.
5. 실례지만, 우리 이틀 전에 거리에서 만나지 않았나요?
   * 앞에 조동사(didn't)가 있으므로 본동사는 원형(meet)를 써야 한다.

G. 괄호 안의 단어를 사용하여 영작하시오.

1. Do you like cold beverage or hot beverage?
2. Who do you think will win?
3. Where did you buy this coat?
4. Do you know where the child is?
5. What a beautiful view this is!

Chapter 4 시제I(현재, 과거, 진행) pp.56~57

A. 다음 동사의 "과거-과거분사"를 쓰시오.

1. lived - lived
2. wrote - written
3. dropped - dropped
4. flew - flown
5. lay - lain(눕다), lied - lied(거짓말하다)
6. rose - risen
7. sat - sat
8. swam - swum

B. 단어의 형태가 A:B=C:D의 관계가 성립하도록 빈칸에 알맞은 단어를 쓰시오.

1. break
2. lying
3. driven
4. thought
5. choose
6. lend
7. running
8. visiting

C. 다음 ( )에 들어갈 알맞은 말을 둘 중에서 고르시오.

1. getting 2. laid 3. Will 4. shall 5. will

1. 그 뉴스가 터지기 전까지는 그 편집자는 잘 나가고 있었다.
2. 그 새끼고양이는 따뜻한 우유를 먹고 주인이 부드럽게 쓰다듬어 주자 잠이 들었다.
3. 방이 덥군. 창문 좀 열어주겠니?
4. 이 안경 어디에 둘까요?" "테이블 위에 놔 둬."
   * 상대의 의지를 묻는 의문문으로 주어가 1인칭(I)이므로 'shall'을 써야 한다.
5. A: 당신 누이가 우리랑 함께 나가나요?
   B: 아니 가지 않을 거야. 무척 바쁘거든.

D. 다음 ( )의 동사를 문장에 알맞은 형태로 바꾸시오.

1. heard 2. cried 3. knows 4. lay 5. is 6. ate

1. 그것을 듣고 Andy는 행복했다.
   * 주절이 과거(was)이므로, 종속절도 과거시제(heard)로 쓴다.
2. 바로 그때 엄마 참새는 소리를 지르며, 나무에서 내려와 개에게 날아들었다.
3. 그가 누구인지 아무도 모른다.
4. 날씨가 화창하고 포근해서 나는 잔디에 누웠다.
5. 내일 날씨 좋으면 소풍갈까?
   * 조건부사절(if)이므로 미래의 일이지만 현재시재로 쓴다.
6. 나는 어제 점심으로 프렌치 양파 수프를 먹었다.

E. 괄호 안에 단어를 적절히 변형하고 배열하여 영작하시오.

1. The new physical education teacher arrives next week.
2. I'll phone you when the post arrives.
3. I will be 17 years old next month.
4. Look at the sky. It is going to snow.
5. By the time you arrive, I will be waiting at the airport.

F. 다음을 영작하시오.

1. Alice works for a computer company.
2. He was born in 2000.
3. What were you doing when I called?
4. Shall I open the window?
5. I won't[will not] go out.
6. Stop writing when the bell rings.

Chapter 5 시제 II (완료, 완료진행) pp.68~69

A. 다음 ( )에 들어갈 알맞은 말을 고르시오.

1. Has 2. did 3. been
4. Have 5. since 6. had graduated

1. 너의 어머니는 외국을 방문해 본 적 있으시니?
2. Mr. Kim은 여기에 언제 온 거니?
   * 과거의 특정 시간을 묻는 질문(When)이므로 과거시제를 써야 함.
3. 거기 가본 적 있니?
4. 네 일 다 끝냈니?
5. 우린 어제 아침부터 줄곧 바빴다.
   * 과거의 특정시점부터 지금까지의 계속된 상태를 나타내는 현재완료시제이므로 '~부터 줄곧'의 뜻을 갖는 since를 써야 함.
6. 나는 결혼하기 전에 대학을 졸업했다.
   * 결혼한 것이 과거이고 대학 졸업은 그 이전이므로 과거완료시제(대과거)를 써야 함.

B. 다음 괄호안의 우리말과 같은 뜻이 되도록 빈 칸에 들어갈 알맞은 말을 쓰시오.

1. has been raining 2. had been running
3. will have been teaching 4. Have, been, waiting
5. had not left 6. have known

2. 과거(by then)를 기준으로 그 이전에 시작된 일이 지속되고 있음을 나타내야 하므로 과거완료진행시제(had been ~ing)를 써야 함.
3. 미래시점(this winter)을 기준으로 그 이전에 시작된 일이 그 때까지 지속됨을 나타내야 하므로 미래완료진행시제(will have been ~ing)를 써야 함.
5. 과거시점(got to the station)을 기준으로 그 이전의 상태를 나타내므로 과거완료시제를 써야 함.

C. 괄호안의 말을 적절히 변형하고 활용하여 영작하시오.

1. I have painted two rooms since lunchtime.
2. I have been to Hawaii three times so far.
3. Welcome home! I've missed you so much.
4. I will have celebrated my 20th birthday this summer.
5. I had lived in Seoul for five years then.
6. This is the oldest book that I have ever seen.

D. 다음을 영작하시오.

1. How long have you lived here?
2. I have lost my cell phone.
3. When you arrived, he had already left the house.
4. Have you ever been to New York?
5. I will have been married to you for twelve years tomorrow.

Chapter 6 조동사   pp.84~86

A. 두 문장이 같은 의미가 되도록 빈칸에 알맞은 말을 쓰시오.

1. have to   2. able to   3. don't have to   4. am going

1. 넌 내일 아침 일찍 일어나야 해.
2. 그는 그 일을 곧 끝낼 수 있었다.
3. 넌 거기 갈 필요 없다.
   * 'need not'을 쓸 수도 있으나, 빈칸이 셋이므로 'don't have to'.
4. 난 다음 주에 서울을 방문할 것이다.

B. 밑줄 친 동사와 쓰임이 같은 것을 고르시오.

1. a)   2. b)   3. b)   4. a)

1. 그 어질러진 상황을 보고 엄마는, "너 뭐하는 거니 Steven?"이라고 말씀하셨다.
   * do는 일반동사(~하다)로 쓰임.
   a) 나는 지금 숙제를 하고 있지만, 곧 시간이 날거야. <일반동사>
   b) 넌 나에 대해 아무것도 모르면서 나를 판단하고 있어. <조동사>
2. Andy는 나쁜 짓을 못해. 그는 내 평생 만난 사람 중에 가장 좋은 사람이야.
   * can은 능력(~할 수 있다)의 뜻으로 쓰임.
   a) 그 이야기는 거짓일 리 없어. <추측: ~일 리 없다>
   b) 넌 장갑을 안 낀 채로 골프를 할 수 있니? <능력>
3. Eric은 범죄현장에 있었을 수도 있다. <추측: ~일지도 모른다>
   a) 다른 사람 없이 당신하고만 잠시 얘기할 수 있을까요?
      <허가: ~해도 좋다>
   b) 내가 과거에 그런 말을 했을 수도 있지만, 그건 더 이상 유효하지 않아. <추측>
4. 마침내 우리 딸이 정말로 집에 돌아왔어요. <강조용법>

   a) 우리 엄마는 정말 이 영화를 좋아하셔. <강조용법>
   b) 점심으로 뭘 먹었니? <의문문을 만들기 위해 쓰인 조동사>

C. 다음 문장에서 틀린 부분을 찾아 바르게 고치시오.

1. need → needs   2. goes → go   3. used to go → goes
4. dares → dare   5. will → would   6. must → had to

1. 그는 돋보기가 필요하다.
   * need가 일반동사로 쓰이고 있고 3인칭단수 현재시제이므로 '-s'를 붙여야 함.
2. 그가 곧장 가야 할 필요가 있니?
   * 앞의 Need가 조동사로 쓰이고 있으므로 원형인 go를 써야 함.
3. 그는 요즘 학교에 다닌다.
   * 'in these days'는 현재이므로 과거 상태를 의미하는 'used to'를 쓸 수 없음.
4. 그녀는 감히 우리에게 말을 못한다.
   * 조동사로 쓰이고 있으므로 '-s'를 붙이면 안 됨.
5. 나는 최선을 다해야겠다고 생각했다.
   * 과거시제 문장(thought)이므로 시제일치를 위해서 will의 과거형인 would를 써야 함.
6. 과거에 우리는 부모님께 순종해야 했다.
   * 과거의 일(In the past)이므로 must의 의미를 과거로 표현할 수 있는 'had to'를 써야 함.

D. 다음 우리말을 영어로 옮길 때 빈칸에 들어갈 알맞은 말을 쓰시오.

1. will be   2. need   3. will
4. may 또는 can   5. should, stop   6. May

5. advised가 쓰인 문장이므로 that절에는 'should + 동사원형'이 쓰인다.
6. 기원의 뜻이므로 May를 써야 함.

E. 괄호 안의 단어를 적절히 변형하고 배열하여 영작하시오.

1. You must read this letter, but you do not have to respond to it.
2. This door won't open. Will you fix it, please?
3. When I was young, I would spend my vacations at my grandparents' house.
4. I would rather work today than on Thursday.
5. The rumor about you must be false.
6. He advised that I (should) lose weight.

F. 다음을 영작하시오.

1. I need a new plan.
2. He dared to ask me for food.
3. When he was young, he used to exercise regularly.
4. She thought that she would rather stay single rather than marry him.
5. My father suggested that I (should) become a nurse.

Chapter 7 능동태, 수동태   pp.96~98

A. 다음 능동태 문장을 수동태로 바꿀 때 빈칸에 들어갈 알맞은 말을 쓰시오.

1. was made   2. sent, her   3. wasn't used, them
4. has been loved   5. is being made   6. must be washed

B. 다음 문장을 수동태로 바꾸시오.

1. The pyramids were built by the ancient Egyptians.
2. He was sent two pictures by her. 또는 Two pictures were sent to him by her.
3. The works of Virgil had been read by the young scholar.
4. The bone is being searched by the small puppy.
5. I was raised by my parents to be a hard-working person.
6. Wealth will not be talked about in public by the family.

1. 피라미드는 고대 이집트인들에 의해 건축되었다.
2. 그는 그녀에게 사진 두 장을 받았다.
   두 장의 사진이 그녀에 의해 그에게 보내졌다.
   * 동사 send는 간접목적어(him)와 직접목적어(two picture)를 주어로 하여 각각 수동태를 만들 수 있다.
3. 버질의 작품들이 그 젊은 학자에 의해 읽혀졌다.
4. 뼈다귀가 그 작은 강아지에 의해 찾아지고 있다.
5. 나는 부모님에 의해 부지런한 사람이 되도록 양육되었다.
6. 재산은 그 가족들에 의해 공적으로 얘기되지 않을 것이다.

C. 다음 ( )안에 들어갈 알맞은 말을 고르시오.

1. with   2. with   3. at   4. were invited
5. in   6. from   7. into   8. with

1. 들판이 눈으로 덮여 있었다.
2. 버스는 학생들로 가득 차 있었다.
3. 그들은 그 소식에 놀랐다.
4. 얼마나 많은 아이들이 그 파티에 초대받았니?
5. 나는 그녀가 영어에 흥미가 있다고 생각지 않아.
6. 너는 버터가 우유로 만들어진다는 것 아니?
   * '결과물 + be made from + 재료'(화학적 변화)
7. 실크는 셔츠, 블라우스, 그리고 다른 것들로 만들어져.
   * '재료 + be made into + 결과물'
8. 그는 그 결과에 기뻤다.

D. 다음 ( )안의 단어를 적절히 변형하고 배열하여 영작하시오.

1. The child was made to sit on his knees by his father.
2. Vinegar is made from wine.
3. George Washington is known as the father of his country.
4. The mysterious animal was called 'Blue' by everyone.
5. The woman was made happy again by listening to music.

E. 다음을 영작하시오.

1. He was killed in the middle of the road.
2. The girl was taken care of by her grandparents.
3. English is spoken in New Zealand.
4. Are you satisfied with your new car?
5. The house was filled with dust.

Chapter 8 부정사   pp.110~112

A. 각 문장의 밑줄 친 부정사와 용법이 같은 것을 <보기>에서 고르시오.

1. ⓐ   2. ⓒ   3. ⓑ   4. ⓐ

> ⓐ 그의 인생의 유일한 목표는 돈을 버는 것이다.
>   <명사적 용법>
> ⓑ 나는 사무실 근처에서 살려고 새 아파트로 이사했다.
>   <부사적 용법>
> ⓒ Karen은 먹을 것을 원했다. <형용사적 용법>

1. 나는 아침식사로 콘플레이크 먹기를 좋아한다. <명사적 용법>
2. Alice는 어울릴 친구가 많다. <형용사적 용법>
3. 여자는 이해받기 위해서가 아니라 사랑받기 위해 창조되었다. <부사적 용법>
4. 늦은 사람들을 기다리는 일이 나를 화나게 했다. <명사적 용법>

B. 각 문장의 밑줄 친 부정사의 의미상 쓰임이 같은 것을 <보기>에서 고르시오.

1. ⓑ   2. ⓒ   3. ⓐ   4. ⓔ   5. ⓓ

ⓐ 나는 휴식을 취하려고 자리에 앉았다. <목적: ~하기 위해>
ⓑ 그녀의 할머니는 90이 되도록 사셨다.
   <결과: 그 결과 ~하게 되다>
ⓒ 그런 제안에 동의하다니 너 바보로구나.
   <판단의 근거: ~하는 걸 보니>
ⓓ 책을 읽기에는 너무 어둡다. <정도: ~하기에는>
ⓔ 그 사고에 대해 듣게 되어 유감입니다.
   <감정의 원인: ~하게 되어>
---

1. 어느 날 아침 깨어나서 내가 유명해져 있음을 알게 되었다. <결과>
2. 그렇게 행동 하는 것을 보니 그는 신사가 아닌 게 분명해.
   <판단의 근거>
3. 건강을 유지하려고 나는 일주일에 세 번 조깅을 한다. <목적>
4. 공항에서 친구들을 만나서 기뻤다. <감정의 원인>
5. 그 산은 오르기에 너무 가파르다. <정도>

C. 다음을 밑줄 친 부분에 유의해서 우리말로 옮기시오.
<be to 부정사의 용법>

1. 들어오기 전에 노크를 해야 한다. <의무>
2. 2시 기차를 타려고 한다면 서둘러야 한다. <의도>
3. 서울역이 우리 집에서 보인다. <가능>
4. 대통령은 다음 달에 나이지리아를 방문할 예정이다. <예정>

D. 다음 문장에서 어법상 잘못된 부분을 찾아 고쳐 쓰시오.

1. to cry → cry   2. to not see → not to see
3. for → of   4. to wash → wash
5. of → for   6. to smoke → smoke

1. 영화가 매우 슬퍼서 나를 울렸다.
   * 사역동사(made) 뒤에 오는 목적보어이므로 to가 없는 원형부정사를 써야 한다.
2. 아버지는 내가 그녀를 다시는 만나지 않기를 원하신다.
   * 부정사를 부정할 때는 부정사 앞에 not을 놓는다.
3. 그녀가 동일한 실수를 반복하는 것은 바보스럽다.
   * 사람의 성품을 나타내는 말(foolish) 뒤에서는 부정사의 의미상 주어를 나타낼 때 for 대신 of를 써야 한다.
4. 그녀는 어머니가 설거지 하시는 걸 보았다.
   * 지각동사(saw) 뒤에 오는 목적보어이므로 to가 없는 원형부정사를 써야 한다.
5. 내가 아침에 일찍 일어나는 건 쉽지 않다.
   * easy는 사람의 성품을 나타내는 말이 아니므로 그 뒤에 오는 부정사의 의미상주어에는 of가 아닌 for를 써야 한다.
6. 그는 아무도 자기 방에서 담배를 피우게 하지 않는다.
   * 사역동사(let) 뒤에 오는 목적보어이므로 to가 없는 원형부정사를 써야 한다.

E. 다음 문장이 같은 뜻이 되도록 빈 칸에 들어갈 알맞은 말을 쓰시오.

1. is flourishing   2. was flourishing   3. missed
4. had missed   5. I didn't come   6. so, cannot
7. too, to   8. so, can

1. 그의 사업은 번창하고 있는 듯하다.
2. 그의 사업은 번창하고 있는 것처럼 보였다.
   * 부정사의 시제는 주동사의 시제와 같으므로 복문으로 고칠 때는 주동사(seemed, 과거)의 시제에 맞춰 과거시제(was)로 써야 한다.
3. 그가 기차를 놓친 것 같다.
   * 완료부정사(to have missed)이므로 주동사(seems, 현재)보다 더 이전 시제인 과거시제(missed)로 써야 한다.
4. 그가 기차를 놓쳤던 것처럼 보였다.
   * 완료부정사(to have missed)이므로 주동사(seemed, 과거)보다 더 이전 시제인 과거완료시제(had missed)로 써야 한다.
5. 파티에 못가서 미안합니다.
   * 완료부정사이므로 복문에서는 주동사(현재)보다 이전 시제인 과거시제가 된다.
6. 이건 네가 들기에는 너무 무거워. → 이건 너무 무거워서 네가 들 수 없어.
7. 그 물은 너무 짜서 우리가 마실 수가 없었다. → 그 물은 우리가 마시기에는 너무 짰다.
8. 눈이 녹을 만큼 충분히 따뜻하다. → 날씨가 매우 따뜻해서 눈이 녹을 수 있다.

F. 다음 우리말을 영어로 옮길 때 빈 칸에 들어갈 알맞은 말을 쓰시오.

1. how to get   2. had better   3. would rather
4. could not but   5. To tell the truth   6. so to speak
7. To be frank with you

G. 다음을 영작하시오.

1. To lose self-confidence is to lose everything.
2. Try not to be late.
3. How to begin is more difficult than where to stop.
4. He is not the man to break his promise.
5. I was very surprised to hear of her marriage.
6. He must be a fool to believe such a thing.

Chapter 9 동명사   pp.121~122

A. 다음 문장의 밑줄 친 부분과 같은 용법으로 쓰인 것을 고르시오.

1. ①   2. ③

1. 그의 아버지는 신문 읽는 것을 중지했다.
    ① Sue는 사람들 앞에서 노래하기를 좋아한다.
    ② Sue는 엄마에게 편지를 쓰고 있다.
    ③ 저기 걷고 있는 여자는 Jane의 어머니다.
    ④ Sue는 어제 코알라에 관한 재미있는 책을 읽었다.
    ⑤ 그 남자는 자기 카펫을 청소하고 있다.
    * 주어진 문장과 ①번만 동명사. 나머지는 모두 현재분사.

2. Jim은 어제 밤 텔레비전 시청을 즐겼다.
    ① 너 지금 뭐하고 있니?
    ② 난 기타를 살 것이다.
    ③ 그는 축구를 잘한다.
    ④ 자고 있는 개를 봐.
    ⑤ 여행객들이 세차를 하고 있다.
    * 주어진 문장과 ③번만 동명사. 나머지는 모두 현재분사.

B. 다음 문장의 괄호 안에 들어갈 알맞은 말을 고르시오.

1. waiting   2. writing   3. to meet
4. skiing   5. to argue   6. driving

1. 잠시 기다려 주겠어요?
    <mind는 동명사를 목적어로 취하는 동사>
2. Laura는 오늘 아침 에세이 쓰기를 끝냈다.
    <finish는 동명사를 목적어로 취하는 동사>
3. 그 학교는 모든 학생들의 학업에 필요한 것을 채워줄 거라고 약속했다.
    * promise는 부정사를 목적어로 취하는 동사
4. 내 여동생은 크리스마스 휴일 동안 스키 타러 갔다.
    <go ~ing: ~하러 가다>
5. 논쟁하고 싶지 않지만 내가 맞아.
    <wish는 부정사를 목적어로 취하는 동사>
6. 그 노부부는 자기차로 도시를 가로질러 드라이브하기를 즐긴다.
    * enjoy는 동명사를 목적어로 취하는 동사.

C. 괄호 안의 단어를 적절히 변형하고 배열하여 영작하시오.

1. Collecting stamps is his favorite hobby.
2. You are responsible for not finishing this work.
3. The guard did not forget to lock the door.
4. I forgot meeting him in the past.
5. There is no use (in) going to see her.
6. I could not help falling in love with her.
7. He didn't complain about our coming to class late.
8. The article is worth reading. 또는 It is worth while to read the article.

D. 다음을 영작하시오.

1. They enjoyed fishing together.
2. Sometimes I put off doing my homework.
3. I'm afraid of telling her the truth.
4. I'm sure of his coming soon.
    = I'm sure that he will come soon.
5. I am sure of his having been rich.
    = I am sure that he was rich.
6. I'll never forget seeing the Alps for the first time.
7. I'm looking forward to going home next month.
8. He is used to singing in the streets.

Chapter 10 분사

pp.133~135

A. 다음 ( )안에 들어갈 알맞은 말을 고르시오.

1. standing	2. sleeping	3. frightened
4. covered	5. knocking	6. hiding

1. 버스 정류장에 서 있는 소년을 아니?
   * 진행의 뜻이므로 현재분사
2. 그녀는 잠든 아이를 침대에 조심스럽게 내려놓았다.
   * 진행의 뜻이므로 현재분사
3. 놀란 남자가 자리에서 펄쩍 뛰었다.
   * man이 놀람을 당한 수동의 관계이므로 과거분사가 수식.
4. 아이들이 눈 덮인 운동장에서 놀고 있다.
   * ground가 눈에 덮여있는 수동의 관계이므로 과거분사가 쓰임.
5. 문을 노크하고 있는 낯선 남자 아는 사람이니?
   * 진행의 뜻이므로 현재분사
6. 소년은 엄마가 쿠키 단지를 캐비닛에 숨기고 있는 것을 보았다.
   * 진행의 뜻이므로 현재분사

B. 다음 밑줄 친 부분이 현재분사인지 동명사인지 쓰시오.

1. 현재분사	2. 동명사	3. 동명사
4. 현재분사	5. 동명사	6. 현재분사

1. 저기 풀을 뜯어먹고 있는 소를 봐.
2. 그는 약간의 돈을 주어서 그 소년을 구했다.
   * 전치사(by)의 목적어로 쓰인 동명사
3. 나의 새해 결심은 매주 소설을 하나 읽는 것이다.
   * 'resolution = reading'의 관계가 성립하고 '읽는 것'으로 해석되기 때문에 동명사.
4. Lauren은 전화로 친구와 얘기하고 있었다.
5. 흡연실은 19세 이상의 성인에게만 허용된다.
   * '담배피우는 방'이 아니라 '담배를 피우기 위한 방'이라는 목적의 의미이므로 동명사.
6. 그 말하는 원숭이는 그것이 주인에 의한 속임수였다는 것이 밝혀지기 전까지는 많은 사람을 놀라게 했다.

C. 다음 짝지어진 두 문장이 같은 뜻이 되도록 빈칸에 알맞은 말을 쓰시오.

1. living	2. talking	3. drawn by	4. written

1. 파리에 살고 있는 숙모님이 다음 주에 우리를 보러 오실 거야.
2. 나는 Jim과 얘기하고 있는 소녀를 안다.
   * 분사(talking) 앞에 있는 '주격관계대명사+be동사(who is)'는 동시에 생략 가능.
3. 이건 지난주에 우리 아빠에 의해 그려진 그림이야.
   * picture는 draw와 수동관계이므로 과거분사(drawn)를 써야 함.
   'This is the picture that was drawn by my father last week.'에서 '주격관계대명사+be동사(that was)'가 생략된 문장으로 보면 됨.
4. 이건 독일어로 쓰인 책이다.
   * 분사(written) 앞에 있는 '주격관계대명사+be동사(which is)'는 동시에 생략 가능.

D. 다음 문장을 분사구문으로 고칠 때 빈칸에 들어갈 알맞은 말을 쓰시오.

1. Being	2. She being	3. Having finished
4. Having been defeated		5. Not getting

1. 그녀는 친절하기 때문에 모두에게 사랑받는다.
2. 그녀는 친절하기 때문에 모두가 그녀를 좋아한다.
   * 부사절의 주어(she)가 주절의 주어(everyone)와 다르므로 생략할 수 없다.
3. 숙제를 다 해서 나는 잠자리에 들었다.
   * 부사절의 시제가 주절시제(과거)보다 더 이전인 과거완료이므로 완료분사구문(having+p.p)을 써야 한다.
4. 수차례 패하자 그는 용기를 잃고 말았다. <완료분사구문>
5. 그는 아무 답신을 못 받아서 그녀에게 다시 편지를 썼다.
   * 분사구문을 부정할 때는 분사구문 앞에 not/never를 쓴다.

E. 다음 분사구문을 절로 고칠 때, 빈칸에 들어갈 알맞은 말을 쓰시오.

1. <u>When we reached</u> the river, we pitched a tent.
2. <u>As she was</u> overcome with grief, she was unable to speak.
3. <u>If the weather permits</u>, I'll start tomorrow.
4. <u>Though we admit</u> what you say, you are still in the wrong.
5. He went into his room <u>and slammed</u> the door shut.
6. <u>As she sang</u> merrily, she walked on.

1. 우리는 강에 도착하자 텐트를 쳤다.
2. 그녀는 슬픔에 압도되어 말을 할 수가 없었다.
   * she와 overcome의 관계가 수동(압도됨)이므로 수동태분사구문인 'Being overcomed'에서 'Being'이 생략된 표현이다.
3. 날씨가 허락하면, 난 내일 출발하겠다.
4. 네가 한 말을 인정하더라도, 네가 여전히 잘못한 거야.
   * 분사구문의 주어가 일반인이라서 생략된 문장이므로, 절로 고칠 때는 적당한 일반인 주어(We, You, They, One)를 써 주어야 한다.
5. 그는 방으로 들어가서 문을 꽝 닫았다.
6. 그녀는 즐겁게 노래 부르며 길을 걸었다.
   * 주절 시제가 과거(walked)이므로 분사구문의 시제도 과거(sang).

F. 괄호 안의 단어를 적절히 변형하고 배열하여 영작하시오.

1. It being excessively hot, the sports event was cancelled.
2. Roughly speaking, everything ended in failure.
3. He being optimistic all the time, everybody likes him as a leader.
4. The old man sat surrounded by his grandchildren.
5. Living next door, I seldom see him.
6. The tourist had his things stolen.

G. 다음을 영작하시오.

1. The wounded soldiers asked for water.
2. Strictly speaking, it is not true.
3. Turning to the left[If you turn to the left], you will find the post office.
4. Who is the woman smiling in this picture?
5. Eating breakfast, my father read the newspaper.
6. Generally speaking, women live longer than men.

Chapter 11 명사   pp.150~152

A. 다음 명사의 복수형을 쓰시오.

1. dictionaries 2. benches 3. Japanese 4. mice
5. potatoes 6. feet 7. women 8. buses
9. watches 10. wives 11. children 12. lives
13. cities 14. teeth 15. leaves 16. boxes

B. 주어진 단어와 복수형이 유사한 형태로 변하는 것을 고르시오.

1. ①   2. ②   3. ⑤   4. ④

1. dishes - ① buses 2. cities - ② ladies 3. churches - ⑤ boxes
4. fish - ④ sheep <복수형도 단수형과 동일하게 씀>

C. 다음 중 셀 수 있는 명사는 "C", 셀 수 없는 명사는 "U"로 쓰시오.

1. U 2. C 3. C 4. C 5. U 6. C 7. C 8. C
9. U 10. U 11. C 12. U 13. U 14. C 15. U

D. 다음 우리말과 같은 뜻이 되도록 ___에 들어갈 알맞은 말을 쓰시오.

1. cup 2. cups[glasses] 3. loaf 4. pieces 5. pair

E. 다음 문장의 ( )안에 있는 단어를 알맞은 형태로 고치시오.

1. children   2. slides   3. countries
4. teeth   5. women   6. people

1. 자녀가 몇이나 되십니까?
2. 그를 방문하면 우리에게 재미있는 슬라이드를 많이 보여줄 거야.
3. 오늘날 세계의 많은 나라들이 푸른 나무를 잃고 있다.
4. 나는 상한 치아가 두 개 있어.
5. 많은 여성들이 공장에서 일하고 있다.
6. 극장 안에는 많은 사람들이 있다.
   * people이 '사람들'이라는 뜻으로 쓰일 때는 그 자체가 복수임.

F. 다음 문장에서 틀린 부분을 찾아 바르게 고치시오.

1. a paper → a piece[sheet] of paper
2. an air → air
3. furniture → pieces of furniture
4. a will of Heaven → Heaven's will
5. This Paul's car → This car of Paul's
6. two breads → two loaves of bread
7. A my friend → A friend of mine

1. 종이 한 장 빌려주겠니?
2. 우리는 공기 없인 살 수 없다.
   * air는 물질명사이므로 관사 an이 붙을 수 없음.
3. 여기에 가지고 있는 가구가 몇 점이나 됩니까?
   * furniture는 물질명사이므로 수량을 표시할 때는 단위명사(piece)를 사용함.
4. 이건 하늘의 뜻이야.
   * Heaven은 의인화된 말이므로 소유격 표현에 of를 쓰지 않고 's를 사용함.
5. Paul의 이 자동차는 신형이야.
   * This는 소유격(Paul's) 앞에 올수 없으므로 이중소유격(This car of Paul's)을 씀.

6. 나에게 빵 두 덩이가 있어.
   * bread는 물질명사이므로 수량을 표시할 때는 단위명사(loaf/loaves)를 사용함.
7. 내 친구 하나가 잉글랜드에 살아.
   * 관사 A는 소유격 앞에 올 수 없으므로 이중소유격(A friend of mine)을 씀.

G. 다음 우리말과 같은 뜻이 되도록 ___에 들어갈 알맞은 말을 쓰시오.

1. weeks, Mother's birthday
2. is
3. are
4. a farmer's
5. the girls'
6. today's

2. 문장에서 family는 구성원 전체를 한 덩어리로 보는 집합명사이므로 단수취급.
3. 문장에서 family는 가족구성원 각각을 지칭하는 군집명사이므로 복수취급.
5. -s로 끝나는 명사의 소유격은 s를 붙이지 않고 '만 붙임.
6. 무생물일지라도 시간을 나타내는 명사(today)의 소유격은 of 대신 's를 사용함.

H. 괄호 안의 단어를 적절히 변형하고 배열하여 영작하시오.

1. This is mother and father's car.
2. These are mother's and father's car.
3. If you walk twenty miles' distance, you will see a forked road.
4. A Mr. Smith wishes to speak to you on the phone.

1. 두 사람 공동소유이므로 뒤쪽 명사(father)에만 '를 붙인다.
2. 각자 소유이므로 각 명사마다 '를 붙인다.
3. 거리를 나타내는 말(twenty miles)은 무생물일지라도 '를 붙여 소유격을 표현하다.
4. 'a(n)+사람이름'은 '~라는 사람'의 뜻으로 쓰임.

I. 다음을 영작하시오.

1. This old typewriter was my writing teacher's.
2. Every morning I drink two cups of milk and a piece of bread.
3. My friend's house is right here.
4. The leaves of the tree are green.
5. Two families now live in the house.

Chapter 12 관사   pp.162~164

A. 다음 ___에 적당한 관사(a, an, the)를 넣고, 필요가 없는 곳에는 x표를 하시오.

1. ×, × 2. an, × 3. the 4. a 5. a, the
6. an 7. × 8. ×, × 9. × 10. the

B. 다음 각 문장의 밑줄 친 관사와 같은 용법으로 쓰인 것을 고르시오.

1. ⓕ 2. ⓑ 3. ⓔ 4. ⓐ 5. ⓒ 6. ⓓ

<보기>
ⓐ 나는 매일 우유를 한 잔 마신다.
ⓑ 같은 깃털을 가진 새들은 함께 모인다.(유유상종)
ⓒ Mr. Kim이라는 분이 당신을 만나러 왔어요.
ⓓ Harry는 일주일에 한 번씩 집에 갔다.
ⓔ 여우는 교활한 동물이다.
ⓕ 한 남자가 어제 당신을 만나러 왔다.

1. 검은 안경을 낀 남자가 갑자기 문을 부수고 들어왔다.
   * 셀 수 있는 명사 앞에 쓰이는 막연한 습관.
2. 우리는 모두 같은 나이다. <같은(the same)의 뜻>
3. 강아지는 주인으로부터 많은 보살핌과 애정을 필요로 한다.
   * 대표단수
4. Percy는 한 시간 동안 기다렸다. <하나(one)의 뜻>
5. 어떤 Mrs. Smith라는 분이 예약을 했다. <어떤(a certain)의 뜻>
6. 풀타임 고용인은 하루에 8시간 일을 한다. <~마다(per)의 뜻>

C. 다음 문장에서 틀린 부분을 바르게 고치시오.

1. Alps → the Alps
2. Earth → the Earth, sun → the sun
3. he → they
4. were → was
5. The president → President
6. Philippines → The Philippines
7. Thames → The Thames
8. richest → the richest

1. 그 등반가는 언젠가는 알프스산맥을 오르고 싶어 했다
   * 산맥에는 the를 붙임

2. 갈릴래오는 태양이 지구를 도는 것이 아니라, 지구가 태양을 돈다고 제안했다. < 자연계에 하나뿐인 것들에는 the를 붙임.>
3. 부자들은 돈은 있을지라도 행복을 가지지 못할 수도 있다.
   * 'the+형용사(the rich)'는 '한 사람들'이란 뜻의 복수이므로 대명사는 he가 아니라 they여야 함.
4. 교사이자 시인인 분이 그 모임에 참석했다.
   * 'A teacher and poet'은 관사(A)가 한 번만 쓰여서 '교사이자 시인인' 한 사람을 뜻하므로 단수취급.
5. 오바마 대통령은 "정의가 실현되었다."고 말했다.
   * 지위나 관직(president)을 나타내는 말이 사람이름 앞에 쓰일 때는 the가 붙지 않는다.
6. 필리핀은 함께 모여 있는 여러 개의 작은 섬들로 이루어져 있다.
   * 복수 형태의 국가명에는 the가 붙는다.
   * consists of ~ = ~으로 이루어져 있다.
7. Thames강은 런던을 방문하는 사람들이 가장 좋아하는 관광지이다. <강 이름에는 the가 붙는다.>
8. 현대 세계에서 제일 부자는 누구지?
   * 형용사의 최상급(richest) 앞에는 the를 붙임.

D. 다음 문장에서 어순이 잘못된 곳을 바른 순서로 고치시오.

1. The all → All the
2. fantastic a → a fantastic
3. The half → Half the
4. a such → such a

1. 모든 학생들이 설문지를 완성하도록 요청받았다
2. 이 호텔은 정말 멋진 경관을 가지고 있군!
3. 그 사과의 절반은 밝은 빨강색인 반면 다른 반쪽은 초록빛이었다.
5. 제가 너무 긴 시간 얘기해서 미안합니다.

E. 다음 빈 칸에 들어갈 알맞은 관사(a, an, the)를 쓰시오.

a, an, the, a, The, the, the, an

Ann은 간호사였다. 어느 날 붐비는 거리의 길모퉁이에서 나이 많은 환자를 만났다. 그 나이 많은 환자는 그 길을 건너고자 했지만 신호등이 빨간색이었다. Ann은 그를 멈춰 세우고 말했다. "파란불을 기다리세요. 우린 사고를 원치 않으니까요."

F. 다음을 영작하시오.

1. I had a delicious lunch.
2. We walked arm in arm.
3. George Washington is the first president of the United States.
4. In the morning, I drink a hot cup of coffee.
5. Yesterday I bought a car. The car is small but fast.

6. The United States has two oceans on its side: the Pacific and the Atlantic.
7. She can play both the piano and the violin.
8. Every day at a certain time, the White House accepts visitors.

Chapter 13 대명사   pp.181~183

A. 다음 ( )안에 들어갈 말을 적당한 형태로 고치시오.

1. us 2. Its 3. me 4. his 5. hers 6. mine
7. your, them 8. him, his 9. whose 10. her, mine

1. 그 남자는 우리에게 매우 친절했다.
2. 나는 커다란 개 한 마리가 있는데, 그 이름은 Max이다.
3. 내게 마실 것을 좀 줘.
4. 저거 톰의 자전거니? - 맞아, 그의 것이야.
   * '그의 것'이라는 의미여야 하므로 소유대명사 his가 와야 한다.
5. 내 자전거는 낡았지만 그녀의 것은 새 것이다.
   * '그녀의 것'이라는 의미여야 하므로 소유대명사 hers가 와야 한다.
6. 나는 집에 오는 길에 우연히 내 친구 한 명을 만났다.
   * 관사 a가 있으므로 이중소유격을 쓴다.
   * 'happen to + 동사원형' = 우연히 ~하다
7. 넌 너의 조부모님이 New York에 사신다고 말했는데, 맞지? 얼마나 자주 그분들을 방문하니?
8. Nick은 유머감각이 좋고 재미있어. 일반적으로 난 그를 많이 좋아하지만 가끔씩 그의 농담은 짜증나게 해.
9. 잠깐만, 이거 누구 파이지? 아무도 원치 않으면 내가 좀 먹을게.
10. 누나는 그녀의 샐러드를 가벼운 드레싱과 먹을 거고, 내 것은 구운 참치를 곁들여 먹을 거야.
    *'내 것'이라는 의미여야 하므로 소유대명사가 와야 한다.>

B. 다음 ( )에 들어갈 알맞은 단어를 고르시오.

1. it 2. one 3. it 4. one 5. one

1. 어제 새 휴대폰을 샀지만 그걸 분실했어.
2. 연필 필요하면 내가 하나 빌려줄게.
3. Nancy에겐 검은고양이 한 마리가 있는데, 그녀는 그것을 무척 좋아한다.
4. "칼 있니?" - "응, 하나 가지고 있어."
5. 이 컴퓨터는 잘 작동하지만, 저쪽에 있는 것은 작동하지 않는다.

C. 다음 문장의 밑줄 친 말과 용법이 같은 것을 고르시오.

1. ③   2. ①

1. 우리가 거기 도착했을 때, 비가 내리기 시작했다. <비인칭 주어>
   ① 이거 네 휴대폰이지, 그렇지 않니?
      * cell phone을 대신하는 대명사
   ② 이 책을 읽기는 어려워. <가주어>
   ③ 정말 좋은 날씨구나! <비인칭 주어>
   ④ 어제 내가 공원에서 만난 사람은 다름 아닌 바로 내 여동생이었다. <it ~ that 강조구문>
   ⑤ 나는 매일 아침 산책하는 것을 규칙으로 삼고 있어.
      * 가목적어
2. Teresa는 난로 옆에서 성냥을 가지고 놀다 다쳤다. <재귀적 용법>
   ① 너 자신을 숨기지 말고 보여줘. <재귀적 용법>
   ② 난 잉글랜드 여왕과 직접 얘기했어. <강조적 용법>
   ③ 네 여동생을 직접 보고 싶어. <강조적 용법>
   ④ 나는 다른 사람 도움 없이 보고서를 내가 직접 다 썼다. <강조적 용법>
   ⑤ 왜 네가 직접 전화를 안 받니? <강조적 용법>

D. 다음 ( )안에 들어갈 알맞은 말을 고르시오.

1. one 2. ones 3. the other 4. another 5. any 6. some

1. 난 빈 가방이 더 있으니 이것을 쓰세요.
2. 오렌지가 필요한데, 이 큰 것들로 주세요.
3. 나는 고양이 두 마리를 키우는데, 하나는 털이 검정색이며 다른 하나는 하얗다.
4. 이 모자는 내게 너무 작으니 다른 것을 보여주세요.
5. 서울에 친구가 있니? <의문문이므로 any가 쓰임>
6. 빵과 우유를 좀 주세요. <긍정문이므로 some이 쓰임>

E. 다음 A,B의 대화가 자연스럽게 연결되도록 ___에 알맞은 단어를 쓰시오.

1. Who(m) 2. Which 3. What 4. Who 5. whose

F. 괄호 안에 단어를 적절히 변형하고 배열하여 영작하시오.

1. It is difficult to eat this hot food.
2. He enjoyed drawing on himself with a crayon.
3. You may invite any friend of yours.
4. Your sister's bed is large, yours is comfortable, and the baby's is cute.
5. The summer of this year is warmer than that of last year.
6. He met a classmate of his from high school by chance.

G. 다음을 영작하시오.

1. It is fine weather today, but it was cloudy yesterday.
2. How far is it from here to Seoul Station?
3. He built this house for himself.
4. Whose keys are these?
5. Both the brothers are dead.
6. We didn't steal all of them.

Chapter 14 형용사   pp.198~200

A. 다음 문장을 <보기>와 같이 바꿔 쓰시오.

1. This pencil is not long.
2. The girls are very kind.
3. These books are not very useful.
4. Are those stories very interesting?

B. A:B의 관계와 C:D의 관계가 같아지도록 D에 알맞은 단어를 쓰시오.

1. Chinese 2. forty 3. ninth 4. twice

C. 다음을 영어로 표현하시오.

1. Three hundred and sixty-five
2. Forty seven point two
3. Two and five thirds
4. The seventeenth of July[July (the) seventeenth], nineteen twenty.
5. The tenth of December[December (the) tenth], nineteen forty five

6. Zero[ou] one zero[ou] seven five two four zero[ou] three six
7. A dollar (and) forty (cents)
8. Lesson three 또는 The third lesson
9. Six forty 또는 Forty past six 또는 Twenty to seven
10. George the third

D. 다음 ( )안에 들어갈 알맞은 말을 고르시오.

1. many 2. much 3. a little 4. a few
5. much 6. many 7. few 8. little

1. 그는 자기 방에 책을 많이 가지고 있다.
2. 얼마나 많은 시간이 필요하니?
3. 병 안에 물이 거의 없다.
   * 셀 수 없는 명사(water)이므로 a little이 수식
4. 극장 안에는 두세 명의 학생들이 있다.
   * 셀 수 있는 명사(students)이므로 a few가 수식.
5. 지금 돈을 얼마나 가지고 있니?
   * money는 셀 수 없는 명사이므로 much가 수식.
6. 네 의자를 만드는데 며칠 걸렸니?
7. 나는 내 주머니에서 동전을 몇 개 찾을 수 있었다.
8. 이번 여름에 비가 거의 오지 않아서 댐에 물이 많지 않다.

E. 다음 ( )안에 있는 형용사가 들어갈 알맞은 위치를 고르시오.

1. (3) 2. (2) 3. (1) 4. (1)

1. 최근에 재밌는 얘기 들은 적 있니?
   * '~thing'으로 끝나는 명사를 수식하는 형용사는 그 뒤에 놓인다.
2. 그는 자기 손으로 내 두 손을 잡았다.
3. 내가 가진 돈 전부를 너에게 주겠다.
4. 비 때문에 채소 가격을 두 배 지불했다.
   * 2~4번: both, all, double은 관사나 소유격 앞에 위치한다.

F. 괄호 안의 단어를 적절히 변형하고 배열하여 영작하시오.

1. I have little patience for your bad behavior.
2. How many seats are there in the restaurant?
3. Tens of thousands of people heard the news through the radio.
4. There was something strange in the yard.
5. Those two old cars can no longer be driven.

G. 다음을 영작하시오.

1. There are a lot of Koreans in LA.
2. This room is four times as large as that one.
3. Look at that fat old cat.
4. They saved half the money spent on heating.
5. As we had little sugar, we bought some.

Chapter 15 부사   pp.211~212

A. 다음 단어를 부사로 고쳐 쓰시오.

1. carefully 2. easily 3. solely
4. truly 5. badly 6. gently

B. 다음 ( )안에 들어갈 알맞은 말을 고르시오.

1. hardly 2. late 3. nearly 4. very
5. well 6. much 7. either 8. before
9. yet 10. still 11. lately 12. pretty

1. 나는 매우 피곤해서 거의 걸을 수가 없다.
   * hard(열심히), hardly(거의 ~않다)
2. 우린 저녁 늦게 도착했다. <late=늦게, lately=최근에>
3. 그는 거의 매일 Joanne에게 전화한다.
   * near=가까이, nearly=거의
4. 이 이야기는 내게 매우 흥미롭다.
   * 형용사(interesting)를 수식하므로 very
5. 난 그의 어머니를 잘 안다.
   * '잘'이라는 의미로 know를 수식하는 부사는 well.
6. 그녀는 오렌지를 매우 좋아한다.
7. 톰은 기타를 못치고 나 역시 못 친다.
   * 부정문에서 '또한, 역시'의 뜻으로는 either가 쓰임.
8. 톰은 (그때보다) 일주일전에 Jane을 만났다고 말했다.
   * 과거를 기준으로 '~전에'의 뜻이므로 before.
9. 난 오늘 신문을 아직 못 읽었다.
   * 부정문에서 '아직'의 뜻으로 쓰이는 말이어야 하므로 yet.
10. 그는 여전히 살아있다.
11. 최근에 Joanne과 얘기한 적 있니? <late=늦게, lately=최근에>
12. 그 가구는 꽤 오래되어 보였다. <pretty=꽤, prettily=예쁘게>

C. 다음 밑줄 친 단어가 형용사인지 부사인지 쓰시오.

1. 형용사   2. 부사   3. 부사
4. 형용사   5. 부사   6. 형용사

1. 그 군인은 오랜 기간 동안 바다에 나가 있었다.
2. 전화로 너무 오래 대화하지 마라.
3. 그들은 출발하려고 일찍 도착했지만, 그들의 항공편이 지연되었다는 얘기만 들을 뿐이었다.
4. 저녁식사 손님들은 이른 식사를 한 뒤에 멋진 쇼를 즐겼다.
5. 그 여인이 나눠줄 수 있는 돈은 단지 약간의 잔돈뿐이었지만 그것을 전부 그 거지에게 주었다.
6. 그 집안의 유일한 여자라서 난 자주 추가로 해야 할 허드렛일이 생긴다.

D. 다음 ( )안에 있는 말을 바른 순서로 배열하시오.

1. She can swim very well.
2. His dog is always hungry.
3. They don't often wash their hands.
4. I usually leave for school at 8:00.
5. I didn't put it on overnight.
6. I came here by bus two hours ago.

2. 빈도부사(always)는 be동사(is) 뒤에 온다.
3. 빈도부사(often)는 조동사(don't) 뒤에 온다.
4. 빈도부사(usually)는 일반동사(leave) 앞에 온다.
5. 난 밤 동안에는 그것을 입지 않았다.
 * 2어동사(put on = 입다)의 목적어로 대명사(it)가 쓰일 때는 동사(put)와 부사(on) 사이에 놓인다.
6. 여러 개의 부사가 함께 쓰일 때는 장소(here), 방법(by bus), 시간(two hours ago) 순서로 배열한다.

E. 다음을 영작하시오.

1. Father started for Seoul soon after breakfast.
2. My secretary always arrives at 7 am.
3. Have you read the book yet?
4. I like science much better than mathematics.
5. I don't like hot food and I don't like cold food, either.

Chapter 16 비교급, 최상급   pp.225~226

A. 다음 ( )안에 있는 말을 에 알맞은 형태로 바꾸시오.

1. biggest   2. (the) earliest   3. better   4. fast
5. best   6. most useful   7. more powerful
8. best   9. most famous   10. (the) most rapidly

1. 그 모든 차들 중에 내 차가 가장 크다.
2. 우리 가족 중에 엄마가 제일 일찍 일어나신다.
 * 부사(early)의 비교급이므로 보통 the를 쓰지 않음.
3. 나는 겨울보다 여름을 더 좋아한다.
4. 누나는 나만큼 빨리 걷지 않았다.
5. 우리 반에서 그녀가 노래를 가장 잘한다.
6. 이것이 셋 중에서 가장 쓸모 있는 사전이다.
7. 여러분의 뇌는 이제껏 만들어진 어떠한 컴퓨터보다 더 강력합니다.
8. Alice는 그녀의 반 30명 학생 중에 가장 잘 읽는다.
9. Michael은 세계에서 가장 유명한 가수 중 하나다.
10. 우리 가족 중에 어린 여동생이 말을 제일 빨리한다.

B. 다음 ( )안에 들어갈 적당한 말을 골라라.

1. can   2. tall   3. higher
4. even   5. least   6. more smart

1. 되도록 빨리 전화를 해 주십시오.
 * 'as ~ as' 다음에 주어(you)가 있으므로 can을 써야 함.
2. 그녀는 자기 언니만큼 키가 크다.
3. 한라산은 남한에 있는 다른 어떤 산보다도 더 높다.
4. 그 젊은 도전자는 현재의 챔피언보다 훨씬 더 강하다.
 * very는 비교급을 수식하지 않음.
5. 쓸 만한 기술이 없을지라도, 넌 최소한 배우려는 노력이라도 해야 한다.
6. 그녀는 지혜롭다기보다는 똑똑하다.
 * 다른 대상과의 비교가 아닌 한 사람이 가진 성격을 비교하는 경우는 항상 more를 붙여서 비교급을 만든다.

C. 다음 두 문장이 같은 뜻이 되도록 _____에 알맞은 말을 쓰시오.

1. cannot, fast   2. well
3. younger   4. No (other) mountain

D. 다음 ( )의 단어를 변형하고 배열하여 영작하시오.

1. This radio is older than John's one.
2. Are you the youngest of the five?
3. There were at most ten people at the theater.
4. Most of my friends attend college, but some of them have jobs.
5. I can eat as fast as you.
6. Rice calorie is not as high as that of hamburger.

E. 다음을 영작하시오.

1. The nights are getting shorter and shorter.
2. She weights no more than 45 kilograms.
3. This book is the most expensive in the bookstore.
4. This dish is the better of the two.
5. I am happiest when I am having meals with close friends.
6. The sooner we finish it, the sooner we can go home.

Chapter 17 전치사 pp.238~239

A. 다음 영문의 ( )안에 들어갈 알맞은 전치사를 <보기>에서 고르시오.

1. ① 2. ② 3. ① 4. ① 5. ④ 6. ② 7. ③

1. 우리는 토요일 오후에 축구를 했다.
2. 빵을 나이프로 자르지 마라.
3. 나는 2011년 7월 24일 아침에 태어났다.
4. 수백만 가구가 그 프로그램을 텔레비전으로 시청하였다.
5. 그 강 위에 작은 다리가 있다.
6. Oliver는 일하러 갈 때마다 어린 남동생을 데리고 가야 했다.
7. 저를 위해 해주신 모든 일에 감사드립니다..

B. 다음 ( )안에 들어갈 알맞은 말을 고르시오.

1. by 2. until 3. from 4. within 5. by 6. for

1. 6시까지는 집에 돌아오너라.
  * 정해진 시간 내에 하면 되는 경우이므로 by

2. 제가 호명할 때까지 앉아서 기다리세요.
  * 정해진 시간까지 어떤 동작이나 상태를 지속해야 되는 경우이므로 until.
3. 이 지역의 모든 사람들은 Kansas의 시골지방 출신이다.
4. 주문하신 상품을 일주일 이내에 배달해 드릴 것을 약속합니다.
5. 우리는 기차를 타고 유럽 전역을 여행했다. <by+교통수단>
6. 팔려고 내놓은 지 거의 6개월이 되어간다.

C. 다음 문장에서 잘못 쓰인 단어를 찾아 바르게 고치시오.

1. on → in 2. on → at 3. in → at
4. in → on 5. in → at 6. from → since

1. 그는 New York에 산다. <넓은 장소(도시)이므로 in>
2. 우리는 정오에 점심을 먹었다.
3. 밤에는 별이 보인다.
4. 나는 4월 19일에 태어났다. <특정한 날짜에는 on을 씀>
5. 그는 매일 아침 6시에 일어난다. <시각 앞에는 at을 씀>
6. 그는 작년부터 여기서 머무르고 있다.
  * 완료시제(has stayed)가 쓰였으므로, '그때부터 계속'의 뜻을 갖는 since를 써야 함.

D. ( ) 안의 단어를 적절히 변형하고 배열하여 영작하시오.

1. If you pass through this forest instead of the road, you can arrive earlier.
2. Due to the unexpected rainfall, the field trip was delayed.
3. In my grandmother's school-days, there was no television or computers in the classroom.
4. The reporter asked the person next to him for something to write with.
5. The family from Canada has lived in Korea since year 2000.

E. 다음을 영작하시오.

1. We have to finish this work by 5 o'clock.
2. He's been my best friend since high school.
3. Cheese is made from milk.
4. There is a big tree in front of the library.
5. In spite of their efforts, they failed to win the prize.

Chapter 18 접속사   pp.249~250

A. 다음 ( )안에 들어갈 알맞은 말을 고르시오.

1. or   2. Though   3. when   4. because
5. while   6. and   7. but   8. Whether

1. 여름과 겨울 중에 어떤 계절을 더 좋아하니?
2. 난 바빴지만 엄마를 도와드렸다.
3. 그는 6살밖에 안되었을 때 스키타는 법을 배웠다.
4. 나는 피곤해서 일찍 잠자리에 들었다.
5. 너희들에게 말하고 있을 때는 조용히 해줘.
6. James와 나는 잉글랜드에 있는 같은 마을 출신이야.
7. 그 아이는 매우 마르고 키도 작지만, 황소처럼 힘이 세다.
8. 네가 우리 팀의 일원이 될지 말지는 아직 불확실한 상태다.

B. 다음 문장의 ___에 들어갈 알맞은 접속사를 보기에서 찾아 쓰시오.

1. that   2. since   3. till   4. and   5. as   6. even if

1. 그는 매우 바빠서 신문을 읽을 수 없었다.
   * 'so ~ that cannot = 매우 ~해서 -할 수 없다' 구문.
2. 우리가 여기 살러 온 이래로 우리를 방문한 사람은 아무도 없다.
   * 현재완료시제(has visited)이므로 '~한 이래로 줄곧'의 뜻을 갖는 since를 써야 함.
3. 그가 도착할 때까지 여기서 기다려 주십시오.
   * 특정 시간까지 지속되는 상태나 동작(wait)일 때는 till이나 until을 씀.
4. 이 라디오 방송은 교육적이기도 하고 재미있기도 하다.
   * both A and B = A와 B 모두
5. 집에 도착하자마자 내 휴대전화로 전화해 주세요.
   * 'as soon as ~ = ~하자마자'.
6. 그 유명한 배우를 만난다 할지라도 난 그리 흥분될 거라고 생각 안 해.

C. 괄호 안의 단어를 적절히 변형하고 배열하여 영작하시오.

1. Will you remember me until I return?
2. Whenever you need help, please contact me.
3. While we were in New York, we had several meetings together.
4. Neither me nor my husband smoke.
5. Do you believe that he is a diligent man?

D. 다음을 영작하시오.

1. Which would you like, noodle or rice?
2. Hurry up, or you will be late for school.
3. He looked happy, so I did not tell him the truth.
4. She practices singing as she cleans the house.
5. I took subway instead of bus so that I might arrive on time.
6. Tom speaks both English and Korean.

Chapter 19 관계대명사, 관계부사   pp.262~264

A. 다음 ___에 who, whose, whom, which 중에 알맞은 것을 쓰시오.

1. whom   2. whose   3. who
4. whose   5. who   6. which

B. 다음 두 문장을 알맞은 관계대명사를 사용해서 연결하시오.

1. This is the girl who has a talent for golf.
2. She is an artist whose paintings are exceptionally colorful.
3. Is that the doctor who visited your home yesterday?
4. There are many children whom he must take care of.
5. This is the watch which I bought yesterday.
6. There are a variety of trees whose leaves become tinted in autumn.

1. 이 아이가 골프에 재능을 가진 소녀예요.
2. 그녀는 유난히 색이 다채로운 그림을 그리는 화가입니다.
3. 저분이 어제 당신 집을 방문했던 의사인가요?
4. 그가 보살펴야 될 아이들이 많다.
5. 이것이 어제 내가 산 시계야.
6. 가을에 잎의 색깔이 변하는 나무의 종류가 다양하게 많다.

C. 다음 ___에 들어갈 알맞은 말을 고르시오.

1. that   2. which   3. what   4. that   5. who
6. that   7. whom   8. whom

1. 그는 대서양을 비행한 최초의 사람이었다.
   * 선행사에 서수(the first)가 있으므로 관계대명사 that을 써야 함.

2. 그에게는 매우 빨리 달리는 말이 몇 마리 있다.
3. 나는 그가 하는 말을 이해할 수 없었다.
   * '~하는 것'의 의미로 쓰이고 선행사가 별도로 없으므로 관계대명사 what을 써야 함.
4. 이건 내가 지금까지 읽은 것 중에 최고의 책이다.
   * 선행사에 최상급(the best)가 있으므로 관계대명사 that을 써야 함.
5. 다행히도 그 부상병은 곧 응급처치를 할 줄 아는 남자와 우연히 만나게 되었다.
6. 그 고용주는 프랑스어를 할 줄 아는 비서를 고용하려고 했다.
7. 내 친구는 세 명의 형제가 있는데, 그들 모두가 Florida주에 산다.
8. 그 목격자는 경찰이 찾고 있는 실종된 아이를 보았다.

D. 다음 문장의 밑줄 친 부분을 바르게 고치시오.

1. I respect whom → whom I respect
2. for that you are looking → that you are looking for
3. the way how → the way 또는 how
4. which the citizens of → of which the citizens

1. Gloria는 내가 존경하는 동료이다.
   * 관계대명사(whom)는 선행사(co-worker) 바로 뒤에 놓는다.
2. 네가 찾고 있는 지갑은 분실물 박스에서 발견될 수도 있다.
   * 관계대명사 that 앞에는 전치사(for)가 올 수 없다.
3. 이것이 내가 그 어려운 방정식 문제를 푼 방법이야.
   * 'the way how'는 함께 쓸 수 없고 둘 중 하나를 생략해야 한다.
4. Smiths 가족은 그곳의 시민들이 친절한 도시에서 산다.
   * 소유격 관계대명사 'of which'는 하나의 단어처럼 묶여서 쓰인다.

E. 다음 밑줄 친 관계대명사가 생략 가능한지 생략 불가능한지 구분하시오.

1. 생략가능 2. 생략가능 3. 생략 불가능 4. 생략가능
5. 생략가능 6. 생략불가능 7. 생략 불가능 8. 생략불가능

1. 이것이 내가 사고 싶은 옛날 자동차다.
   * 목적격 관계대명사이므로 생략 가능
2. 우리가 어제 만난 사람이 Mr. Smith야.
   * 목적격 관계대명사이므로 생략 가능
3. 저 아이가 나에게 호수로 가는 길을 가르쳐 준 소녀야.
   * 주격 관계대명사이므로 생략 불가능.
4. London에서 네가 찍은 사진 좀 보여주겠니?
   * 목적격 관계대명사이므로 생략 가능
5. 나는 일본에서 구입한 카메라가 하나 있다.
   * 목적격 관계대명사이므로 생략 가능
6. 그는 10년 전의 그 사람이 아니다.
   * 주격 관계대명사이므로 생략 불가능

7. 나는 어제 책을 한 권 샀는데, 그 책을 아직 다읽지 못했어.
   * 목적격 관계대명사이지만 계속적 용법이므로 생략 불가능
8. 이곳이 우리가 살 집이야.
   * 목적격 관계대명사지만 전치사(in)가 앞에 오면 생략 불가능

F. 다음 문장의 ___ 에 where, when, why, how 중 알맞은 것을 쓰시오.

1. when 2. why 3. where 4. why 5. when

1. 4월 10일은 내 아들이 태어난 날이다.
2. 이것이 내가 그 파티에 가지 않은 이유야.
3. Jane은 Jim이 살던 마을로 왔다.
4. 난 그녀가 우는 이유를 몰라.
5. 그녀가 처음 나를 찾아온 시간이 기억나.

G. ( )안에 있는 말을 적절히 변형하고 배열하여 영작하시오.

1. Emerson is an American poet that I respect (the) most.
2. Yesterday, I met an old friend, who told me the current situation of my other friends.
3. Though Lincoln did not receive a formal education, he passed the bar exam.
4. The item which is inside the drawer is my roommate's.
5. The student to whom I awarded the scholarship was an outstanding student at the school.
6. Will you tell me the store where you bought this coat?

H. 다음을 영작하시오.

1. Mary has a cousin who lives in Spain.
2. This person is the thief who stole Rembrandt's painting.
3. The amount in this bank account is all the money that I have.
4. Detective Smith was the first person that arrived at the scene of the crime.
5. This steak is the most delicious meal that I have ever eaten.
6. The woman that you are looking[searching] for has already left for Europe.

Chapter 20 가정법   pp.270~271

A. 다음 ( )의 단어를 알맞은 형태로 바꾸시오.

1. were   2. had worked   3. Were   4. had

1. 내가 새라면 너에게 날아갈 수 있으련만. <가정법 과거>
2. 더 열심히 일했더라면 그는 성공했을 텐데. <가정법 과거완료>
3. 내가 부자라면 가난한 사람들을 도울 수 있을 텐데.
   * 가정법 과거이며 If가 생략되어 동사(Were)가 주어 앞에 나온 문장.
4. 내가 돈이 충분하면 좋을 텐데. <I wish 가정법>

B. 다음 두 문장이 같은 뜻이 되도록 빈칸에 알맞은 말을 쓰시오.

1. could   2. was   3. But for
4. passed 5. were 6. could

1. 내가 부자라면 그것을 살 수 있을 텐데. <가정법 과거>
2. 그녀가 아프지 않았다면 여기 왔을 텐데. <가정법 과거완료>
3. 공기가 없다면 아무것도 살 수 없을 텐데.
   <But for ~: ~이 없다면>
4. 그가 열심히 공부하지 않았더라면 시험을 통과하지 못했을 텐데. <가정법 과거완료>
5. 정직한 사람이라면 거짓말 안할 텐데.
   * 주어(An honest man)가 if절의 의미를 담고 있으며, 동사가 'would+동사원형(tell)'이므로 가정법 과거.
6. 그가 너를 만날 수 있으면 무척 반가워할 텐데.
   * 부정사(to meet)가 if절을 대신하고 있으며, 동사가 'should+동사원형(be)'이므로 가정법 과거. "

C. 다음 문장에서 틀린 부분을 찾아 고쳐 쓰시오.

1. can → could   2. sees → saw
3. have been → were 또는 had been
4. can't → couldn't

1. 그녀를 만날 수 있다면 좋으련만.
2. 그는 마치 그 영화를 본 것처럼 말한다.
3. 너는 많이 아픈 것처럼 보여.
   <were를 쓸 경우 - 가정법 과거>
   너는 많이 아팠던 것처럼 보여.
   <had been을 쓸 경우 - 가정법 과거완료>
4. 너의 도움이 없다면 난 거기서 빠져나오지 못할 거야.
   <가정법 과거>

D. 괄호 안의 단어를 적절히 변형하고 배열하여 영작하시오.

1. If it were not for love, we could not live happily.
2. If it had not been for your advice, I would have gone the wrong path.
3. I wish I had many friends.
4. It would be nice if you helped me with the housework.

E. 다음을 영작하시오.

1. If I had met him earlier, my life would have been different.
2. I wish I had read that book earlier.
3. A mature person would not say so.
4. If I had known the fact, this wouldn't have happened.
5. She talks as if she knew everything about the actor.

Chapter 21 일치와 화법   pp.284~286

A. 다음 문장에서 틀린 부분을 바르게 고쳐 쓰시오.

1. lives → live   2. are → am   3. see → sees
4. were → was   5. have → has 6. was → were
7. were → was

1. 빨간 머리 소녀와 금발 머리 소녀가 이 집에서 함께 산다.
   * and로 연결된 두 사람은 복수취급.
2. 형뿐만 아니라 나도 그 선생님께 배운다.
   * 'not only A but also B' 형태는 동사를 B에 일치시킨다.
3. 그녀의 부모뿐 아니라 Mary 역시 좋은 교육의 가치를 알고 있다.
   * 'A as well as B' 형태는 A에 동사를 일치시킨다.
4. 많은 공직자들이 그 모임에 참석했다.
   * 'many a + 단수명사'는 단수 취급
5. 지난 수년 간 혼자 자녀를 키우는 부모의 숫자가 엄청나게 증가했다.
6. 공연 티켓은 모두 팔렸다.
7. 모든 직원들은 다음에 무슨 일이 일어날지 초조하게 기다리고 있었다. < 'every + 단수명사'는 단수취급>

B. 다음 ( )안에 들어갈 알맞은 말을 고르시오.

1. are   2. is   3. has   4. discovered
5. is   6. is   7. had   8. would

1. 나는 네가 게으르다는 걸 몰랐어.
   * 현재의 습관이므로 현재시제
2. 그는 태양이 태양계의 중심이라고 말했다.
   * 불변의 진리이므로 현재시제
3. 너 아니면 그녀가 그 일을 해야 한다.
   * 'Either A or B' 형태는 단수취급
4. 우리는 1492년에 Columbus가 America를 발견했다고 배웠다.
   * 역사적 사실이므로 과거시제.
5. 내 시간 중 대부분은 독서에 사용된다.
6. 물리학은 공부하기에 쉽지 않다.
   * 복수형처럼 보이는 학문 이름(Physics)의 단수명사
7. Kevin은 New York에 가본 적이 있다고 말했다.
   * 말한 것이 과거(said)이므로 그 이전의 경험은 대과거(had been)로 표현해야 함.
8. Harry는 돈이 있으면 나에게 빌려줄 거라고 말했다.
   * 가정법 표현은 간접화법에서도 본래의 가정법 시제를 유지한다.

C. 다음 문장을 간접화법으로 바꾸시오.

1. The mother asked her daughter whether[if] she was tired.
2. I asked to her whether[if] she had ever been to Korea.
3. She asked me what I wanted for dinner.
4. The policeman told him not to move.
5. She exclaimed that was an amazing view.
6. The detective told him that it was better to confess then.
7. The woman said that she was satisfied that everyone had heard her story.

D. 다음 문장을 직접화법으로 바꾸시오.

1. He said to me, "I dreamed about you."
2. Tom said to her, "Have you heard the name 'Simon.'"
3. She said to me, "Why didn't you come here?".
4. The teacher said to me, "Open the windows and aerate the room."

E. 괄호 안에 단어를 적절히 변형하고 배열하여 영작하시오.

1. Salt as well as sugar is very bad for a patient like you.
2. Most of my books are novels and poems.
3. Not only my sister but also I lied to my parents.
4. Did you know that the Vikings invaded Britain for a long time?
5. Each woman and man often misunderstands each other.

F. 다음을 영작하시오.

1. David told me that she could come the next day.
2. He told his teacher that he goes to school by subway.
3. Either French history or economics will be my major.
4. The child lied to his parents that he had finished the school project.
5. Three hours is a long time to sit in the small room.

Step by Step
English Grammar